E-Sports-Management

AF813318

Anna Löchner (geb. Lamsfuß) · Eva Lindner
(Hrsg.)

E-Sports-Management

Eine Einführung in die Welt des E-Sports

Springer Gabler

Hrsg.
Anna Löchner
Institut für Esports
Hochschule für angewandtes Management
Ismaning, Deutschland

Eva Lindner
Metafinanz Informationssysteme GmbH
München, Deutschland

ISBN 978-3-658-43834-0 ISBN 978-3-658-43835-7 (eBook)
https://doi.org/10.1007/978-3-658-43835-7

Die Deutsche Nationalbibliothek verzeichnet diese Publikation in der Deutschen Nationalbibliografie; detaillierte bibliografische Daten sind im Internet über https://portal.dnb.de abrufbar.

© Der/die Herausgeber bzw. der/die Autor(en), exklusiv lizenziert an Springer Fachmedien Wiesbaden GmbH, ein Teil von Springer Nature 2024

Das Werk einschließlich aller seiner Teile ist urheberrechtlich geschützt. Jede Verwertung, die nicht ausdrücklich vom Urheberrechtsgesetz zugelassen ist, bedarf der vorherigen Zustimmung des Verlags. Das gilt insbesondere für Vervielfältigungen, Bearbeitungen, Übersetzungen, Mikroverfilmungen und die Einspeicherung und Verarbeitung in elektronischen Systemen.
Die Wiedergabe von allgemein beschreibenden Bezeichnungen, Marken, Unternehmensnamen etc. in diesem Werk bedeutet nicht, dass diese frei durch jedermann benutzt werden dürfen. Die Berechtigung zur Benutzung unterliegt, auch ohne gesonderten Hinweis hierzu, den Regeln des Markenrechts. Die Rechte des jeweiligen Zeicheninhabers sind zu beachten.
Der Verlag, die Autoren und die Herausgeber gehen davon aus, dass die Angaben und Informationen in diesem Werk zum Zeitpunkt der Veröffentlichung vollständig und korrekt sind. Weder der Verlag noch die Autoren oder die Herausgeber übernehmen, ausdrücklich oder implizit, Gewähr für den Inhalt des Werkes, etwaige Fehler oder Äußerungen. Der Verlag bleibt im Hinblick auf geografische Zuordnungen und Gebietsbezeichnungen in veröffentlichten Karten und Institutionsadressen neutral.

Planung/Lektorat: Ann-Kristin Wiegmann
Springer Gabler ist ein Imprint der eingetragenen Gesellschaft Springer Fachmedien Wiesbaden GmbH und ist ein Teil von Springer Nature.
Die Anschrift der Gesellschaft ist: Abraham-Lincoln-Str. 46, 65189 Wiesbaden, Germany

Wenn Sie dieses Produkt entsorgen, geben Sie das Papier bitte zum Recycling.

Geleitwort

Liebe Leserinnen und Leser,
die Entwicklung von E-Sport ist einmalig: Innerhalb weniger Jahre hat der digitale Wettkampf seinen Weg aus der Nische mitten in die deutsche Gesellschaft geschafft. Knapp 60 Mio. Menschen in Deutschland haben von E-Sport gehört und viele von ihnen haben sich bereits E-Sport-Wettkämpfe angeschaut. Hinzu kommen die Millionen Spielerinnen und Spieler, die selbst an Turnieren und Ligen teilnehmen – teils professionell, teils einfach mit Freundinnen und Freunden in ihrer Freizeit. Damit hat sich E-Sport zu einer bedeutenden gesellschaftlichen Kraft entwickelt: E-Sportlerinnen und E-Sportler stehen für zentrale Werte unserer Gesellschaft wie Leistungswille, Teamfähigkeit und Fairplay und transportieren diese insbesondere auch an die jüngere Generation. Darum setzen wir uns als game mit unseren Mitgliedern und gemeinsam mit der esports player foundation für die E-Sport-Talente ein und fördern ihre Entwicklung.

Auch wirtschaftlich stehen im E-Sport alle Signale auf Wachstum: Der weltweite Gesamtumsatz soll laut Prognose des Marktforschungsunternehmens Newzoo bis 2024 auf rund 1,6 Mrd. EUR wachsen soll. Auch für Deutschland bietet sich hier die Möglichkeit, eine wichtige Rolle einzunehmen: Dem Beratungsunternehmen PwC zufolge betrug der E-Sport-Umsatz in Deutschland 2019 etwa 77 Mio. EUR. Das entspricht einem Wachstum von rund 27 % zum Vorjahr. Die Professionalisierung des E-Sports geschieht damit in Rekordgeschwindigkeit. Dementsprechend wichtig sind daher auch gut ausgebildete Fachkräfte. Ob bei Turnierveranstaltern, Teams oder Sponsoren: Angesichts der Dynamik, Internationalität und den Besonderheiten des E-Sports handelt es sich um ein besonders anspruchsvolles Arbeitsgebiet. Umso relevanter ist ein fundiertes Wissen, wozu dieses Buch einen wichtigen Beitrag leistet – sowohl für die wissenschaftliche Auseinandersetzung mit E-Sport als auch im Arbeitsalltag.

Eine erkenntnisreiche Lektüre wünscht

Felix Falk
Geschäftsführer des game – Verband der
deutschen Games-Branche

Vorwort

Seit der Entwicklung des ersten Videospiels in den 1950-iger Jahren hat die Bedeutung digitaler Spiele, sogenannter Videospiele, stetig zugenommen. Was einst als Nischenmarkt belächelt wurde, dominiert heute die internationale Unterhaltungsbranche und ist zu einem wesentlichen Bestandteil der Gesellschaft geworden. Diese Entwicklung spiegelt sich sowohl in der wachsenden Bedeutung des E-Sports - dem wettbewerbsmäßigen Spielen von Video- und Onlinespielen – als auch in der ständig steigenden Zahl der Spielern weltweit (vgl. Newzoo, 2023).

E-Sports hat sich zu einem gesellschaftlichen Phänomen des 21. Jahrhunderts entwickelt. Große Turniere und Wettkämpfe im E-Sports, die hohen Preisgeldern und Zuschauerzahlen anziehen, übertreffen teilweise traditionelle Sportveranstaltungen. So betrug das Preisgeld beim Doto-2-Turnier ‚The International' im Jahr 2021 beeindruckende 40,02 Millionen US-$ (vgl. Esports Earnings, 2023). Die weltweiten Zuschauerzahlen beliefen sich 2021 auf 489,5 Mio. Menschen und sollen Schätzungen nach zu urteilen bis 2025 bei 641 Mio. (vgl. Tenzer, 2024) Professionelle Spieler bestreiten mit dem Spielen von Computerspielen ihren Lebensunterhalten. Laut inGame und Schmitz (2022) verdienen Spieler bei der League of Legends Championship ca. 80.000 EUR im Jahr.

Branchenfremde Unternehmen erkennen das Potenzial und investieren wodurch sich die Branche zunehmend weiter entwickelt, wobei auch die Weltwirtschaftskrise innerhalb der Branche ihre Auswirkungen zeigt. Im Jahr 2021 war der Umsatz im E-Sports bei 1,08 Mrd. US$, es wurde erstmal die Milliardengrenze überschritten, bis 2024 wird ein Umsatz von 1,6 Mrd. US$ prognostiziert (vgl. Newzoo, 2021). Die fortlaufende Weiterentwicklung und Modifikation als auch Diversifikation der Video- und Onlinespiele ist nur ein Treiber des Marktsegments. Das größte Marktsegment liegt hier bei den Mobile Games (vgl. Newzoo, 2023).

Diese Entwicklungen stellen Manager, Marketingexperten, Entwickler und viele weitere Stakeholder der Branche vor Herausforderungen. Daher sollen in diesem Buch aktuelle Trends mit Praxisbeispielen vorgestellt werden und anhand der Cases vor allem Interessierten Handlungsempfehlungen an die Hand gegeben werden. Außerdem soll der komplexe Bereich des E-Sports durch das Buch und verschiedenen Erklärungsansätzen mehr Verständnis bringen.

Aus Gründen der besseren Lesbarkeit verwenden wir in diesem Buch überwiegend das generische Maskulinum. Dies impliziert immer beide Formen, schließt also die weibliche Form mit ein.

München
im Frühjahr 2024

Anna Löchner
Eva Lindner

Literatur

Esports Earnings. (2023). Largest overall prize pools in esports. https://www.esportsearnings.com/tournaments?utm_content=cmp-true. Zugegriffen: 12. April 2023.

Tenzer. (2022, 30. November). Medien› Videospiele & Gaming Statistiken zum Thema eSports. Statista. https://de.statista.com/themen/3993/esports/#dossier-chapter2. Zugegriffen: 12. April 2023.

InGame & Schmitz, O. (2022, 21. März). LoL: So viel verdienen E-Sport-Profis – Insider leakt Gehälter von Rekkles und Co. https://www.ingame.de/esport/lol-esport-profi-gehalt-lol-leak-geld-caedrel-berlin-gehalt-esports-lec-lcs-lck-verdienst-91271345.html. Zugegriffen: 12. April 2023.

Statista. (2022, 11. November). Number of video game users worldwide from 2017 to 2027 (in millions) [Graph]. In Statista. https://www.statista.com/statistics/748044/number-video-gamers-world/. Zugegriffen: 12. April 2023.

Newzoo. (2023, Februar). Newzoo's Global Games Market Report 2023. https://newzoo.com/resources/trend-reports/newzoo-global-games-market-report-2023-free-version. Zugegriffen: 01.07.2024. Newzoo. (2021, März). Newzoo's Global Esports & Live Streaming Market Report 2021. https://newzoo.com/resources/trend-reports/newzoos-global-esports-live-streaming-market-report-2021-free-version. Zugegriffen: 12. April 2023.

Inhaltsverzeichnis

1 **Eine Einführung in den E-Sport** ... 1
Tobias M. Scholz

2 **Entwicklungsmanagement bei Publishern** ... 19
Anna Löchner und Jakob Dötter

3 **Eine Einführung ins E-Sport-Recht – Kennzeichen der Branche und rechtliche Implikationen** ... 41
Nepomuk Nothelfer und Philipp Schlotthauer

4 **Wettbewerbsorganisation im E-Sports am Beispiel der ESL** ... 73
Christopher Flato, Eric Rauen und Thomas Mohr

5 **Team Management and Business Development – Creating a Balance** ... 93
Pierre Sesmat

6 **Marketing-Management im E-Sports** ... 115
Paul Mönnekes und Jakob Dötter

7 **Die erfolgreiche Produktdiversifikation als Teil des Marketingmix am Beispiel eines Performance-Drinks für den E-Sport und Gaming Sektor** ... 133
Lukas Birnbaum

8 **E-Sports-Zielgruppen im Free-TV?** ... 151
Florian Backhaus und Andreas Gerhardt

9 **Eine Einführung in das Influencer-Management mit Betrachtung der Besonderheiten im E-Sport Markt** ... 163
Benjamin Buchtala

Fazit ... 217

Herausgeber- und Autorenverzeichnis

Über die Herausgeber

Anna Löchner absolvierte ihr Masterstudium in Wirtschaftswissenschaften und Soziologie an der Friedrich-Schiller-Universität Jena. Bereits während ihrer akademischen Laufbahn spezialisierte sie sich auf die wissenschaftliche Untersuchung von E-Sports und Gaming. Ihre Promotion am Karlsruher Institut für Technologie widmete sich der Erforschung wesentlicher Strukturen innerhalb der E-Sports-Zielgruppe und deren Marketingstrategien. Dabei stellte sie die zentrale Forschungsfrage: „Können durch den Einsatz von Künstlicher Intelligenz neue Erkenntnisse über die Zielgruppe im E-Sports gewonnen und neue gesellschaftliche Strukturen offengelegt werden?" Seit über acht Jahren ist Frau Löchner in der Personal- und Unternehmensberatung tätig und verfügt über umfangreiche Erfahrung in den Bereichen Beratung, Marktforschung, Künstliche Intelligenz, Organisation und Marketing. Diese Expertise bringt sie insbesondere im Kontext von Gaming und E-Sports ein. Seit 2019 leitet sie den Fachbereich Gaming und E-Sports an der Hochschule für angewandtes Management und ist zudem Mitgründerin des ‚Instituts für Esports'. In ihrer Funktion als Direktorin nutzt sie ihr tiefgreifendes Branchenwissen und ein starkes Netzwerk, um innovative Beratungsprodukte zu entwickeln und die Professionalisierung des Esports voranzutreiben. Ihr Engagement und ihre fundierte Expertise machen sie zu einer bedeutenden Schlüsselfigur in der akademischen und praktischen Welt des E-Sports. Sie trägt maßgeblich zur Etablierung dieser Disziplin als anerkanntes Forschungs- und Studienfeld bei.

Eva Lindner hat ihren Master im Bereich Betriebswirtschaft mit Schwerpunkt International Management abgeschlossen. Neben ihrem Studium konnte sie bereits einige Erfahrung in den verschiedensten Bereichen sammeln vom klassischen Sportverein über Großkonzerne im Projektmanagement. 2 Jahre hat sie zusammen mit Anna Löchner an der Hochschule für angewandtes Management als wissenschaftliche Mitarbeiterin gearbeitet. Seit 2023 arbeitet sie als Projektmanagerin bei der metafinanz und hat 2024 angefangen im Bereich Future Organisations und physical Gaming zu promovieren.

Autorenverzeichnis

Florian Backhaus München, Deutschland

Lukas Birnbaum München, Deutschland

Benjamin Buchtala Windberg, Deutschland

Jakob Dötter Berlin, Deutschland

Christopher Flato Köln, Deutschland

Andreas Gerhardt München, Deutschland

Thomas Mohr Ulm, Deutschland

Paul Mönnekes Hamburg, Deutschland

Nepomuk Nothelfer Hamburg, Deutschland

Eric Rauen Köln, Deutschland

Philipp Schlotthauer Augsburg, Deutschland

Tobias M. Scholz Agder, Norwegen

Pierre Sesmat Berlin, Deutschland

1 Eine Einführung in den E-Sport

Tobias M. Scholz

Inhaltsverzeichnis

1.1 Einführung ... 2
1.2 Kurze Geschichte des E-Sports ... 3
1.3 Stakeholder im E-Sport ... 6
1.4 Prinzipien des E-Sports ... 9
1.5 Nachhaltige Blasenbildung im E-Sport ... 12
1.6 Fazit ... 14
Literatur ... 15

Zusammenfassung

In den letzten Jahren hat sich der E-Sport von einem Nischenphänomen in ein Massenphänomen entwickelt. Aufgrund der Digitalisierung unserer Gesellschaft ist der E-Sport wegen seiner digitalen und globalen Wurzeln geradezu prädestiniert für Wachstum. Gleichzeitig wird oft übersehen, dass der E-Sport inzwischen eine lange Historie hat und dementsprechend auch evolutionär gewachsen ist. Deshalb ist es zum Verständnis von E-Sport wichtig, die Entwicklung zu analysieren und über seine Geschichte zu reden. Auch die Fragen „Wie wird E-Sport definiert?“ oder „Wie sieht das Ökosystem aus?“ oder „Wer sind denn eigentlich diese E-Sportler?“ müssen aufgegriffen werden. Dieses Kapitel gibt einen Einblick in die Entwicklung des E-Sport, um aufzuzeigen, warum der E-Sport heute so aussieht. Viele der Entwicklungsschritte lassen sich erklären und gerade, weil im E-Sport eine Art von „Vergesslichkeit“ vorherrscht, ist es wichtig hier kurz auf die Geschichte einzugehen.

T. M. Scholz (✉)
Agder, Norwegen
E-Mail: tobias.scholz@uia.no

© Der/die Autor(en), exklusiv lizenziert an Springer Fachmedien Wiesbaden GmbH, ein Teil von Springer Nature 2024

A. Löchner und E. Lindner (Hrsg.), *E-Sports-Management*,
https://doi.org/10.1007/978-3-658-43835-7_1

1.1 Einführung

In dem Buch „Per Anhalter durch die Galaxis“ von Douglas Adams ist die Antwort auf alles – das Universum und den ganzen Rest – die Zahl 42. Diese Antwort macht jedoch deutlich, dass auch die präzise Fragestellung bedeutsam ist. Ähnlich verhält es sich mit dem E-Sport. Der E-Sport ist eins der Buzzwords der letzten Jahre. Entweder ist der E-Sport eine der großen Chancen oder eine der großen Gefahren. Aussagen wie „der E-Sport ist der große Gewinner der COVID-19 Pandemie“ (Hall, 2020) belegen die undifferenzierte Auseinandersetzung mit dem Phänomen, denn viele E-Sport-Organisationen überlebten die Pandemie nicht, viele mussten Mitarbeitern kündigen; auch die Auswirkungen von Work from Home zeigen sich schon heute.

Die Frage, was E-Sport überhaupt ist, ist nicht so einfach zu beantworten. Eine der ersten Definitionen stammt von Wagner: „ESports is an area of sport activities in which people develop and train mental or physical abilities in the use of information and communication technologies" (2006, S. 3). Hamari and Sjöblom definieren E-Sport als „a form of sports where the primary aspects of the sport are facilitated by electronic systems; the input of players and teams as well as the output of the eSports system are mediated by human–computer interfaces." (2017, S. 213). Vor allem durch diese Ähnlichkeit, hat E-Sport den Geschmack eines Sportes (Arnaud, 2010, S. 11). Deshalb wurde in den letzten Jahren viel über die Frage, ob E-Sport ein Sport ist, debattiert (z. B. Cunningham et al., 2018, Franke, 2015, Hallmann & Giel, 2018, Holden et al., 2017a,b, Hutchins, 2008, Jenny et al., 2017, Jonasson & Thiborg, 2010, Parry, 2019, Rosell Llorens, 2017). Doch zugleich zeigt diese umfassende gesellschaftliche Diskussion auch, dass E-Sport vielleicht nicht in die Schublade Sport passt. Denn der E-Sport ist in der Zeit der Globalisierung und Digitalisierung entstanden (Scholz, 2019) und geht dadurch über die Kategorie Sport hinaus:

> „E-Sport ist ein eigenständiges, wenn auch heterogenes Phänomen mit Wurzeln im Sport, in der Kultur, in den Medien, in der Unterhaltung und in der Wirtschaft, eingebettet in ein digitales Umfeld. Deshalb ist es wichtig, den E-Sport als E-Sport – und damit als Teil der digitalen Welt – zu betrachten und zu erforschen.“ (Nothelfer & Scholz, 2020).

Wenn also der E-Sport eben nicht genauso funktioniert wie Sport, sondern auch noch Elemente aus Medien, Kultur und Entertainment beinhaltet, dann wird ersichtlich, welchen Mehrwert die tiefergehende Analyse des E-Sport haben kann. Dies führt, wie man in Abb. 1.1 sieht auch zu einem Beitrag für die digitale Gesellschaft. Ein Ökosystem, für das die Digitalisierung eine Fallback-Option ist (aimTalk, 2021), sieht diese Digitalisierung nicht mehr als das Allheilmittel, sondern als ein nützliches Werkzeug mit Grenzen. Dementsprechend wird in diesem Kapitel auf die Geschichte des E-Sports, auf die Stakeholder sowie auf das Ökosystem eingegangen, damit wir, anders als bei der Zahl 42, eine gemeinsame Diskussionsgrundlage haben.

Abb. 1.1 E-Sport als Fallbeispiel für die digitale Gesellschaft (Scholz, 2020a)

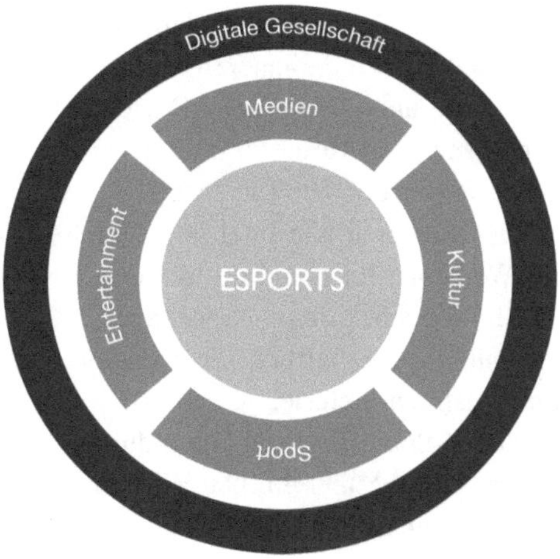

1.2 Kurze Geschichte des E-Sports

In der Gesellschaft wird der E-Sport oft als neuartiges Phänomen bezeichnet, welches erst seit ein paar Jahren existiere und scheinbar aus dem Nichts gekommen sei. Dabei gibt es den E-Sport schon seit mehreren Jahrzehnten und ist in den letzten Jahren eigentlich nur aus der eigenen „Nische" ausgebrochen. Er ist viel mehr, nach Jahren in der Isolation, sichtbar geworden. Über Jahre hinweg sind bestimme Formen und Strukturen entstanden, haben sich verfestigt und andere sind auch wieder verschwunden. Diese organisationale Evolution (Aldrich et al., 1984; Hannan & Freeman, 1977) ist die Basis für das Verständnis des heutigen E-Sports.

Interessanterweise lässt sich der Wettkampf „auf Maschinen" sogar in das Jahr 1940 zurückführen. In diesem Jahr wurde auf der New York World's Fair Westinghouse das Spiel *Nim* vorgestellt (Flesch, 1951), sogar in der Form eines Events mit Zuschauern (Bowden, 1953). Über die Jahre hinweg hat sich der E-Sport nur langsam weiterentwickelt, da der technologische Fortschritt noch stark eingeschränkt war und nicht jedermann Zugriff auf ein technisches Gerät hatte. In den Zeiten der Arkaden wurden vor allem die kulturellen und ökonomischen Grundlagen für den späteren E-Sport geschaffen (Borowy & Jin, 2013). Der E-Sport wurde schon damals klar in die Richtung Nerd-Phänomen eingeordnet (Schutz, 2018).

Es ist natürlich ein Fakt, dass der E-Sport auf Videospielen basiert und diese Videospiele von jemandem kreiert wurden. Ähnlich wie die Diskussion, ob E-Sport ein Sport ist, wird die Diskussion geführt, ob Videospiele Kunst sind (Gee, 2006) oder einen Beitrag zur Gesellschaft leisten (Steinkuehler et al., 2012). Auch hier findet eine Einordnung statt, betrieben durch unterschiedliche Akteure (Squire, 2002). Jemand erschafft eine Welt, die durch andere Menschen bespielt werden kann (Gee, 2008), deshalb ist es nicht verwunderlich, dass gerade die Spieleentwickler ein Interesse am E-Sport hatten und immer noch haben. Gerade das Fehlen einer ordnungspolitischen Institution wie eines Verbandes musste durch einen anderen Akteur gefüllt werden. Diese Rolle übernahmen am Anfang motivierte und idealistische Einzelpersonen. Diese Pionierphase ab circa 1997 führte zur Emergenz von Turnierorganisatoren wie z. B. die Deutsche Clanliga (DeCL) im Jahr 1997, die später zur Electronic Sports League (ESL) im Jahr 2000 umbenannt wurde. Auch Sponsoren wie Intel und AMD erkannten zu jener Zeit das Potenzial des E-Sports als Werbeplattform und fördern den E-Sport bis heute nachhaltig. Vor allem Unternehmen wie Intel blieben dem E-Sport auch während der Finanzkrise treu, obwohl es sich zu dem Zeitpunkt wirtschaftlich nicht nachweisen ließ, ob die Werbung einen sichtbaren return on investment lieferte.

Der E-Sport wird vor allem durch den technologischen Fortschritt beeinflusst und verändert. Hier besteht ein klarer Unterschied zum traditionellen Sport, der schon früh durch Verbände gesteuert wurde. Mit dem technologischen Fortschritt wurde die Popularität des E-Sports weltweit verbreitet, da die Zuschauer über das Internet den Turnieren überall in der Welt folgen konnten. Der E-Sport gilt deshalb als einer der Vorreiter des heutigen Livestreamings. Er konnte wegen der Abwesenheit anderer Akteure in diesen anfänglichen Jahren eigene Strukturen schaffen. Bei den ersten Spielen der World Cyber Games, die mit den Olympischen Spielen vergleichbar sind; nahmen 430 Spieler aus 37 Nationen teil (Syrota, 2011).

Oft wird heutzutage darauf hingewiesen, dass der E-Sport zu stark von den Spieleentwicklern kontrolliert und dominiert wird. Aber zu jener Zeit haben viele Spieleentwickler gar nicht realisiert, was da überhaupt passiert und waren in keinster Weise involviert. Beispielsweise *Counter-Strike* war eine Modifikation von Half-Life und schon eines der beliebtesten E-Sport-Spiele, bevor es im Jahr 2000 von Valve Software, dem Entwickler von *Half-Life,* gekauft wurde. In jener Zeit erkannten immer mehr Entwickler, dass der E-Sport eine Möglichkeit wäre, neue Zielgruppen zu erreichen. Doch bis heute ist es nicht planbar, einen erfolgreichen E-Sport-Titel zu entwickeln und selbst E-Sport-Vorreiter wie Blizzard Entertainment haben ihre Probleme damit, wie man am Beispiel von *Heroes of the Storm* sehen kann (McWhertor, 2018).

Die fehlende institutionelle Verankerung führte dazu, dass der E-Sport einem Wilden Westen glich. Eine Besonderheit war Südkorea, das schon früh den E-Sport unterstützt hat und mit der Korean e-Sports Association (KeSPA) den ersten Verband gründete, der dem Ministerium für Kultur, Sport und Tourismus angeschlossen war. Durch diese starke Governance-Struktur wuchs der E-Sport in Südkorea in den frühen 2000ern stark; noch heute ist Südkorea eine der größten E-Sport-Nationen. Das E-Sport-Ökosystem in Südkorea ist hochreguliert und strikt durchorganisiert (Jin, 2010) und es bleibt weiterhin eines der wenigen Beispiele, in denen die Regierungs- und Sportverantwortlichen die Chancen des E-Sports erkannt haben.

In den Jahren 2005 bis 2008 kam es zu einem weiteren Wachstum im E-Sport, aber es wurden auch Grenzen aufgezeigt: „There was a growing audience for eSports, but no one knew how to make money doing it. Online video via IPTV seemed like a potential solution, considering the close ties video games had with the Internet, but it was expensive and untested, and advertisers didn't understand the medium. Television looked like the only way to leverage the fanbase" (Lingle, 2016). Der E-Sport schien in eine evolutionäre Sackgasse geraten zu sein, die er zu jener Zeit nicht selber verlassen oder durch eine technologische Errungenschaft überwinden konnte. Dementsprechend war die Euphorie groß, als Championship Gaming Series, unterstützt durch DirectTV, gegründet wurde. Die externen Akteure verstanden den E-Sport nicht und versuchten das Franchise System aus anderen Sportarten zu übersetzen. Das Projekt scheiterte und zerstörte vor allem die nordamerikanische E-Sport-Szene für mehrere Jahre (Lake in O'Neill, 2012) – ein weiterer Grund, weshalb sich der E-Sport in den folgenden Jahren nur schwer für Außenstehende geöffnet hat.

In der gleichen Zeit sind auch einige Versuche unternommen worden, Verbände nach dem Vorbild von sportlichen Verbänden aufzubauen. Diese rieben sich jedoch im Versuch, Legitimation durch Sportinstitutionen oder politische Organisationen zu erhalten, auf. Insbesondere in Deutschland gab es sogar einen Wettkampf zwischen zwei konkurrierenden E-Sport-Verbänden und zwar dem DeSpV und dem DeSV, die beide für den Deutschen eSport Verband standen. Beide fusionierten zu dem Deutschen eSport-Bund (ESB), der jedoch seit 2011 inaktiv ist. Diese Probleme mit der Institutionalisierung führten zu einer Fokussierung auf die Wirtschaftlichkeit sowie auf die Notwendigkeit, eigene Lösungen zu kreieren. In diesen Krisenjahren, verstärkt durch die Finanzkrise, wurde deutlich: Medienunternehmen, Sportorganisationen sowie die Politik können und wollen den E-Sport nicht unterstützen: Der E-Sport muss sich deshalb auf sich selber fokussieren, eigene Lösungen und Strukturen schaffen. Die einzige Hilfe war zu einem gewissen Grad von endemischen Akteuren zu erwarten und das waren wirtschaftliche Akteure wie die Spieleentwickler sowie Technologieunternehmen.

Ohne jegliche Chance auf staatliche Unterstützung, wie dies bei vielen anderen Sportarten als Option üblich war, war es notwendig, sich immer stärker zu professionalisieren. Deshalb fokussierten sich viele E-Sport-Organisationen, die Mitte der 2000er noch als amateurhaft anzusehen waren, darauf, ein Geschäftsmodell zur Selbstfinanzierung aufzubauen. Die Finanzkrise führte dazu, dass viele Organisationen, die sich nur durch Sponsoren finanzierten, verschwanden, als die Sponsorengelder teilweise versiegten. Der E-Sport schrumpfte sich ab 2009 gesund; nur die Organisationen mit einem Geschäftsmodell sowie einer zukunftsfähigen Geschäftsstrategie überlebten. Gleichzeitig kam mit dem Spiel *League of Legends* im Jahr 2009 ein erfolgreiches Spiel auf den Markt, das leicht zu erlernen, aber nur schwer zu meistern und trotzdem für die meisten Zuschauer gut nachzuvollziehen ist. Einen richtigen Schub gab es durch die Livestreaming Plattform Twitch, die ein kostengünstiges Streamen von Content erlaubt und zugleich auch die Messung von Kennzahlen ermöglichte. Um diese Plattform ließen sich Geschäftsmodelle kreieren, die das kometenhafte Wachstum beschreiben können: „The current esports boom began in part because Twitch offered a suite of viewing metrics that made it much easier for esports teams and tournaments to negotiate with sponsors. In turn, the growth of esports normalized the practice of watching video games. Twitch and esports have been intertwined for nearly a decade, and the vibrant esports landscape we have is unthinkable without their symbiosis“ (Partin, 2018a).

Hieraus entwickelte sich eine Koexistenz zwischen den E-Sport-Unternehmen und der Zielgruppe Spieler, die sich in einen Profi-Bereich sowie einen Amateur-Bereich im Sinne vom traditionellen Sport aufteilten. Gerade Spieleentwickler waren und sind bestrebt, dass eine Vielzahl an Spielern ihre Spiele benutzen. Spiele wie *League of Legends* sind free-to-play und sehen sich eher als game-as-a-service (Clark, 2014). Neuer Content wird kontinuierlich eingefügt und die Spieler können kosmetische Veränderungen im Spiel kaufen. Es hat sich ein Geschäftsmodell herausgebildet, das eine gewisse Fairness zwischen den Spielern schafft, jedoch gleichzeitig sehr lohnend für die Unternehmen ist. Aus dieser Dualität entwickelte sich ein nachhaltiges Geschäftsmodell, welches in den letzten Jahren exponenziell gewachsen ist.

Durch die steigende Popularität in den letzten Jahren erkennt man auch eine ansteigende Heterogenität. Zum einen gibt es über 400 Videospiele, die man unter der Kategorie E-Sport subsumieren kann (Besombes, 2019), circa 418 professionelle Sportteams, die im E-Sport tätig sind (Scholz et al., 2021), sowie große Sponsoren wie BMW oder Telekom (Nothelfer & Scholz, 2020). Der E-Sport ist hoch volatil und somit wird er sich auch in den nächsten Jahren noch umfassend verändern, gerade wenn man bedenkt, dass ein Spiel wie Fortnite erst im Jahr 2017 veröffentlicht wurde und welchen Einfluss dieses Spiel auf die E-Sport-Szene hatte und hat

1.3 Stakeholder im E-Sport

Der E-Sport entwickelte sich in seiner eigenen Nische und dadurch bildete sich auch das Umfeld der Stakeholder in einer einzigartigen Form heraus. Wie man in Abb. 1.2 erkennt, dreht sich im E-Sport alles um Spieler, also das Publikum, die Kunden, die E-Sport konsumieren. Hierunter lassen sich auch die Amateurvereine und jegliche Spieler, die den E-Sport als Hobby ansehen subsumieren. Die Spieler sind die Quelle von Erlösen für die anderen Stakeholder und dementsprechend existiert ein Wettbewerb um dieses Publikum. Darüber hinaus sind diese Spieler auch ein Talent-Pool für neue professionelle Spieler.

Im inneren Zirkel befinden sich dementsprechend die Spieleentwickler, die Turnierorganistoren, die professionellen Spieler sowie die professionellen Teams. Diese haben einen direkten Einfluss auf die Spielerbasis und sind die Gestalter für das Ökosystem eines E-E-Sport-Titel. Der Spieleentwickler versucht einen E-Sport-Titel zu designen und zugleich auch kontinuierlich zu verändern, damit das Publikum ein Interesse an dem Spiel hat und behält. Teams, Spieler und Turnierveranstalter unterstützen dabei den Spieleentwickler mit spannenden Games und interessanten Turnieren. Durch diesen direkten

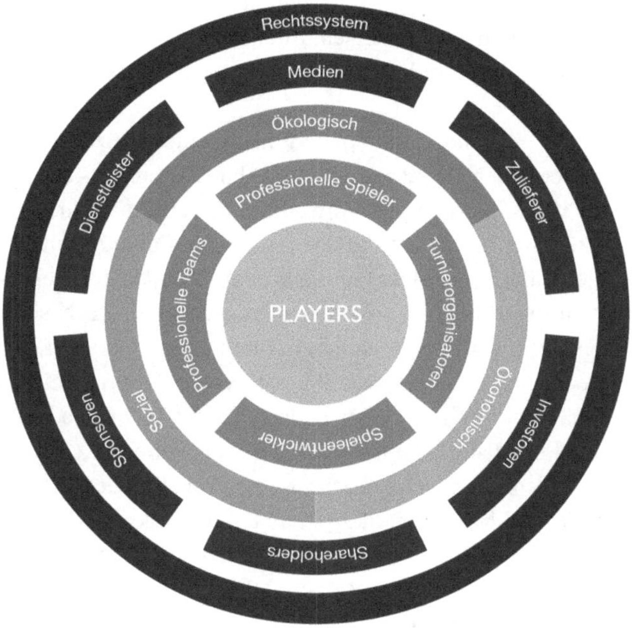

Abb. 1.2 Visualisierung der Stakeholder im E-Sport-Ökosystem (Scholz, 2020b, S. 5)

Einfluss sind diese Stakeholder auch die Hauptakteure, die sich um das strategische Management und damit um die Langlebigkeit kümmern. Dies bedeutet zum einen die ökonomische Nachhaltigkeit im Ökosystem und eine Verteilung von der die professionellen Spieler, die Teams und die Turnierorganisatoren leben können. Aber auch die soziale Nachhaltigkeit spielt eine große Rolle, denn die Gesundheit von Spielern wird immer wichtiger; Burn-out zum Beispiel entwickelt sich zu einem großen Problem, was die Nachhaltigkeit gefährden kann. Die ökologische Nachhaltigkeit wird hier der Vollständigkeit genannt, aber erst in Zukunft genauer zu definieren sein.

Der Kritikpunkt, dass der Spieleentwickler als Gatekeeper agiert (Abanazir, 2019) und als einziger Entscheidungen trifft sowie als einziger von diesem Geschäftsmodell profitiert (DOSB, 2018), ist nicht zu erkennen. Aus den genannten Nachhaltigskeitsaspekten macht es auch keinen Sinn. Natürlich hat der Spieleentwickler ein ordnungspolitisches Machtmonopol, da er das Spiel entwickelt hat, die anderen Akteure werden jedoch nicht gezwungen, ein Spiel zu unterstützen. Über all dem steht das Publikum, das mit seiner Nachfrage über Erfolg und Misserfolg eines Spiels entscheidet. Der Kunde Spieler entscheidet auf lange Sicht, ob ein Spiel erfolgreich ist oder nicht, denn ein gewinnorientierter Akteur muss einen wirtschaftlichen Erfolg nachweisen. Deutlich wurde dies mit der Schließung der E-Sport-Liga in *Heroes of the Storm* im Jahr 2018. Am Ende verloren hunderte Mitarbeiter ihren Arbeitsplatz (Futter, 2019). Ohne die Subventionen durch einen Staat oder Verbände findet im E-Sport aktuell keine Verzerrung statt. Jede E-Sport-Disziplin muss kontinuierlich ihren wirtschaftlichen Wert nachweisen, was dazu führt, dass die direkten Stakeholder gefordert sind, ein wirtschaftliches Produkt abzuliefern, das für den Kunden Publikum relevant ist.

Neben den direkten Stakeholdern existiert auch eine Vielzahl an unterstützenden Stakeholdern, die weitere Dienstleistungen und Produkte anbieten. Gerade in diesem technologischen Umfeld sind Unternehmen notwendig, die eine Infrastruktur aufbauen, wie z. B. Twitch, oder Akteure, die es ermöglichen, dass das Publikum miteinander kommuniziert. In den letzten Jahren entwickelten sich auch Nischen für Service Provider wie Consulting. Vor allem die Hardware Provider sind eine lukrative Nische geworden, die eine Vielzahl von endemischen Unternehmen hervorbrachte. Gerade Produkte wie Tastatur und Maus sind ein wichtiger Bestandteil für jeden professionellen E-Sport-Athleten. Ähnlich wie ein Tennisschläger von Roger Federer ist die Maus von einem erfolgreichen E-Sport-Athleten wie Lee „Faker“ Sang-hyeok bei Fans beliebt.

Desweiteren investieren in den letzten Jahren immer mehr externe Akteure im E-Sport. 2018 wurden weltweit 4,5 Mrd. US-Dollar in das E-Sport-Ökosystem investiert (Deloitte, 2019). Neben Entrepreneuren, Investoren und existierenden Shareholdern investieren auch immer mehr professionelle Sportorganisationen. Diese Organisationen sehen den E-Sport als neue Zielgruppe und wollen diesen neuen Markt erschließen. Der Hauptgrund ist: Das Publikum des Sports ergraut. Lombardo und Broughton (2017) fanden heraus, dass das durchschnittliche Alter in der NFL von 46 Jahren im Jahr 2006 auf 50 Jahre im Jahr 2016 gestiegen ist. Im Fußball nähert sich das Publikum an ein Durchschnittsalter von 40 Jahren. Beispiele wie FC Schalke 04 sind zu nennen, die ein eigenes *League of Legends* Team in der obersten europäischen Liga besitzen. Dementsprechend steigen nicht die Amateurstrukturen oder der organisierte Non-Profit-Sport in den E-Sport ein, sondern vor allem die For-Profit Sportorganisationen, um ihren Profit für die Zukunft zu sichern. Das bedeutet jedoch, dass diese Sportorganisationen die wirtschaftliche Orientierung noch einmal verstärken und gerade die großen Investitionen von $30 bis $60 Mio. für ein *Overwatch* Team (Wolf, 2018) den Fokus noch stärker auf den ROI verschieben. (Overwatch ist ein Spieltitel)

Aktuell bleiben die gesetzliche Regulierung und die staatliche Einordnung des E-Sports immer noch ein heikles Thema in vielen Ländern. Auch hat das International Olympic Committee immer noch Probleme, Andockpunkte zu entdecken. Der IOC erwartet eine Anpassung des E-Sports an die existierenden Regeln und fordert einen weltweiten Dachverband, der die Regeln des IOC durchsetzt (Reuters, 2018). Hier entsteht ein Spannungsfeld, denn der E-Sport als Sammelbegriff für eine Vielzahl selbstorganisierter Einzeldisziplinen scheint nicht in solche Strukturen zu passen (Blicharz in Miceli, 2018). Hier wäre eher der Vergleich mit der Global Association of International Sports Federations (GAISF) angebracht, die als Mission nicht die Regulierung jeglicher Sportarten beinhaltet, sondern das Zusammenbringen von Verbänden und Akteuren (GAISF,

o. J.). Der E-Sport, gemäß der historischen Entwicklung, ist eher eine Grassrootbewegung, die auf Basis von Selbstorganisation agiert und Governance-Strukturen mit der Zeit entwickelt. Beispiele wie die Counter-Strike Professional Players Association (CSPPA) entstanden aufgrund der Notwendigkeit einer Regulierung bezüglich der Arbeitsbedingungen (Rohan, 2018). Die Esports Integrity Coalition (ESIC) entwickelte sich, um einen industrieweiten Verhaltenskodex zu schaffen (ESIC, 2016). Das Ziel ein Umfeld zu schaffen, in dem E-Sport-Unternehmen ein nachhaltiges Geschäftsmodell kreieren können, führt vor allem wegen der Verflechtung der Akteure zu einem Austausch der Akteure. Der E-Sport weicht von den traditionellen Strukturen des organisierten Sports ab, doch dies heißt nicht, dass Governance nicht existiert, sondern dass die Strukturen sich andersartig entwickelt haben.

Natürlich ist das ganze Ökosystem in ein Rechtssystem eingebettet; doch auch hier zeigen sich die Grenzen des Systems in einer digitalen Gesellschaft. Der E-Sport überspringt Ländergrenzen und teilweise sind diese im Spielbetrieb gar nicht ersichtlich. Man kann mit jedem Menschen auf der Welt spielen, die einzige Barriere ist die technische Barriere in Bezug auf Ping und Lag. (Ping: Latenzen bei der Internetnutzung & Lag: die Zeit, die es braucht zwischen einem Knopfdruck und der entsprechenden Reaktion auf dem Bildschirm). Doch im wirtschaftlichen Sinne müssen sich die Stakeholder dem jeweiligen Rechtssystem unterordnen, sei es das Arbeitsrecht, das Visarecht und auch Steuerrecht. Sei es Altersbeschränkungen in Videospielen in bestimmten Ländern oder Zensur in bestimmten Kontexten. In vielen Ländern ist das Rechtssystem noch nicht an diese neue Welt angepasst und somit sind die gesetzlichen Grundlagen unsicher oder unklar. Hier werden die Probleme zwischen einer analogen und digitalen Gesellschaft noch einmal deutlich. Der E-Sport pusht den Diskurs für die digitale Gesellschaft, denn Phänomene wie digitale Nomaden sind eine Normalität für Counter-Strike Spieler, die, vor COVID-19, fast 2/3 des Jahres auf Reisen von Turnier zu Turnier verbrachten. Der E-Sport ist zwar ein digitales Phänomen, jedoch mit einem analogen Anker, der, interessanterweise, mit der Professionalisierung immer wichtiger geworden ist.

1.4 Prinzipien des E-Sports

Wenn also der E-Sport sich anfänglich ohne Einfluss von anderen externen Akteuren entwickeln konnte und zugleich auch noch global und digital ausgerichtet ist, dann ist es wichtig darauf einzugehen, wie das Mindset der Akteure im E-Sport aussieht und wie sich dieses entwickelt hat. Scholz und Stein (2017) ordneten den wirtschaftlichen Akteuren sechs Charakteristika zu:

1. E-Sportler sind fokussiert auf ihre Ziele
2. Die (Markt-)Ausrichtung ist glocal
3. E-Sportler sind fähig zum Wandel

4. Ressourcen werden bottom-up verteilt
5. E-Sportler sind over-energetic, over-enthusiastic, and over-dynamic
6. Digitalisierung ist ein integraler Bestandteil im E-Sport

Es wird deutlich dass gerade die individuellen Akteure im E-Sport-Ökosystem in einer Form agieren, die in vielen Unternehmen mit Innovationsfähigkeit verbunden wird. Hierbei ist die Ambidextrie zu nennen (March, 1991), die eine Gleichzeitigkeit von Exploration neuer Ideen und der Ausnutzung von bestehenden Strukturen bedeutet. In der Literatur wird oft darauf eingegangen, dass Unternehmen sich schwer tun, beides umfassend zu nutzen (Tushman & O'Reilly, 1996). Im E-Sport wird jedoch deutlich, dass viele der Akteure innovativ ihre wenigen Ressourcen nutzen. Gerade Konzepte wie Theorycrafting zeigen diese Fähigkeiten auf, Ambidextrie noch umfassender auszunutzen. Die Zielorientierung ermöglicht E-Sportlern ein klares Ziel zu definieren und darauf hinzuarbeiten, wie z. B. den Nexus des Gegners zu zerstören. Dabei ist der Weg variabel, was auch die Wandelfähigkeit der E-Sportler betont. Die glocale Sichtweise ist schon lange Teil des E-Sportlers: man hat einen lokalen Anker, doch zugleich agiert man auf einem globalen Markt und steht im globalen Wettbewerb. Deshalb müssen Ressourcen sinnvoll verteilt werden; da die Hauptressource der Spieler ist, werden diese von unten nach oben verteilt. Deshalb werden die E-Sport-Akteure als „*over-energetic, over-enthusiastic, and over-dynamic*" beschrieben. Denn viele sind vorneweg von ihrer Leidenschaft (Giannacco, 2015) angetrieben. Die Digitalisierung ist Kern des E-Sports, ohne technische Geräte ist E-Sport nicht möglich. E-Sportler verstehen diese technische Notwendigkeit und sind deshalb schon lange vorbereitet auf die digitale Gesellschaft.

Bei den oben genannten Charakteristika liegt der Fokus auf den Individuen, doch diese lassen sich auch auf eine Meta-Ebene heben und allgemeine Aussagen über das E-Sport-Ökosystem treffen. Aufbauend auf diesen Charakteristika sowie der historischen Entwicklung leiten sich folgende vier Prinzipien im E-Sport ab (Scholz, 2019):

1. Easy to learn, hard to master
2. Shifting metagame
3. Welcome to the Wild West
4. Born digital, born global, born agile

Die Idee des „easy to learn, hard to master" ist ein Bestandteil der Spieleentwicklung, denn ein gutes Spiel sollte einen einfachen Zugang haben und erst mit der Zeit immer schwerer werden. Dies ist auch für die Zuschauer sinnvoll, denn man versteht die Leistung hinter einem guten Spieler besser, wenn man es selber einschätzen kann. Dieses Prinzip macht jeden guten E-Sport-Titel aus. Auch wenn man nicht die Tiefen von League of Legends versteht, ist relativ schnell ersichtlich, wer in einem Spiel die Überhand besitzt. Um dieses Prinzip ist das ganze Ökosystem aufgebaut, denn es besteht ein harter Wettbewerb, um zu den Besten zu gehören.

Das Prinzip „shifting metagame“ beschreibt ein Phänomen, das beim E-Sport immer wichtiger geworden ist. Die meisten E-Sport-Titel verändern sich mit der Zeit und dadurch verändert sich auch die Spielweise. Gerade bei League of Legends ist dies zu erkennen, denn mit jedem Patch werden manche Helden stärker und manche Helden schwächer. Dadurch müssen sich Spieler an ein neues Spiel anpassen. Die Strategie und das Metagame kann sich dabei fundamental verändern. Das Konzept Metagame hat seine Wurzeln in der Spieltheorie und kann wie folgt definiert werden: „A metagame is the game that would exist if one of the players chose his strategy after the others, in knowledge of their choices" (Howard, 1971, S. 23). Dadurch dass die Spiele und ihre Regeln sich immer verändern, hat sich dieses Prinzip im E-Sport verankert und deshalb erscheint der E-Sport auch als hochdynamisch.

Ähnlich das Prinzip „Wilder Westen“: Der E-Sport wird oft als nicht regulierbar angesehen, als ein chaotisches Umfeld, in dem man mit starker Hand aufräumen sollte. Doch dies ist ein Missverständnis, denn der Wilde Westen ist auch das Unbekannte und Neuartige: „America as a wide-open land of unlimited opportunity for the strong, ambitious, self-reliant individual to thrust his way to the top" (Slotkin, 1973, S. 5). Für die traditionellen Organisationen wie Sportverbände und Politik mag der Wilde Westen negativ konnotiert sein, aber für den E-Sport bedeutet er unbegrenzte Möglichkeiten: die Chance, ein neuartiges System aufzubauen und neu anzufangen. Dabei ist eine große Parallele zur Digitalisierung zu erkennen, denn auch diese wird als Neuland bezeichnet, obwohl schon heute klar ist, dass die Digitalisierung das Land der unbegrenzten Möglichkeiten darstellt. Dies trifft auch für den E-Sport zu, denn hier haben die E-Sportler die Chance selber zu gestalten und zu regulieren.

Entsprechendes gilt für das Prinzip „born digital, born global, born agile“. Der E-Sport wurde überhaupt erst durch die Digitalisierung geschaffen, ohne Computer oder Konsolen gäbe es keinen E-Sport. Die Globalisierung brachte das große Wachstum ins Rollen, denn viele E-Sport-Organisationen sind global aufgestellt. Es gibt keine Grenzen oder Barrieren, es existiert eine gemeinsame Sprache. Gleichzeitig kann sich jederzeit was verändern: ein neues Team oder ein neues Spiel kommt um die Ecke und verursacht eine Transformation. Alle anderen Unternehmen fangen mit analog, lokal und stabil an, versuchen eine Balance zwischen analog und digital, zwischen lokal und global, zwischen Stabilität und Agilität zu erreichen. Doch nur der E-Sport startet aus der digitalen, globalen und agilen Seite, was auf lange Sicht ein Wettbewerbsvorteil sein kann.

Diese Charakteristika und Prinzipien sind wichtig, um zu verstehen, wie das Ökosystem sich entwickelt hat und wie die E-Sport-Akteure ticken. Auch wenn die Regeln in der Wirtschaft, in der Politik und in der Gesellschaft ähnlich bleiben, die Personen im E-Sport haben sich ein bestimmtes Mindset antrainiert und durch die Entwicklung zur digitalen Gesellschaft sind E-Sportler besser auf diese „schöne neue“ digitale Welt vorbereitet.

1.5 Nachhaltige Blasenbildung im E-Sport

Die Geschichte des E-Sport beinhaltet auch eine Diskussion über die „E-Sport-Bubble“, besonders darüber, dass die Blase des E-Sport bald platzen muss und wird (D'Anastasio, 2019). Diese interessante Diskussion zeigt noch einmal auf, wie schwer der E-Sport überhaupt begreifbar ist, gerade wenn man argumentiert, dass beim Platzen der E-Sport-Blase der E-Sport „verschwindet“. Aber weil der E-Sport stark verschränkt mit Videospielen ist und alle Videospiele mit einem Multiplayer-Modus als E-Sport bezeichnet werden könnten, kann der E-Sport dementsprechend gar nicht mehr verschwinden. Natürlich gab es Krisen und auch Zeiten, als der E-Sport eher geschrumpft ist, aber holistisch über die Zeit gesehen ist der E-Sport immer gewachsen und wird auch auf lange Sicht weiterhin wachsen: Noch nicht alle Märkte wurden erschlossen, wie z. B. Afrika, oder der Anteil an Frauen im E-Sport wird zunehmen. Auch das Thema Mobile E-Sport wird zu weiterem Wachstum führen. Abb. 1.3 zeigt eine vereinfachte Darstellung des E-Sport-Wachstums über die Zeit hinweg und zugleich auch eine tiefergehende Betrachtung der Entwicklung einiger E-Sport-Spiele.

Wie man in der Abbildung erkennen kann, gab es eine Arcade-Blase vor den 1997er Jahren; In dieser Zeit verschwanden die Arcades von der Bildfläche und wurden durch Heimkonsolen und Heimcomputer ersetzt. Hier entstand also ein Transfer von der Öffentlichkeit in die eigenen vier Wände; dementsprechend war das „Potenzial“ von E-Sport-Titeln nicht verschwunden, sondern war nur nicht von vorneherein sichtbar. Das erklärt auch den Aufstieg von Multiplayer-Titeln in den späten 90er Jahren, zunächst auf LAN-Parties, später über das Internet. Trotzdem flachte das Wachstum ab und einige Akteure verschwanden nach 2005, wobei dieses Phänomen auch dem Erfolg von World of Warcraft zugeschrieben wurde. Den Effekt der Championship Gaming Series erwähnten wir schon kurz und auch die nachhaltige Wirkung auf die nordamerikanische Szene.

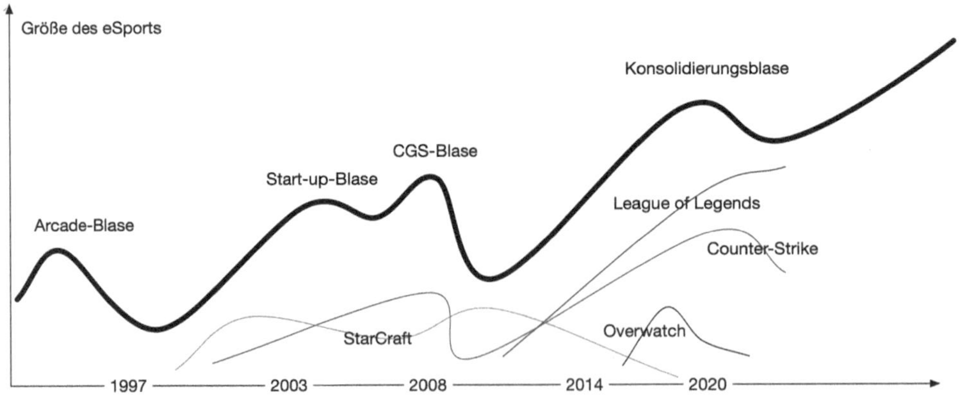

Abb. 1.3 Entwicklungsphasen im E-Sport anhand spezifischer E-Sport-Titel

Doch ebenso international erschwerte die Finanzkrise das Wachstum des E-Sports; ein prominentes Beispiel war das Ende der World Cyber Games im Jahr 2013. Mit Twitch und League of Legends wurden dann zwei Treiber des Wachstums herausgebracht und viele Entwicklungen danach sind auf diese beiden Produkte zurückzuführen. Im Jahr 2020 war eine Konsolidierungsblase abzusehen, schon vor der COVID-19 Pandemie, wobei die Pandemie diesen Effekt weiter verstärkte. Trotzdem wird der E-Sport holistisch auch weiterhin wachsen.

Dies trifft jedoch nicht unbedingt auf die Teil-Ökosysteme zu; Abb. 1.3 unterstreicht, dass eine differenzierte Betrachtung notwendig ist. Wenn man sich die Entwicklung von StarCraft anschaut, dann war das Spiel einer der ersten großen Titel. Der Erfolg war aber vor allem in Südkorea verortet. Außerhalb von Südkorea war StarCraft immer ein Nischenspiel. Mit StarCraft II versuchte Blizzard damals den Erfolg ihres Spiels zu forcieren, spaltete dadurch aber den Markt in Südkorea (Partin, 2018b). Zwar konnte man international das Spiel vorantreiben, aber die Kannibalisierungseffekte zwischen StarCraft Broodwar und StarCraft II in Südkorea schadeten dem Ökosystem. Über die Jahre hinweg wurde die Relevanz des Spiels immer geringer, blieb aber trotzdem ein wichtiges Nischenspiel und ein Lückenfüller (Partin, 2018c).

Auch Counter-Strike ist eines der ersten großen E-Sport-Spiele und eine der treibenden Kräfte im E-Sport. Im Gegensatz zu anderen Spielen lässt Valve ein relatives Laissez-faire (Scholz, 2019) bezüglich des Einflusses auf das Spiel zu. Das zeigt sich bei der Entwicklung des Spiels vor allem in fehlender Governance. Counter-Strike war in der Vergangenheit und ist auch heute noch relevant für viele E-Sport-Stakeholder. Man erkennt ein stetiges Wachstum, auch wenn eine Zeitlang die Szene in 1.6 und Source aufgespalten wurde. Nach dem heftigen Schlag anlässlich der Championship Gaming Series lag Counter-Strike zwischen 2008 und 2012 fast am Boden (Dchozn, 2012). Mit dem Release von Global Offensive wurden beide Lager vereint und Counter-Strike wurde wieder eines der wichtigsten Spiele im E-Sport. Trotzdem scheint Counter-Strike in eine Konsolidierungsphase eingetreten zu sein, denn viele ihrer Teams sind nicht profitabel und werden durch Teams anderer Spiele querfinanziert. Es bleibt unklar, ob Counter-Strike als Aushängeschild fungiert und damit nicht unbedingt ökonomisch nachhaltig sein muss; dies bedeutet jedoch, dass Teams anderer E-Sport-Titel „das Geld reinbringen“ müssen.

Das Spiel League of Legends ist verantwortlich für einen Teil des großen Wachstums im E-Sport-Ökosystem in den letzten Jahren. Riot Games schuf damit ein Produkt, das eine Vielzahl von Spielern interessiert. Das Spiel ist gut vermittelbar und ermöglicht den Einstieg von non-endemischen Partnern. Aber auch das Spiel League of Legends stößt an Grenzen. Riot Games fokussiert sich auf die Topligen und lässt andere Ligen wie zum Beispiel die PRIME League von Dienstleistern durchführen oder erlaubt Ligen wie zum Beispiel die Uniliga eigenständige Ligen zu produzieren. Auch wenn Spieleentwickler als Gatekeeper gelten, scheint es natürliche Grenzen für die Organisationsmöglichkeiten zu geben. Dementsprechend wird deutlich, dass ein E-Sport-Ökosystem eben aus den vier zentralen Akteuren Spieleentwickler, Turnierorganisatoren, professionellen Teams und professionellen Spielern bestehen muss, um eine ökonomische Nachhaltigkeit zu erreichen.

Diese Problematik erkennt man ebenso bei Overwatch und dem Produkt Overwatch League. Das Ziel war es, eine Liga nach dem Vorbild der MLB oder NFL nachzubilden und innerhalb von ein paar Jahren ein ähnliches Produkt zu kreieren (Scholz, 2021). Dieses Konzept sah für Investoren aus dem traditionellen Sport sehr attraktiv aus, weshalb auch viele traditionelle Investoren wie zum Beispiel die Kraft Group einstiegen. Die Spieler-Teams wurden nach Städten benannt, wie die New York Excelsior, ein Konzept, das schon bei der Championship Gaming Series getestet wurde (Scholz, 2019). Die Liga konzentrierte sich jedoch auf die Top-Teams (Tier 1) und ignorierte den Unterbau; dementsprechend gingen der Liga die Talente aus. Overwatch konnte den Hype um das Spiel nicht nutzen und steckte in der Nische fest. Dieses Beispiel macht deutlich, dass man ein Ökosystem nicht auf dem Reißbrett planen kann und man alle wichtigen Stakeholder mit an Bord bringen muss.

Diese Blasendiskussion zeigt noch einmal auf, dass wir den E-Sport nicht grob im Gesamten beurteilen dürfen und auch können. Der E-Sport ist granularer und ist im Detail zu betrachten. Die Blasenbildung betrifft vielmehr eher spezielle Ökosysteme, sei es eine Region wie Nordamerika und die Championship Gaming Series oder E-Sport-Titel wie Overwatch. Es mag zwar kurzfristig schädlich sein, wenn ein Teil-Ökosystem sich als Blase herausstellt, und es kann auch das gesamte Ökosystem kurzfristig destabilisiert werden, doch der E-Sport wird weiterwachsen. Diese Blasen bewirken eine Korrektur im E-Sport und führen zu einer Stabilisierung des Gesamtökosystems. Die Herausforderung besteht jedoch darin, aus diesen Blasen zu lernen und Anpassungen vorzunehmen. Dementsprechend können diese Diskussionen genutzt werden, um ein Umfeld zu schaffen, in dem die Teil-Ökosysteme nachhaltig im ökonomischen und sozialen Sinne agieren. Auch wenn ein E-Sport-Titel in einer Nische bleibt, kann es funktionieren und langfristig ein nachhaltiges Ökosystem kreieren, hier muss eine mögliche Blase verhindert werden. Deshalb ist es notwendig, die Ökosysteme in ihrer eigenständigen und einzigartigen Form zu betrachten und damit das Thema Blase auf eine fruchtbare Diskussionsebene zu heben.

1.6 Fazit

Der E-Sport ist in den letzten Jahren aus der eigenen Nische ausgebrochen und ein wichtiges Thema für viele Akteure geworden. Der E-Sport ist in der Mitte der Gesellschaft angekommen. In diesem Kapitel wurde deutlich, was für eine lange Historie der E-Sport schon durchlaufen und wie sich daraus der aktuelle Standort des E-Sport entwickelt hat. Diese Geschichte wird in der Gesellschaft leider übersehen. Die geschichtliche Amnesie ist sogar innerhalb von Unternehmen wie Activision Blizzard zu erkennen, wenn sich ähnliche Fehler in Overwatch wiederholen, die schon bei StarCraft begangen wurden (Scholz,

2021). Deshalb war es hier notwendig, einen Blick zurückzuwerfen, um den E-Sport noch weiter nach vorne zu bringen.

Gleichzeitig wurde deutlich, welche Rolle der E-Sport in der Transformation zur digitalen Gesellschaft leisten kann. Die COVID-19 Pandemie hat die Digitalisierung beschleunigt; in manchen Bereichen wurden Menschen sowie Unternehmen sogar zur Digitalisierung „gezwungen". Der E-Sport zeigt eindrucksvoll, dass Digitalisierung isoliert betrachtet keinen Mehrwert bedeutet, sondern ein gesundes Wachstum nur in hybrider Form möglich ist. Gerade die fehlende Auseinandersetzung mit dem Thema der sozialen Nachhaltigkeit offenbart schon jetzt fatale Konsequenzen in der digitalen Arbeitswelt, wie z. B. Burn-out (Carnevale & Hatak, 2020) oder soziale Isolation (Hafermalz & Riemer, 2021). Der E-Sport macht deutlich, dass ein analoger Anker, der soziale Interaktion ermöglicht und befähigt, weiterhin bestehen muss. Welches andere soziale Phänomen könnte uns mehr dabei helfen, die digitale Gesellschaft nachhaltig zu gestalten, als der E-Sport, weil er schon seit 20 Jahren eine digitale Gesellschaft gestaltet?

Literatur

Abanazir, C. (2019). Institutionalisation in E-Sports. *Sport, Ethics and Philosophy, 13*(2), 117–131.

aimTalk (2021). #013 ESBD, ESL, deutscher E-Sport. https://podcasts.apple.com/us/podcast/aimtalk-013-esbd-esl-deutscher-e-sport/id1529803525?i=1000510121627. Zugegriffen: 27. Febr. 2021.

Aldrich, H., McKelvey, B., & Ulrich, D. (1984). Design strategy from the population perspective. *Journal of Management, 10*(1), 67–86.

Arnaud, J.-C. (2010). eSports – A new word. In J. Christophers & T. M. Scholz (Hrsg.), *eSports yearbook 2009* (S. 11–12). BoD.

Besombes, N. (2019). Esports chronology. https://medium.com/@nicolas.besombes/esports-chronology-896e2a7b2f7e. Zugegriffen: 27. Febr. 2021.

Borowy, M., & Jin, D. Y. (2013). Pioneering eSport: The experience economy and the marketing of early 1980s arcade gaming contests. *International Journal of Communication, 7,* 2254–2274.

Bowden, B. V. (1953). *Faster than thought. A symposium on digital computing machines.* Pitman.

Carnevale, J. B., & Hatak, I. (2020). Employee adjustment and well-being in the era of COVID-19: Implications for human resource management. *Journal of Business Research, 116,* 183–187.

Clark, O. (2014). *Games as a service: How free to play design can make better games.* Routledge.

Cunningham, G. B., Fairley, S., Ferkins, L., Kerwin, S., Lock, D., Shaw, S., & Wicker, P. (2018). ESport: Construct specifications and implications for sport management. *Sport Management Review, 21*(1), 1–6.

D'Anastasio, C. (2019). Shady numbers and bad business: Inside the esports bubble. https://kotaku.com/as-eSports-grows-experts-fear-its-a-bubble-ready-to-po-1834982843. Zugegriffen: 27. Febr. 2021.

Dchozn. (2012). NBK: ‚We Have Milked CS 1.6 and CSS Empty'. https://play.esea.net/news/11446. Zugegriffen: 27. Febr. 2021.

Deloitte. (2019). *The rise of esports investments.* Deloitte.

Deutscher Olympischer Sportbund. (2018). DOSB und eSport. https://www.dosb.de/ueber-uns/esport. Zugegriffen: 27. Febr. 2021.

ESIC (2016). *Threats to the integrity of esports. A risk analysis.* ESIC.
Flesch, R. (1951). *The art of clear thinking.* Harper.
Franke, T. (2015). The perception of eSports – Mainstream culture, real sport and marketisation. In J. Hiltscher & T. M. Scholz (Hrsg.), *eSports Yearbook 2013/14* (S. 111–144). BoD.
Futter, M. (2019). What the hell happened at Activision Blizzard. https://www.polygon.com/2019/2/16/18226581/activision-blizzard-layoffs-executive-pay-unions. Zugegriffen: 27. Febr. 2021.
GAISF (o. J.). Mission and vision. https://gaisf.sport/mission-and-vision. Zugegriffen: 27. Febr. 2021.
Gee, J. P. (2006). Why game studies now? Video games: A new art form. *Games and culture, 1*(1), 58–61.
Gee, J. P. (2008). Video games and embodiment. *Games and Culture, 3*(3–4), 253–263.
Giannacco, C. (2015). Farewell message Cloud. In J. Hiltscher & T. M. (Hrsg.), *eSports yearbook 2013/14* (S. 89–92). BoD.
Hafermalz, E., & Riemer, K. (2021). Productive and connected while working from home: What client- facing remote workers can learn from telenurses about ‚belonging through technology'. *European Journal of Information Systems, 30*, 89–99.
Hall, S. (2020). How COVID-19 is taking gaming and esports to the next level. https://www.weforum.org/agenda/2020/05/covid-19-taking-gaming-and-esports-next-level. Zugegriffen: 27. Febr. 2021.
Hallmann, K., & Giel, T. (2018). ESports – Competitive sports or recreational activity? *Sport Management Review, 21*(1), 14–20.
Hamari, J., & Sjöblom, M. (2017). What is eSports and why do people watch it? *Internet Research, 27*(2), 211–232.
Hannan, M. T., & Freeman, J. (1977). The population ecology of organizations. *American Journal of Sociology, 82*(5), 929–964.
Holden, J. T., Kaburakis, A., & Rodenberg, R. M. (2017a). The future is now: ESports policy considerations and potential litigation. *Journal of Legal Aspects of Sport, 27*(1), 46–78.
Holden, J. T., Rodenberg, R. M., & Kaburakis, A. (2017b). Esports corruption: Gambling, doping, and global governance. *Maryland Journal of International Law, 32*(1), 236–273.
Howard, N. (1971). *Paradoxes of rationality: Theory of metagames and political behaviour.* MIT Press.
Hutchins, B. (2008). Signs of meta-change in second modernity: The growth of e-sport and the World Cyber Games. *New Media and Society, 10*(6), 851–869.
Jenny, S. E., Manning, R. D., Keiper, M. C., & Olrich, T. W. (2017). Virtual(ly) athletes: Where eSports fit within the definition of ‚sport'. *Quest, 69*(1), 1–18.
Jin, D. Y. (2010). *Korea's online gaming empire.* MIT Press.
Jonasson, K., & Thiborg, J. (2010). Electronic sport and its impact on future sport. *Sport in Society, 13*(2), 287–299.
Lingle, S. (2016). The complicated past (and future) of esports on TV. https://dotesports.com/general/news/eleague-esports-tv-history-3014. Zugegriffen: 27. Febr. 2021.
Lombardo, J., & Broughton, D. (2017). Going gray. Sports TV viewers skew older. https://www.sportsbusinessjournal.com/Journal/Issues/2017/06/05/Research-and-Ratings/Viewership-trends.aspx. Zugegriffen: 27. Febr. 2021.
March, J. G. (1991). Exploration and exploitation in organizational learning. *Organization Science, 2*(1), 71–87.
McWhertor, M. (2018). Heroes of the Storm pros vent sadness, anger after Blizzard kills game's esports future. https://www.polygon.com/2018/12/14/18141331/heroes-of-the-storm-canceled-hgc-blizzard-community. Zugegriffen: 27. Febr. 2021.

Miceli, M. (2018). ESL's Michal Blicharz discusses esports' Olympic hopes following IOC Forum. https://esportsobserver.com/michal-carmac-blicharz-esl-olympics. Zugegriffen: 27. Febr. 2021.

Nothelfer, N. und Scholz, T. M. (2020). Vom „Killerspiel“ zum Sport?. https://www.faz.net/einspruch/e-sport-vom-killerspiel-zum-sport-16982356.html. Zugegriffen: 27. Febr. 2021.

O'Neill, P. H. (2012). A history of esports. https://github.com/hubwub/history-of-esports. Zugegriffen: 27. Febr. 2021.

Parry, J. (2019). E-sports are not sports. *Sport, Ethics and Philosophy, 13*(1), 3–18.

Partin, W. (2018a). Twitch isn't for esports. It's for streamers. https://compete.kotaku.com/twitch-isnt-for-esports-its-for-streamers-1824263773. Zugegriffen: 27. Febr. 2021.

Partin, W. (2018b). Inside the battle to take „StarCraft II“ back from its Korean Overlords. https://variety.com/2018/gaming/features/starcraft-ii-gsl-vs-the-world-history-1202894473. Zugegriffen: 27. Febr. 2021.

Partin, W. (2018c). „StarCraft II“: How Blizzard brought the king of esports back from the dead. https://variety.com/2018/gaming/features/StarCraft-ii-esports-history-1202873246. Zugegriffen: 27. Febr. 2021.

Reuters. (2018). Olympics. E-Sports could be sports activity. https://www.reuters.com/article/us-olympics-summit/olympics-e-sports-could-be-sports-activity-says-ioc-idUSKBN1CX0IR. Zugegriffen: 27. Febr. 2021.

Rohan. (2018). The CSPPA is a necessity as esports grows, better late than never. https://esports-betting-tips.com/the-csppa-is-a-necessity-as-esports-grows-better-late-than-never. Zugegriffen: 27. Febr. 2021.

Rosell Llorens, M. (2017). ESport gaming: The rise of a new sports practice. *Sport, Ethics and Philosophy, 11*(4), 464–476.

Scholz, T. M. (2019). *eSports is business – Management in the world of competitive gaming.* Palgrave.

Scholz, T. M. (2020a). An expert perspective on the future of esports. In D. P. Hedlund, G. Fried, & R. C. Smith (Hrsg.), *Esports business management* (S. 217–220). Human Kinetics.

Scholz, T. M. (2020b). Deciphering the world of esports. *International Journal on Media Management, 22*(1), 1–12.

Scholz, T. M. (2021). The business model network of esports: The convergence of Overwatch. In J. Dal Yong (Hrsg.), *Global esports. Transformation of cultural perceptions of competitive gaming* (S. 99–114). Bloomsbury.

Scholz, T. M., & Stein, V. (2017). Going beyond ambidexterity in the media industry: ESports as pioneer of ultradexterity. *International Journal of Gaming and Computer-Mediated Simulations, 9*(2), 47–62.

Scholz, T. M., Völkel, L., & Uebach, C. (2021). Sportification of Esports – A systematization of sport-teams entering the esports ecosystem. *International Journal of Esports, 2*(2), 1–15.

Schutz, T. (2018). Nerds are rising: Entwicklung digitaler Führungskompetenz durch Computerspiele wie WoW und LoL. In M. A. Ciesielski & T. Schutz (Hrsg.), *Digitale Führungskräfteentwicklung* (S. 69–84). Springer.

Slotkin, R. (1973). *Regeneration through violence: The mythology of the American Frontier, 1600–1860.* Wesleyan University Press.

Squire, K. (2002). Cultural framing of computer/video games. *Game Studies, 2*(1), 1–13.

Steinkuehler, C., Squire, K., & Barab, S. (Hrsg.). (2012). *Games, learning, and society: Learning and meaning in the digital age.* Cambridge University Press.

Syrota, L. (2011). eSports. A short history of nearly everything. https://www.teamliquid.net/forum/starcraft-2/249860-esports-a-short-history-of-nearly-everything. Zugegriffen: 27. Febr. 2021.

Tushman, M. L., & O'Reilly, C. A., III. (1996). Ambidextrous organizations: Managing evolutionary and revolutionary change. *California Management Review, 38*(4), 8–29.

Wagner, M. G. (2006). *On the scientific relevance of eSport.* Proceedings of the 2006 International Conference on Internet Computing and Conference on Computer Game Development, S. 437–440.

Wolf, J. (2018). Sources: Overwatch league expansion slots expected to be $30 million to $60 million. http://www.espn.com/esports/story/_/id/23464637/overwatch-league-expansion-slots-expected-30-60-million. Zugegriffen: 27. Febr. 2021.

Dr. Tobias M. Scholz hält eine Professur für Academic Esports mit einem Schwerpunkt auf Personalmanagement an der Universität Agder und ist Chief Scientific Officer von metagame. Er hat das Esports Research Network gegründet und gehört seit 20 Jahren zu der ersten Generation der Esports-Forscher, er hat das Grundlagenbuch „eSports is Business" geschrieben und ist Co-Autor von „Grundzüge des Personalmanagement". In Norwegen ist er maßgeblich an einem Bachelorstudiengang beteiligt, der darauf abzielt, Esports als Werkzeug zur Vermittlung von Fähigkeiten für die zukünftige Arbeitswelt zu nutzen. Esports dient dabei als Hebel, um die Ausbildung dieser Fähigkeiten zu fördern.

Entwicklungsmanagement bei Publishern 2

Anna Löchner und Jakob Dötter

Inhaltsverzeichnis

2.1 Einführung in das Entwicklungsmanagement bei Publishern 20
2.2 Tencent Holdings Ltd 22
2.3 Tencent als Player in der Games-Branche 24
2.4 2011/2016 Riot Games, Inc 26
2.5 League of Legends 27
2.6 League of Legends European Championship (LEC)................................... 30
2.7 Der chinesische E-Sports-Markt 33
2.8 Fazit zu Tencent Holdings Ltd.. 36
Literatur 37

Zusammenfassung

Das Ziel dieses Kapitels ist es, Publisher und Produktmanagement sowie deren Entwicklungsperspektiven im Detail zu betrachten. Zunächst wird eine klare Unterscheidung zwischen Publisher und Developer vorgenommen, da diese beiden Begriffe in der Gaming- und E-Sport-Branche unterschiedliche Bedeutungen haben. Publisher spielen eine zentrale Rolle im E-Sport-Ökosystem, da sie sämtliche Urheber-, Marken-, Lizenz-, Vertriebs- und Broadcastingrechte für ihre jeweiligen Spiele besitzen. Diese Rechte geben ihnen die Möglichkeit, Vorschriften, zum Beispiel für Streamer, festzulegen und durchzusetzen. Ein wichtiger Aspekt hierbei ist die Berücksichtigung

A. Löchner (✉)
Hochschule für angewandtes Management, Mannheim, Deutschland
E-Mail: anna.loechner@fham.de

J. Dötter
Berlin, Deutschland
E-Mail: dozent.jakob.doetter@edu.fham.de

© Der/die Autor(en), exklusiv lizenziert an Springer Fachmedien Wiesbaden GmbH, ein Teil von Springer Nature 2024

A. Löchner und E. Lindner (Hrsg.), *E-Sports-Management*,
https://doi.org/10.1007/978-3-658-43835-7_2

der Bedürfnisse der Endkunden und deren Integration in Vermarktungsstrategien, um eine langfristige Kundenbindung zu gewährleisten. Dieser Aspekt ist entscheidend um erfolgreich zu sein und stellt ebenfalls Publisher vor Herausforderungen. Das Thema Entwicklungsmanagement bei Publishern wird exemplarisch am chinesischen Großkonzern Tencent untersucht. Das IT-Unternehmen versucht nach und nach seine Business Zweige in die verschiedensten Richtungen auszustrecken- so ist das Unternehmen auch in vielen Märkten im Gaming und E-Sports aufzufinden, hier z. B. im Streaming, in den sozialen Medien, im Musik-Bereich als auch bei Spieleentwicklern. Tencent investiert in zahlreiche Gaming-Unternehmen und baut so eine marktbeherrschende Stellung auf. Mit dem Erwerb von Riot Games, der in diesem Abschnitt genauer beleuchtet wird, lässt sich das Entwicklungspotenzial in der Branche eindrucksvoll veranschaulichen.

2.1 Einführung in das Entwicklungsmanagement bei Publishern

In der E-Sport- und Games-Branche bezeichnet man als Publisher diejenigen, die das entwickelte Spiel tatsächlich veröffentlichen und verbreiten (vgl. Engels, 2017). Die Spielentwicklung übernehmen dagegen die sogenannten ‚Developer', weshalb die Begriffe Publisher und Developer nicht synonym verwendet werden können. Beide üben jedoch einen erheblichen Einfluss auf das gesamte E-Sports-Ökosystem aus, da sie „...die Basis für das gesamte Business der Gaming- und E-Sports-Branche [bilden]" (SPOBIS GmbH, 2019; vgl. Nielsen, 2019, S. 5). Folglich müssen sich die anderen Akteure der E-Sports-Branche nach den Vorgaben und Auflagen der Publisher richten. Diese verfügen über sämtliche Urheber-, Marken-, Lizenz-, Vertriebs- und Broadcastingrechte, was ihnen eine gewisse Monopolstellung verleiht (vgl. Luther, 2017; SPOBIS GmbH, 2019).

Der strategische Umgang beim Publishing-Zyklus von Videospielen hat sich vor allem in den letzten zwei Jahrzehnten deutlich verändert. Während zuvor der Fokus auf der Veröffentlichung von mehreren Spielen in regelmäßigen, zyklischen Abständen lag, so erfreuen sich heutzutage sogenannte ‚Free-to-Play-Spiele' (kurz F2P) großer Beliebtheit. Dieser Trend weg von klassischen ‚60-Dollar-Spielen', die ohne regelmäßige Balance-Updates und Wartungsarbeiten auskommen, hin zu F2P-Spielen, hat das Wachstum des E-Sport-Sektors erheblich gefördert.

> „The way video games are monetised has greatly evolved over the last decade, enabling publishers to leverage the longevity of Esports titles. While a game's financial success used to be dependent on the initial purchase price, the majority of Esports titles are now free-to-play and offer in-game microtransactions. This development takes advantage of a general shift from casual to competitive gaming and the associated increase in player retention" (Langenscheidt, 2017).

Sogenannte „Mikrotransaktionen" haben völlig neue und, wie sich herausstellte, äußerst effektive Vermarktungsmöglichkeiten für Publisher und Entwickler in Videospielen eröffnet.

> „Valve and Riot caught on, launching League of Legends and Team Fortress 2 as two of the very first desktop games driven by microtransactions. The success of League of Legends immediately reversed the monetization dynamics of Esports titles, as maintaining an existing user base suddenly became profitable" (Langenscheidt, 2017).

Langenscheidt hebt hierbei einen wichtigen Mechanismus der Mikrotransaktionen hervor – die längerfristige Bindung der Nutzer an ein einziges Spiel. Gleichzeitig bleibt der Fokus der Publisher und Developer auf diesem oder einer kleinen Auswahl von Spielen bestehen. Mikrotransaktionen bieten in der Regel keine spielerischen Vorteile, sondern umfassen kosmetische Gegenstände oder Ingame-Währungen, mit denen solche Gegenstände erworben werden können. Da die zugrunde liegende Vermarktungsstrategie auf der langfristigen Bindung der Spieler basiert, erschien es deutlich lukrativer, eine E-Sport-Szene aufzubauen.

Infolgedessen hat sich die Investitionsbereitschaft in die E-Sport-Branche rapide gesteigert. Was früher hauptsächlich als Marketinginvestitionen betrachtet wurde, hat sich heute zu einem eigenständigen, neuen Geschäftsbereich entwickelt (vgl. Luther, 2017; Vitale, 2019).

> „Die Wahrnehmung des Esports als reines Marketinginstrument hat sich gewandelt und die Treiber für diese Entwicklung sind vor allem die wachsenden Zuschauerzahlen von Großveranstaltungen sowie die deutlich steigenden Sponsoring-Ausgaben von Marken und die stetige Professionalisierung rund um das gesamte Ökosystem. ...Sowohl aufgrund des eigenen wirtschaftlichen Interesses als auch als Möglichkeit, dem eigenen Esports-Ökosystem einen nachhaltigen Mehrwert zu liefern, wird die nächste Entwicklungsstufe des Esports davon geprägt sein, dass Publisher und Spieleentwickler die Konvergenz und Partnerbeziehungen mit anderen Industrien forcieren" (Vitale, 2019).

Ein Videospiel, dass sich im E-Sports-Sektor etablieren möchte, benötigt unter anderem klar verständliche Regeln und Strukturen, um der breiten Masse einen einfachen Einstieg zu gewähren.

> „Das Spiel muss einfach zu lernen und hart zu meistern sein. Alle Titel zeichnen sich durch einfach zu verstehende Kernelemente, Mechaniken und Spielregeln aus, die schnell für positive Erlebnisse mit steiler Lernkurve bei Spielen sorgen. Dennoch bieten alle Spiele eine entsprechende Tiefe und Komplexität im Spieldesign, um so eine differenzierende Verteilung der Spielfähigkeiten in der Spielerschaft zu generieren" (Vitale, 2019).

Das Potenzial von wettbewerbszentrierten Spielen wurde hierbei früh erkannt. Diese Spiele basieren häufig auf Ranglistensystemen in Kombination mit automatisierten Matchmaking-Systemen. Auf diese Dadurch wird der Leistungsvergleich möglichst objektiv und transparent ermöglicht, während Faktoren wie Zufall, Glück und finanzielle Investitionen minimiert werden(vgl. Hana, 2014; Langenscheidt, 2017; Vitale, 2019).

Bereits an dieser Stelle ist festzuhalten, dass Publisher versuchen, die Bedürfnisse der Spielercommunity fortlaufend zu kultivieren, um deren langfristige Bindung an das Spiel aufzubauen. Um dies zu erreichen, können Publisher an vielen Aspekten rund um das Spiel ansetzen: etwa an eine packende Storyline des Spiels, ein ansehnliches Grafikdesign, inspirierende Figuren, Content und Merchandise um das Spiel herum sowie an den Aufbau eines E-Sports-Bereichs mit professionellen Athleten und Influencern.

Ein Unternehmen, welches das Potenzial des E-Sports-Bereichs besonders erkannt hat, ist die Tencent Holdings Ltd. Der Technologiekonzern und sein Einfluss im E-Sports-Sektor sollen im folgenden Abschnitt genauer beleuchtet werden.

2.2 Tencent Holdings Ltd

Tencent Holdings Limited, vor allem bekannt als ‚Tencent', ist ein chinesisches IT-Unternehmen, das sich auf Investitionen in die Internet-, Gaming- und Unterhaltungsbranche spezialisiert hat. Das 1998 in Shenzhen gegründete Unternehmen mit Sitz in Shenzhen gehörte 2018 zu den fünf wertvollsten Unternehmen weltweit, nur knapp hinter bekannten Namen wie Apple, Google, Microsoft und Amazon. Aktuell gilt Tencent als der größe und umsatzstärkste Spielehersteller in der Games-Branche, mit Beteiligung an vielen der einflussreichsten Marktteilnehmer wie Riot Games, Epic Games und Activision Blizzard (vgl. Newzoo, 2023).

Gegründet wurde Tencent im November 1998 von Ma Huateng (auch bekannt als Pony Ma, der heute als Vorsitzender fungiert, und Zhang Zhidong (Tony Zhang), dem derzeitigen CTO (Chief Technology Officer) (vgl. Merkur, 2021). Der chinesische Tech-Gigant war jedoch nicht von Anfang an, ein bedeutender Investor der Spieleindustrie. Beginnend mit der Messaging-Plattform Tencent QQ (früher OICQ) weitete Tencent sein Geschäft vorerst auf andere Kommunikationsmarken in China aus, darunter die Social-Media-Plattform Qzone und die aktualisierte Version von QQ, WeChat (vgl. Ho, 2021, S. 39).

> „Der Messenger feierte in China immense Erfolge. Innerhalb eines Jahres nach der Gründung wurde Tencent das erste Internetunternehmen Chinas, das Gewinn verbuchte. Fünf Millionen Menschen luden QQ im ersten Jahr herunter. Das rasante Wachstum machte einen Ausbau der Serverinfrastruktur notwendig. Da die nötigen Mittel dafür fehlten, fanden Ma und Zhang zwei Beteiligungsgesellschaften: die Bostoner International Data Group und das Hongkonger Telekommunikationsunternehmen Pacific Century Cyberworks (PCCW)" (Merkur, 2021).

QQ ist bis heute einer der am meisten genutzte Instant-Messenger-Dienste Asiens, welcher rund 647 Mio. Nutzer allein über mobile Endgeräte verzeichnet (vgl. Merkur, 2021.).

> „Mit dem hauseigenen Messenger Tencent QQ wurde das Unternehmen weltbekannt. Im Januar 2011 verlor QQ mit dem zunehmenden Siegeszug der Smartphones an Attraktivität. Anstatt die Software mit neuen Funktionen zu versehen, veröffentlichten die Chinesen mit WeChat einen neuen Chat-Dienst für Smartphones. QQ lief dabei weiter und etablierte sich als stationärer Messenger. WeChat startete als reiner Messenger und wurde mittlerweile um zahlreiche Funktionen erweitert, unter anderem um ein Bezahlsystem nach dem Vorbild von Google und Apple Pay. In China gehört WeChat Pay neben Alipay von Alibaba einer der zwei dominanten Online-Bezahldienste Chinas. Die WeChat-App hat heute weltweit mehr als 1,2 Milliarden Nutzer. Rund 100 Millionen von ihnen leben außerhalb Chinas" (Merkur, 2021).

Wie zuvor bereits angedeutet, besitzt Tencent neben Anlagen im E-Sports- und Kommunikationsbereich noch zahlreiche weitere Standbeine in der IT-Branche. Zusammen bilden diese ein völlig eigenes Ökosystem, welches der Kontrolle von Tencent obliegt und dem Unternehmen eine unangefochtene Vormachtstellung in China zertifiziert (vgl. Abb. 2.1).

Mit einem Marktanteil von über 50 % ist Tencent seit langem branchenführend und -bestimmend auf dem PC- und Mobile-Gaming-Markt (vgl. Finanzfunk, 2021). Im Jahr 2023 allein erwirtschaftete das Unternehmen einen Gesamtumsatz in Höhe von rund 609 Mrd. chinesischen Yuan, was ungefähr 85 Mrd. US-Dollar entspricht, wobei der Gaming-Sektor alleine rund 179,9 Milliarden Yuan (ca. 25 Milliarden US-Dollar) beisteuerte (vgl. TechNode Feed 2024; Tencent Holdings Limited, 2022, S. 3). Der Umsatz stieg im ersten Quartal 2024 weiter auf 48,1 Milliarden Yuan (ca. 6,66 Milliarden US-Dollar (vgl. TechNode Feed 2024). Tencents Einfluss wächst sowohl national als auch

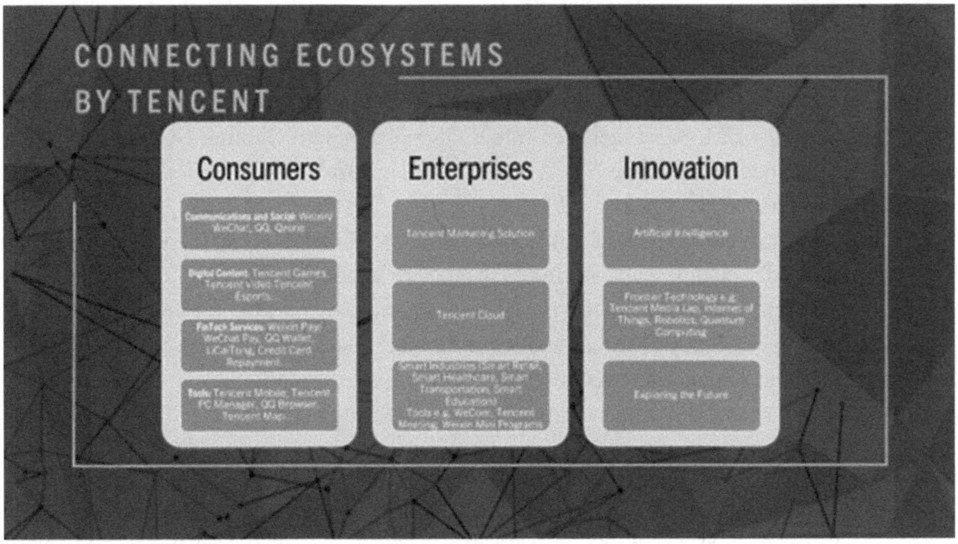

Abb. 2.1 Hauptgeschäftsbereiche Tencents auf dem chinesischen Markt (eigene Darstellung Informationen nach (Business – Tencent 腾讯, o. D.))

international, was insbesondere auf jüngste Akquisitionen und strategische Investitionen in der Spiele- und E-Sports-Branche zurückzuführen ist. Zu den erfolgreichen Titeln zählen unter anderem „Valorant“, „Lost Ark“ und „Arena Breakout“. Diese Titel, zusammen mit weiteren bedeutenden Investitionen wie in die Entwicklerfirma Supercell, stärken Tencents Position als globaler Akteur im E-Sports-Sektor (vgl. TechNode Feed 2024). Der nachfolgende Abschnitt wird sich daher eingehend mit der Rolle Tencents als globaler Player im E-Sports-Sektor beschäftigen und die Auswirkungen seiner strategischen Entscheidungen auf den Markt analysieren.

2.3 Tencent als Player in der Games-Branche

Tencent gelang der Einstieg in die Computerspielbranche schon früh. Im Jahr 2003 gründete das Unternehmen einen separaten Geschäftsbereich für Spiele. Aufgrund des seit dem Jahr 2000 in China bestehenden Verbots ausländischer Konsolen nutzte Tencent die Gelegenheit, eigene kleine Spiele über ihren Messenger QQ zu veröffentlichen. Eines der ersten Spiele war das Schachspiel „QQ Tang“. Im Jahr 2007 begann das chinesische Unternehmen, einige Spiele aus Südkorea zu importieren, darunter bekannte Titel wie der Ego-Shooter ‚CrossFire‘ und das Action RPG ‚Dungeon Fighter Online‘. Diese Spiele, die dem F2P-Genre angehören, zählen zu den ersten ausländischen Videospielen, die in China erhältlich waren. Beide Spiele gehörten dem F2P-Genre an und finanzierten sich über Mikrotransaktionen (vgl. Koller, 2019).

Ab 2008 investierte Tencent massiv in die Spieleindustrie und strebte eine stärkere Präsenz auf dem internationalen Markt an. 20 Jahre nach Gründung hatte das IT-Unternehmens bereits 24 größere Investitionen in Gaming und E-Sports getätigt und besitzt (anteilig) mehr als 20 Marken. Im Jahr 2019 erzielte das Unternehmen einen geschätzten Anteil von 15 % seiner Gesamteinnahmen aus dem Gaming-Sektor. 2020 stieg dieser Anteil auf beeindruckende 33 %, was einem Umsatz von 6,2 Milliarden US-Dollar entsprach (vgl. Ho, 2021, S. 45).

Seit 2011 gelang es Tencent, auch den westlichen Videospielmarkt zu betreten. Das Unternehmen verfolgt das Ziel, in möglichst viele einflussreiche Marktteilnehmer zu investieren, um seine Präsenz von der nationalen auf die globale Ebene auszudehnen. Welche Unternehmen Tencent dabei maßgeblich unterstützt hat, warum diese Investitionen so bedeutend sind und welche Auswirkungen dies auf das gesamte E-Sports-Ökosystem hat, wird im nächsten Abschnitt dieses Kapitels detailliert untersucht.

> „Durch Zukäufe von Studios wie Riot Games („League of Legends“) und Supercell („Clash Royale“) plus Beteiligungen an Epic Games („Fortnite“) und Activision Blizzard („Call of Duty“, „HearthStone“) sowie weitreichende Vertriebsrechte verdient Tencent direkt und indirekt an 8 der 10 meistgespielten eSport-Titel“ (Games Wirtschaft, 2018).

Anfangs konzentrierte sich Tencent auf Publisher von PC-Spielen. Schnell wurde das Portfolio jedoch um Publisher von Smartphone-Spielen erweitert, die mittlerweile einen erheblichen Teil der Einnahmen ausmachen. Ende 2019 besaß das Unternehmen bereits fünf der zehn beliebtesten Spiele auf mobilen Plattformen (vgl. Ho, 2021, S. 44 f.). Ein Beispiel für einen bedeutenden Vertreter der Smartphonespiel-Branche ist der Publisher Supercell, bekannt für die Spiele „Clash of Clans“ und „Clash Royale“. Abb. 2.2 zeigt einen umfassenden Überblick über die Firmen, an denen Tencent Anteile besitzt. Dabei variiert der Anteil Tencents erheblich, von vollständigem Besitz (100%) wie beim kalifornischen Publisher Riot Games bis hin zu kleineren Beteiligungen von etwa 5%, wie bei Activision Blizzard. Diese Strategie verdeutlicht eine klare Priorisierung führender Namen in der Gaming- und E-Sports-Branche, wie bereits in einem Artikel der „Games Wirtschaft“ von 2018 beschrieben (vgl. SPONSPRs, 2019b). Diese Investitionen ermöglichten es Tencent, eine dominierende Position unter den Publishern im gesamten Gaming- und E-Sports-Ökosystem einzunehmen. Ein entscheidender Schritt war die erste große Investition in das kalifornische Entwicklerstudio Riot Games im Jahr 2011. Die Auswirkungen dieser Investition auf die Etablierung Tencents im E-Sport werden im Folgenden erörtert (vgl. SPONSORs, 2019b).

Unternehmen	Anteil	Bekannte Spieltitel (Auswahl)
Activision Blizzard	5 %	Call of Duty, Star Craft II
Epic Games	48 %	Fortnite, Unreal
Frontier Development	7,5 %	
Funcom	100 %	
Grinding Gear Games	80 %	
Paradox Interactive	5 %	
Riot Games	100 %	League of Legends
Supercell	84 %	Clash of Clans, Clash Royale
Ubisoft	11 %	Tom Clancy´s Rainbow Six Siege
Dontnod Entertainment	23 %	
Digital Extremes	100 %	warframe
Yager Development	N/A	
Sumo Digital	100 %	
Klei Entertainment	N/A	
Bloober Team	22 %	
Stunlock Studios	<50 %	

Abb. 2.2 Publisher und Developer im globalen E-Sport- und Gaming-Markt bei denen Tencent Anteile hat. (Eigene Darstellung); Informationen nach: SPONSORs, 2019b, Digital Extremes – Digital Extremes Partners with Tencent, o. J., Böhm, 2022; Brunner, 2022; Bud, 2021; Gameswirtschaft, 2016; Steinlechner, 2021)

2.4 2011/2016 Riot Games, Inc

Der Videospielentwickler -und Publisher Riot Games, Inc. mit seinem heutigen Sitz im kalifornischen Los Angeles wurde im Jahr 2006 von den beiden Amerikanern Branden Beck und Marc Merrill gegründet (vgl. Kratsch, 2019). Weltweiten Bekanntheitsgrad erlangte das Unternehmen durch sein Online-PC-Spiel ‚League of Legends', welches mit Stand Juni 2021 das zweitmeistgespielte PC-Game der Welt ist (vgl. Newzoo, 2021). Der 2020 erschienene 5 gegen 5 Ego-Shooter ‚Valorant' reiht sich zudem lediglich zwei Plätze dahinter auf dem vierten Platz der aktuell meistgespielten PC-Titel ein (vgl. Newzoo, 2021). Was heute ein Milliarden-Dollar-Konzern mit mehr als 2500 Mitarbeitern in über 20 Niederlassungen auf der ganzen Welt ist, fing nahezu minimalistisch an (vgl. Kratsch, 2019). Als Business-Studenten an der University of Southern California hatten die zwei Gründer Merrill und Beck keinerlei Erfahrung in der Spielentwicklungs-Branche. Die videospielbegeisterten Mitbewohner hatten schon länger über die Gründung eines Unternehmens in der Gaming Branche nachgedacht, als sie auf einen Warcraft III-mod namens ‚Defense of the Ancients' (kurz DOTA) aufmerksam wurden. (vgl. Crecente, 2019).

> „And in their minds, the Warcraft III mod didn't clear the way just for the birth of a new genre of gameplay known as a multiplayer online battle arena or MOBA, it also proved the viability of a still relatively young concept in gaming: Games as a service. With games as a service, a video game isn't just developed, released, and then forgotten, it continues to grow, iterating, expanding, offering new content, without ever really releasing a sequel. In that way, the game becomes something more akin to a television series than a single movie" (vgl. Crecente, 2019).

In vielerlei Hinsicht war DOTA eine Inspiration und ein Vorbild zur Realisierung eines eigenen MOBA-Titels. Das Spielgenre war zwar noch unerprobt, jedoch bringt es einige wichtige Kernelemente mit sich, die Beck und Merrill als äußerst attraktiv bewerteten. Zentral war die Idee eines Spiels, welches über längere Zeit, auch noch nach Veröffentlichung, weiter verbessert und angepasst wird. Hierbei gilt das Feedback der Spielerbasis als höchstes Gut, was sich bis zum heutigen Tag nicht geändert hat (vgl. Riot Games, o. J.a). Hinzukam die Idee eines sogenannten ‚freemium' Modells, was heute als klassisches F2P-Spiel mit Mikrotransaktionen bekannt ist. Damals wurde diese Vision hingegen äußerst kritisch beäugt.

> „While the team showed off the game during GDC, Beck and Merrill met with potential publishers, but the meetings didn't go well. The biggest issue was that the duo didn't want to sell the game, instead they wanted to earn money off the back of in-game sales. While the freemium model was starting to gain traction in Asia, it really hadn't yet been proven in North America" (Crecente, 2019).

In ersten Gesprächen mit potenziellen Publishern des Spiels wurde schnell klar, dass das Free-to-Play-Modell nicht besonders gut rezipiert wurde. Letztendlich entschieden die beiden Gründer nicht nur Developer des neuen MOBAs zu werden, sondern dieses auch selbst zu publishen. Hierfür begaben sich Merrill und Beck auf eine lange Suche nach Risikokapitalfonds, wobei letztendlich rund 20 Mio. US-Dollar zusammenkamen und so weiter an der Entwicklung des Spiels gearbeitet werden konnte (vgl. Chan, 2019). Inzwischen hatte sich das kleine Team um die beiden Gründer herum schon mehrfach geändert und damit auch ihre Visionen – was anfänglich noch unter dem Namen ‚Onslaught' entwickelt wurde, hieß nun ‚League of Legends: Clash of Fates'. Ohne den vorigen Namenszusatz wurde das Spiel ‚League of Legends' erstmals im Oktober 2008 angekündigt und ein Jahr später final auf den Markt gebracht. Anfänglich sahen sowohl die Prognosen als auch die Realität auf dem Markt recht düster für das erste Spiel des kalifornischen Unternehmens aus. Um das nötige Geld aus den In-Game-Käufen (Mikrotransaktionen) zu erwirtschaften, brauchte es eine große Spielerzahl. Hinter Konkurrenz-Produkten, wie ‚Heroes of Newerth' des Entwicklerstudios ‚S. 2 Games', standen weit aus etabliertere Namen aus der Szene, was sich zunehmend schlecht auf die Spielerzahlen des Riot Games-Titels auswirkte (vgl. Crecente, 2019).

> „We were terrified, you know," Merrill said. „We had never shipped a game. We'd never built a game. Where S2 was an established game developer. They had shipped a variety of games. They had more mature organizational practices and a more sophisticated dev team with more experience, better tools and technology" (vgl. Crecente, 2019).

Als jedoch verkündet wurde, dass League of Legends kostenlos spielbar sei, stiegen deutlich mehr Spieler beim Riot Games-Ableger ein. Jeff Jew, einer der frühesten Riot-Mitarbeiter, spekulierte, dass vor allem viele Spieler in Asien nicht genug Geld aufbringen konnten, um ein klassisches $60-Game zu kaufen. Somit kam ein kostenloses Spiel wie League of Legends besonders gut auf dem (südwest-) asiatischen Markt an. Im Jahr 2009 erzielte Riot Games nach Schätzungen von SuperData einen Umsatz von 1,29 Mio. US-Dollar. Im folgenden Jahr wuchs dieser auf schätzungsweise 17,25 Mio. US-Dollar an. Und im Jahr 2011 stieg der Umsatz nochmals auf mehr als 85 Mio. US-Dollar an (vgl. Crecente, 2019). Aufgrund dieses eindrucksvollen Resümees entscheid sich Tencent noch im selben Jahr, 93 % der Anteile am kalifornischen Unternehmen für 400 Mio. US-Dollar zu erwerben (vgl. Messner, 2020). Der nächste Abschnitt soll sich damit auseinandersetzen, was Riot Games und insbesondere das Spiel ‚League of Legends' so attraktiv für Tencent gemacht hat und wie beide Unternehmen gemeinsam an der Weiterentwicklung und Vermarktung des Computerspiels gearbeitet haben.

2.5 League of Legends

League of Legends ist mittlerweile seit einer Dekade eines der beliebtesten Computerspiele weltweit und stellt damit ein Paradebeispiel für erfolgreiches Entwicklungsmanagement eines Publishers dar. Dass solch eine große Anzahl an Spielern dem Spiel treu bleiben – immerhin ist die Spielerzahl von 11 Mio. aktiven Spielern im Jahr 2011 auf 115 Mio. im Jahr 2020 angewachsen – hat mehrere Gründe, die im Folgenden beleuchtet werden sollen (vgl. League Feed, 2021). Zuvor sei betont, dass die nächstgenannten Aspekte keinesfalls einzeln für die Reputation des Spiels und seinen Erfolg verantwortlich sind, vielmehr fazilitieren sich die verschiedenen Bereiche gegenseitig. Wie schon zuvor erwähnt, bietet League of Legends als F2P-Angebot keine große Hemmschwelle, die einer Installation des Spiels entgegenstehen würde. In-Game-Käufe sind rein optional und versprechen keinerlei Vorteil im Spielgeschehen selbst. Besonders beliebt sind hierbei sogenannte ‚Skins' (kosmetische Veränderungen) für die spielbaren Charaktere. Diese haben oft ein bestimmtes Thema (z. B. Astronauten) und verändern dementsprechend das Aussehen der Charaktere (Astronautenanzug und -Helm) sowie deren Animationen im Spiel. Sie erscheinen in unterschiedlichen Raritäten und in manchen Fällen nur in einem bestimmten Zeitraum, was direkt mit ihrem Preis verbunden ist. „Ein Champion kostet zwischen 260 und 975 Riot Points, was 2 bis 7,50 € entspricht. Die Preisklassen für Skins variieren da weitaus mehr: so kosten diese zwischen 390 und 3250 Riot Points (3–23 €)" (Sindermann, o. J.).

Als nächstes soll das Spielkonzept näher betrachtet werden. Als 5vs5 MOBA verbindet League of Legends „…Elemente von Echtzeit-Strategiespielen (RTS) sowie Rollenspielen (RPG), weshalb es mit steigendem Spielniveau auch zunehmend strategisches Handeln und Absprachen mit anderen Teammitgliedern erfordert" (Sindermann, o. J.). Es gibt somit eine für wettkampforientierte Spiele typische ansteigende Lernkurve. Das integrierte Ranglistensystem ist hierbei stark kompetitiv sowohl für Anfänger als auch für Langzeitspieler. Über einen Matchmaking-Algorithmus werden zwei Teams à fünf Spieler zusammengestellt, die sich möglichst auf einem Spielniveau befinden. Den allerbesten Spielern der Rangliste winkt die Aufmerksamkeit von Teams des (Semi-)Pro-Bereichs und somit die Möglichkeit, einen Einstieg in die Profiszene zu wagen. Neben dem Ranglistenmodus existieren jedoch auch alternative Spielmodi, die teilweise eventspezifisch in verschiedenen Zeitintervallen spielbar sind. Diese sind nicht primär kompetitiv im Sinne einer Rangliste und bieten somit besonders für Gelegenheitsspieler eine gute Alternative. Eine Datenerhebung von Statista aus dem Jahr 2019 unterstreicht zumal die Realität, dass sich die League of Legends-Fangemeinde nicht nur aus den aktiven Spielern zusammensetzt (vgl. Statista, 2019). Ganze 26 % der Fans gaben an, das Spiel nicht (mehr) aktiv zu spielen (letzte 3 Monate) und lediglich League of Legends Content um das Spiel herum zu verfolgen und zu konsumieren. 32 % der Befragten spielen das Spiel, ohne weiteren Content zu verfolgen, während die restlichen 42 % Spieler und Zuschauer zugleich sind. Es ist also festzuhalten, dass League of Legends im Auge der Fans weitaus mehr zu bieten hat als das bloße Gameplay. Riot Games ist es gelungen, eine fantastische Spielwelt zu kreieren, in die die Fans eintauchen können. Jeder der mittlerweile über 150 spielbaren Charaktere, die sogenannten ‚Champions', hat eine eigene Hintergrundgeschichte (vgl. Riot Games, 2018). Diese wird häufig in Trailern oder in ganzen Comics illustriert, um den Fans besonders tiefe Einblicke zu ermöglichen.

Dieses Storytelling inspiriert wiederum verschiedene Communitys, Riot Games-Content weiterzuentwickeln und zu verbreiten. Eine Auswahl von vielen Beispielen hierfür wären etwa Streamer, YouTuber, Journalisten sowie verschiedene Künstler (Sänger, Tänzer, Schriftsteller, Designer oder Cosplayer), die vor allem über die sozialen Medien eine große Reichweite besitzen. Entsprechend wird das Influencer-Marketing bei Riot Games großgeschrieben. Im Zuge dessen wurde Ende 2018 das ‚League-Partnerprogramm' ins Leben gerufen (vgl. Lee, 2018). Riot Games beschreibt die Intention hinter dem Programm wie folgt: „Das League-Partnerprogramm ist unsere Art, Creators zu unterstützen. Wir wollen zwischen Riot und unseren engagiertesten Community-Mitgliedern [eine] starke Beziehung aufbauen, die sie für ihre Unterstützung belohnen" (Riot Games, o. J.b; vgl. Riot Games, 2019). Als Partner kommen ausschließlich Content Creators infrage, die bestimmte Auflagen erfüllen. Neben einer Fokussierung der Inhalte auf Spiele von Riot Games (‚League of Legends', ‚Teamfight Tactics' oder ‚Legends of Runeterra') wird eine potenzielle Aufnahme in das Programm vor allem von der medialen Reichweite der Interessenten abhängig gemacht.

> „Die Content Creators müssen sich auf die Erstellung von Inhalten für League of Legends, Teamfight Tactics oder Legends of Runeterra konzentrieren, um an diesem Programm teilnehmen zu können. Hierbei handelt es sich um die Mindestanforderung und keine Garantie für die Teilnahme am Programm. Bestimmte Voraussetzungen bei den Zuschauern oder Abonnenten können sich von Region zu Region unterscheiden.
>
> - Mindestens 30 % der Inhalte müssen eine Mischung aus diesen Spielen sein
> - Deine Livestreams müssen in den letzten 30 Tagen durchschnittlich von mindestens 50 Zuschauern gleichzeitig verfolgt worden sein und/oder deine Videos müssen in den letzten 30 Tagen durchschnittlich mindestens 5000-mal aufgerufen worden sein oder dir folgen mindestens 1000 Abonnenten auf YouTube
> - Du musst mindestens 16 Jahre alt sein
> - Du musst dich an unsere Verhaltensvorgaben halten (mehr dazu unten)
> - Du musst eine Geheimhaltungsvereinbarung unterschreiben" (Riot Games, o. J.b).

Partnern winken zahlreiche Vorteile wie der Kontakt zu den Spielentwicklern, die Möglichkeit, im League of Legends-Klienten gefeatured zu werden, Geschenkaktionen für ihre Communitys, early access zu neuen Spielinhalten, die mögliche Zusammenarbeit mit Partnern von Riot Games und viele mehr (vgl. Riot Games, o. J.b). Riot bindet so einerseits die Content Creators an ihre Spiele und somit wiederum auch die Spielerbasis, die aufgrund der Influencer weiter mit den Spielinhalten konfrontiert wird.

Der letzte große Bereich des League of Legends-Ökosystems ist der kompetitive E-Sports-Sektor. Newzoo (2016, S. 4) beschreibt E-Sports als professionelles oder semiprofessionelles kompetitives Gaming in einem organisierten Format (Turnier oder Liga) mit einem spezifischen Ziel/Preis wie zum Beispiel dem Gewinn eines Titels oder Preisgeldes. Das erste große Turnier, welches als Startpunkt für E-Sports Geschichte von League of Legends angesehen werden kann, waren die ‚Season One League of Legends

World Championships‘ auf der DreamHack Summer in Schweden. Damals spielten lediglich acht Teams um den Titel und das Preisgeld in Höhe von 100,000 Dollar. Ganze 1,69 Mio. einzelne (unique) Zuschauer konnte das Turnier verzeichnen mit 210,000 Zuschauern allein für das Finale zwischen den Teams Fnatic und Against All Authority (vgl. Spertini, 2021). Obwohl diese Zahlen vor zehn Jahren noch bahnbrechend waren, so wurde alles im heutigen E-Sports-Sektor hochskaliert. Zum Vergleich schauten circa 100 Mio. einzelne Zuschauer das Finale von 2018, das mit einem Preisgeld in Höhe von 2,418 Mio. Dollar dotiert war (vgl. ebd.; Statista, 2020). Laut Newzoo (2021) war League of Legends das meistgeschaute Spiel im Jahr 2020 mit insgesamt 1,8 Mrd. (live-) Stunden. Vor allem der Zuwachs an Zuschauern in den regionalen Profiligen LCK (Südkorea) und LEC (Europa) war für diese hohen Zahlen maßgeblich verantwortlich (vgl. Newzoo, 2021). Die Struktur jener Profiligen mit Fokus auf den europäischen Ableger (LEC) sollen im nächsten Abschnitt des Kapitels genauer betrachtet werden.

2.6 League of Legends European Championship (LEC)

Die ‚League of Legends European Championship‘ (kurz LEC) ist eine der 13 sogenannten ‚Continental Leagues‘ und stellt den höchsten Grad an europäischer Wettkampfklasse dar (vgl. Abb. 2.3).

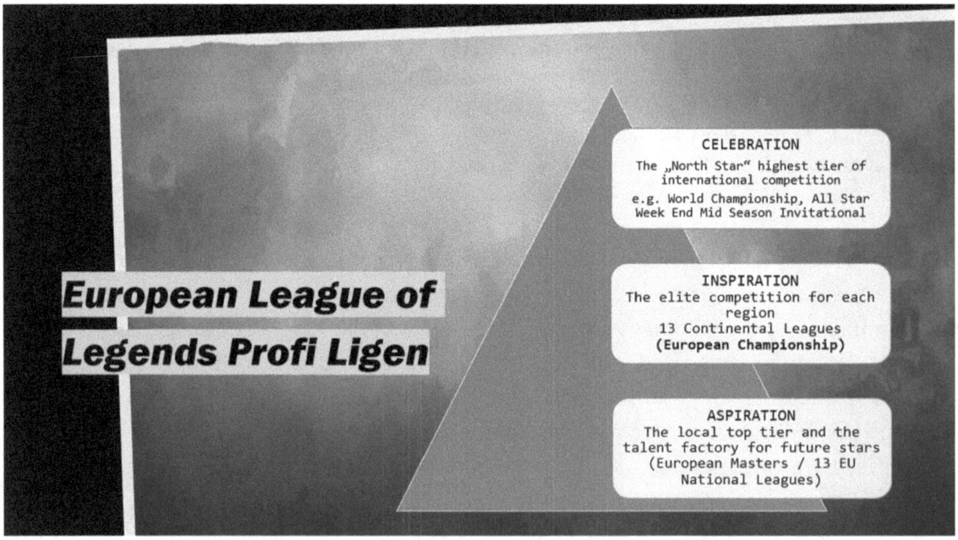

Abb. 2.3 Die europäischen League of Legends Profi Ligen – eine hierarchische Darstellung; (eigene Darstellung Informationen nach SPORTFIVE 2020 (internes Dokument))

Wie in Abb. 2.3 erkenntlich ist, folgt der Aufbau der E-Sports-Szene auf dem professionellen Level einer Unterteilung in national, kontinental und international. Diese hierarchische Darstellung impliziert, dass nur die jeweils besten Teams und Spieler einer tiefergestellten Ebene die Chance haben, eine Stufe aufzusteigen. Riot Games und Tencent als Publisher nehmen ganz zentral auf diese Wettbewerbsstrukturen Einfluss. Mit Blick auf die unterste Ebene, die der sogenannten ‚European Regional Leagues' (ERLs), arbeitet Riot Games eng mit lokalen Partnern zusammen und reguliert das Ligageschehen nur indirekt. Die ERL des deutschsprachigen Raums (die sogenannte ‚Prime League') wird beispielsweise durch den Drittanbieter Freaks 4U Gaming geleitet und gebroadcastet. Die besten Teams der höchsten Ligadivision erhalten die Möglichkeit, bei den ‚EU Masters' anzutreten. Hier treffen die stärksten Teams aller ERLs aufeinander und kämpfen um den Titel des besten Teams über alle nationalen Ligen hinweg. Ein gutes Abschneiden bei diesem Turnier ist direkt assoziiert mit der Aufmerksamkeit der LEC-Teams. Beispielsweise waren von den 63 Spielern im LEC Summer Split ganze 28 in den 12 Monaten zuvor noch in einer ERL anzutreffen (vgl. Ashton, 2018/2020).

> „…none of the ERLs are operated by Riot Games alone. Dota 2, a rival multiplayer online battle arena (MOBA) title, features just one competition run by its publisher Valve (The International), while the rest are all handled by third-party companies. Riot Games, in contrast, manages and runs the professional League of Legends system in virtually every region, including North America and South Korea.
> Europe is a unique compromise; Riot takes care of the LEC at the top, and either regulates the ERLs or works directly with its partners. In fact, companies such as Germany's Freaks 4U Gaming and Poland's Polsat also manage localized broadcasts of the LEC. The system is a stark contrast to the fractured landscape of games such as Dota 2 and Counter-Strike, and could be considered a template for a more unified esports future" (Ashton, 2020).

Insgesamt haben es Riot Games und Tencent als Publisher so geschafft, eine direkte Verbindung zu den nationalen Spielern aufzubauen, die am kompetitiven E-Sports interessiert sind. Durch klare längerfristige Strukturen werden aufstrebende Talente optimal gefördert und gelangen schnell in den E-Sports-Zyklus.

Wie schon in dem Zitat von Ashton ersichtlich, grenzt sich das Konzept der LEC grundlegend von vergleichbaren Strukturen anderer großer Spieltitel wie Dota 2 oder Counter-Strike ab. Hierbei spricht man von ‚geschlossenen Systemen', welche häufig mit amerikanischen Franchise-Systemen wie der NBA oder NFL verglichen werden (vgl. Merz, 2018). Andere E-Sports-Ligen nach gleichem System sind beispielsweise die ‚Call of Duty League' (CDL) oder ‚The Overwatch League' (OWL). Tatsächlich waren sowohl die chinesische ‚League of Legends Pro League' (LPL) 2017 und die nordamerikanische ‚League of Legends Championship Series' (LCS) 2018 schon früher in ein geschlossenes Franchise-System übergegangen. Das Rebranding der 'European League of Legends Championship Series' EU LCS zur LEC geschah erst 2019 (vgl. Ashton, 2018; Möthe, 2018). Zentral für geschlossene Franchising-Systeme ist die Idee, dass eine begrenzte Anzahl von Teilnahmespots der Liga über eine längere Zeitperiode an die jeweiligen Teams verkauft werden. Außerdem wird ein gemeinsamer Geldpool aus Einnahmen des Ligabetreibers (Medienrechte, Sponsoring und Merchandise) und der Franchise-Teilnehmer gebildet, der anschließend gleichmäßig auf Teams, Spieler und Veranstalter verteilt wird (vgl. Merz, 2018).

> „As for the teams that are selected, speaking with The Esports Observer, Riot Games has confirmed a €8M franchising fee for existing EU LCS teams and a €10.5M franchising fee for new ones. This amount is markedly similar to the amount asked of NA LCS teams a year ago, despite the growth of the esports industry. […] „The structure consists of a league revenue pool (LRP) that all parties contribute to, and benefit from. The league will share revenues from sponsorships and media rights and in turn, teams will share a portion of their sponsorship and merchandise revenues." The breakdown for this redistribution is as follows:
> 35 % for players, which pays for their salaries (increased to €60 K), along with bonuses should the league perform above expectations.
> 32.5 % for teams, which will be split into two parts: one divided equally, the other divided by „competitive and engagement metrics."
> 32.5 % for Riot Games, for broadcast production and organization costs.
> The annual minimum salary for professional players in the league will also be increased to. €60 K, from €24 K to date" (Ashton, 2018).

Die oben genannten Zahlen sind jedoch stark diskutiert in der Szene und somit nur eine Annäherung an die Dimensionen der Geldsummen. Besonders für die Spieler und die teilnehmenden Teams geht ein Franchising-System mit einigen Vorteilen einher. Ihnen wird ein Startplatz für das nächste Jahr garantiert, was langfristige Investitionen und Sponsorings deutlich attraktiver macht. In dieser früheren Phase der Kommerzialisierung des E-Sports sind Franchising-Ligen wegweisend. Im besten Fall führt der gemeinsame Umsatz zu einer Vermögenssteigerung aller Beteiligten.

Zusammenfassend lässt sich die Übernahme von Riot Games durch Tencent als äußerst erfolgreich beschreiben. League of Legends ist auch zehn Jahre nach der ersten Investition durch Tencent weiterhin eines der meistgespielten und meistverfolgten Computerspiele weltweit. Neben League of Legends wurden im Zeitraum 2019–2020 vier weitere Spieletitel veröffentlicht. Vor allem der Autobattler ‚Teamfight Tactics' und der Ego-Shooter ‚Valorant' sind hierbei als besonders erfolgreich hervorzuheben. Die Investition in League of Legends aus dem Jahr 2011 kann als Startpunkt für eine Serie von Investitionen in namhafte Publisher angesehen werden, wie beispielsweise Epic Games (2012, 48,4 % Anteile), Activision Blizzard (2012, 5 % Anteile) oder Supercell (2016/19, 84,3 % Anteile) (vgl. Messner, 2020; SPONSORs, 2019). Durch die Investments des chinesischen Tech-Giganten konnten die einzelnen Publisher die Qualität ihrer Produkte stetig weiterentwickeln und ihre Frontpositionen auf dem E-Sports Markt beibehalten oder gar weiter ausbauen. Ein weiterer wichtiger Pluspunkt war, dass Tencent den Publishern die Tore zum chinesischen Markt geöffnet hat, was im folgenden Abschnitt näher beschrieben wird.

2.7 Der chinesische E-Sports-Markt

Der chinesische E-Sports-Markt ist in den letzten Jahren nach verschiedenen Metriken zum globalen Marktführer avanciert. Aus China kommen nicht nur die meisten Spieler, sondern auch die meisten Zuschauer von Streams und E-Sports-Veranstaltungen allgemein (vgl. Newzoo, 2021). In Zahlen ausgedrückt ist China der umsatzstärkste Markt mit einem Gesamtumsatz von 360,1 Mio. US-Dollar im Jahr 2021. Dies stellt ein Plus von 14 % gegenüber dem Vorjahr dar. Dahinter folgen Nordamerika und Westeuropa mit jährlichen Umsätzen von jeweils 243,0 Mio. US-Dollar und 205,8 Mio. US-Dollar. China verzeichnet außerdem die meisten E-Sports-Enthusiasten weltweit (92,8 Mio. Menschen), gefolgt von den USA und Brasilien (vgl. Abb. 2.4). Unter E-Sports-Enthusiasten werden nach der Definition von Newzoo jegliche Personen verstanden, die professionellen E-Sports-Content mehr als einmal im Monat verfolgen (vgl. Newzoo, 2021).

Dies kann nicht zuletzt auf die beträchtliche staatliche Förderung dieses Sektors zurückgeführt werden. Während im Westen vielerorts das Vorurteil präsent ist, dass E-Sport nur ein (kindisches) Hobby sei, ist E-Sports tatsächlich ein fester Bestandteil der chinesischen Innovationspolitik. Seit 2003 wird E-Sports sogar von der chinesischen ‚General Administration of Sports' als offizieller Sport anerkannt. Somit hat China als eine der ersten Nationen weltweit das große Potenzial des Gaming-Sektors erkannt und diesem Bereich im Rahmen des technologischen Fortschritts eine effektive Infrastruktur ermöglicht (vgl. GMA, 2021; Kurzydlowski, 2021). Hierfür werden insbesondere nationale Hightech-Unternehmen gefördert, die auf Künstliche Intelligenz, Virtual Reality oder 5G-Technologie spezialisiert sind. In Einklang mit dem dahinterstehenden Motiv, eine Vormachtstellung auf dem globalen Markt zu etablieren, wird dem chinesischen E-Sports Markt auch zunehmend internationaler Einfluss attestiert (vgl. GMA, 2021; Kurzydlowski, 2021).

Rang	Land	Spieler	Streamzuschauer - Videospiele	eSports-Enthusiasten	Enthusiasten-Dichte
1	China	678,2M	193,0M	92,8M	9,5%
2	USA	193,3M	84,9M	17,8M	6,2%
3	Indien	334,2M	42,8M	10,8M	1,6%
4	Indonesien	118,4M	21,2M	10,0M	5,4%
5	Brasilien	94,7M	40,1M	8,8M	5,5%
6	Türkei	42,3M	20,6M	7,4M	11,1%
7	Südkorea	33,3M	15,6M	6,3M	12,9%
8	Russland	77,2M	24,3M	5,8M	4,7%
9	Vietnam	49,1M	12,1M	5,1M	6,8%
10	Japan	75,5M	18,0M	4,9M	4,2%

Abb. 2.4 Überblick – die zehn Länder mit den meisten E-Sports-Enthusiasten; (eigene Darstellung, Daten nach Newzoo, 2021)

Zwei Teilmärkte sind hierbei besonders hervorzuheben – jene für Mobile-Games und Live-Streaming. Sie sollen im Folgenden näher beschrieben werden, wobei ein Hauptaugenmerk auf der Rolle von Tencent liegt. Beginnend mit dem Markt für Mobile-Games lässt sich sofort feststellen, dass PC-Spiele schon länger nicht mehr an Nummer eins stehen. Die zwei meistgespielten Mobile-Games im Januar 2021 waren ‚Honor of Kings' und ‚Peacekeeper Elite', wenn man die Anzahl an Streamern auf der chinesischen Plattform ‚Xiaohulu' betrachtet. Über verschiedene chinesische Plattformen hinweg fallen Spenden (Donations) an Honor of Kings-Streamer etwa doppelt so hoch aus wie für League of Legends-Streamer (vgl. GMA, 2021; Kurzydlowski, 2021). Dies stellt einen großen Unterschied zum westlichen Streaming-Markt dar, auf dessen Plattformen PC-Spiele sowohl Angebot als auch Nachfrage dominieren. Die chinesische ‚Mobile first-Mentalität' zeigt sich zudem nicht nur in dem durchschnittlichen Spiel- und Streamingverhalten. In den letzten Jahren gehört das Bezahlen mit dem Handy in China zum Tagesgeschäft. Umfragen zufolge nutzten im Jahr 2018 92 % der Menschen in Chinas größten Städten Wechat Pay (entwickelt von Tencent) oder Alipay als Hauptzahlungsmittel. Im März 2020 verzeichneten mobile Zahlungsdienste insgesamt 776 Mio. Nutzer (vgl. Daxueconsulting, 2021).

Der chinesische Streaming-Markt unterscheidet sich grundlegend von seinem westlichen Äquivalent. Viele chinesische Streaming-Plattformen mit Fokus auf Gaming finden ihre Anfänge in den frühen 2010er Jahren. Damals gründeten sich Streaming-Plattformen wie ‚Douyu', ‚Huya', ‚Zhanqi', ‚Huomao' und ‚PandaTV' aufgrund von jüngsten Erfolgen chinesischer Teams in großen Turnieren der League of Legends- und Dota 2-Szene. Viele der damaligen Streamer waren entweder aktuelle oder ehemalige Profispieler (vgl. Newzoo, 2021). Douyou und Huya kristallisierten sich zwischen 2015 und 2018 als die marktführenden Streaming-Plattformen heraus. Beide Plattformen wickelten mehrere multi-millionen Dollar Deals mit den größten Streamern der Branche ab, damit diese exklusiv auf ihrer Plattform streamten. Für viele andere Plattformen, wie PandaTV und Zhangqi, rentierten sich ihre Investitionen in dem Streaming-Markt nicht. PandaTV – damals noch die drittgrößte Plattform auf dem chinesischen Markt – musste 2018 Insolvenz anmelden. Wie die Marktführer Douyou und Huya investierten auch sie exzessiv in den Markt, jedoch war dies auf Dauer nicht tragfähig. Der Markt war derart kompetitiv, dass es nicht unüblich war, die Streamer der Konkurrenzplattformen mit großen Geldbeträgen abzuwerben (vgl. Newzoo, 2021). Der Streaming-Markt stabilisierte sich jedoch wenig später, als Variety-Streaming-Content wie singen, tanzen, cosplayen oder chatten Einzug in die bislang stark Gaming-orientierten Plattformen fand. Newcomer-Plattformen wie ‚BiliBili' und ‚Kuaishou' nutzen diese Chance, um sich auf dem nun offeneren Streaming-Markt zu etablieren. Erstere erfuhr auch besondere Aufmerksamkeit im Westen, als sich der aufstrebende Streaming-Riese die exklusiven Medien- und Übertragungsrechte bis einschließlich 2023 an globalen League of Legends-Events für China aneignete.

„Online entertainment platform Bilibili has secured exclusive Chinese broadcast rights to all League of Legends (LoL) global events, including the World Championship, through to the end of the series' 2023 mid-season invitational. The three-year agreement with Riot Games is reportedly worth in the region of CNY 800 million (US$113 million), according to Beijing News. The deal also covers the production of non-live content, including documentaries" (Impey, 2020).

Dieser Deal war sicherlich auch Tencent zu verdanken. Neben der gänzlichen Übernahme des kalifornischen Publishers, besitzt Tencent nämlich auch 18 % der Anteile an BiliBili, was das Unternehmen derzeit zum größten Anteilseigner macht. Tatsächlich investierte Tencent auch in alle anderen großen Marktteilnehmer. Dies schließt 21,57 % Anteile an Kuaishou, 36,9 % an Huya und 38 % an Douyu ein. Somit befindet sich Tencent in einer unangefochtenen Machtposition auf dem chinesischen Streaming-Markt (vgl. Newzoo, 2021). Derzeit plant Tencent zudem die Fusionierung der beiden größten Plattformen Huya und Douyu. Erste Bemühungen wurden jedoch von der chinesischen Kartellbehörde blockiert (vgl. IT-Times, 2021).

Mit Blick auf die westlichen Hauptmarktteilnehmer lassen sich einige Unterschiede zum chinesischen Geschäftsmodell feststellen. Westliche Streamer auf Twitch und YouTube beziehen den Großteil ihrer Einnahmen über Abonnements ihrer Streaming Channels (sogenanntes ‚subscription model'). Chinesische Streamer setzen hierbei eher auf Spenden (donations oder tips genannt) durch ihre Zuschauer. Die Streaming-Plattformen selbst ziehen hierbei 30–40 % dieser Spenden ein, der Rest geht an die Streamer oder sogenannte ‚Streamergilden' (vgl. Newzoo, 2021). Streamergilden sind Zusammenschlüsse mehrerer Streamer, welche durch Management-Firmen unterstützt werden. Da einzelne Streamer nur wenig Einfluss haben, um sich für ihre Rechte auf den großen Streaming-Seiten einzusetzen, schließen sie sich zusammen und promoten sich gegenseitig. Die überstarke Position Tencents auf dem Markt führt nämlich zu einem immer größeren Einschnitt in die Rechte und Pflichten der Streamer. Es kommt nicht selten vor, dass Tencent einzelnen Plattformen oder Streamern Strafen auferlegt, wenn sie ohne Erlaubnis eines ihrer Spiele wie League of Legends oder Honor of Kings streamen. Streaming-Plattformen ohne Tencent-Beteiligung müssen somit teure Abmachungen eingehen, um viele der marktführenden Spiele zeigen zu dürfen (vgl. Newzoo, 2021).

Der nächste Schritt für Tencent ist, sich stärker auf dem westlichen Markt zu etablieren. Hierfür soll eine Konkurrenzplattform zu Twitch und YouTube entstehen. Insbesondere hat Tencent 2020 vor diesem Hintergrund 30 Mio. Dollar in die Streaming-Plattform ‚Trovo' investiert. Trovo rief daraufhin das sogenannte ‚Creator Partnership Program' ins Leben.

> „Um neue Streamer für sich zu gewinnen, hat Trovo das „Creator Partnership Program“ aufgestellt. 500 Streamer, die auf der Plattform streamen und bestimmte Vorgaben bei Zuschauerzahlen und Stunden erfüllen, erhalten Zahlungen in Höhe von 600 bis zu 4200 Dollar. Es wird außerdem noch weitere Boni geben, die auf der Geschwindigkeit des Wachstums und dem Ranking basieren. Insgesamt können neue Streamer bis etwa 5000 Dollar kassieren“ (Moritz, 2020).

Über Tencent besitzt Trovo außerdem die Möglichkeit, Partnerschaften mit Publishern einzugehen, an denen Tencent mitbeteiligt ist. So konnten beispielsweise Broadcast-Rechte an der League of Legends European Championship (LEC) erworben werden (vgl. Murray, 2021).

> „Riot Games’ LEC has announced a new broadcast partner in Trovo, the livestreaming platform launched in 2020 by Tencent (also the parent company of Riot Games). Financial terms were not disclosed. The LEC is also currently broadcast on YouTube and on Twitch with a variety of alternate-language options. The deal is part of a larger push by Trovo to move into the esports space. The company recently became a sponsor of esports organization Nova Esports’ PUBG Mobile team, and became the title partner of the Mobile Mayhem Call of Duty: Mobile team, now competing under the name Trovo Mayhem“ (Murray, 2021).

Es bleibt abzuwarten, ob Trovo tatsächlich einen ernsthaften Konkurrenten zu Twitch darstellen kann. Bisher bewegen sich die Zuschauerzahlen der größten Streamer auf Trovo lediglich im dreistelligen Bereich.

2.8 Fazit zu Tencent Holdings Ltd

Ziel dieses Kapitels war es, Publisher und ihr Produkt-Management unter einer Entwicklungsperspektive zu betrachten. Publisher nehmen eine Kernposition im E-Sports-Ökosystem ein, da sie jegliche Urheber-, Marken-, Lizenz-, Vertriebs- und Broadcastingrechte für ihre Spiele besitzen und so richtungsweisende Vorgaben für Drittanbieter festlegen. Ein wesentlicher Hauptakteur des E-Sports-Marktes ist der chinesische Großkonzern Tencent. Das IT-Unternehmen ist in vielen Märkten zu Hause wie beispielsweise E-Sports, Streaming, soziale Medien, Musik und vielen mehr. Die Zahlen des chinesischen E-Sports-Markts übertreffen die jeder anderer Nation oder gar ganzer Regionen und Kontinente in fast jeder Kategorie. Dank zahlreicher Investitionen in die führenden Publisher auf dem E-Sports-Markt konnte Tencent sich eine Monopolstellung aufbauen. Aufgrund der breiten Auswahl an Spieletiteln von Publishern unter Tencents Kontrolle, kommt man um Verhandlungen mit dem chinesischen IT-Konzern kaum herum. Mit Blick in die Zukunft versucht Tencent, sich langfristig auch in den Westen auszubreiten, um seine Dominanz auf dem chinesischen Markt auf die globale Ebene zu translatieren.

Literatur

Ashton, G. (2018). Riot games confirms EU LCS €8-10.5M buy-in, partnerships not time-limited. https://archive.esportsobserver.com/riot-games-confirms-eu-lcs-buy-in/. Zugegriffen: 29. Juli 2021.

Ashton, G. (2020). Riot's continental secret weapon: The league of legends European Regional Leagues in 2020. https://archive.esportsobserver.com/lol-eu-minor-leagues/. Zugegriffen: 29. Juli 2021.

Brunner, G. (2022, 9. Juni). 300 Millionen Beteiligung: Tencent kauft sich bei Ubisoft-Gründerfamilie ein. *FAZ.NET.* https://www.faz.net/aktuell/finanzen/finanzmarkt/tencent-kauft-sich-bei-ubisoft-gruenderfamilie-ein-18297184.html. Zugegriffen: 11. April 2023.

Böhm, M. (2022, 27. April). Tencents teure Wetten aufs nächste große Gaming-Phänomen. *DER SPIEGEL.* https://www.spiegel.de/netzwelt/web/tencent-das-treibt-den-gaming-giganten-bei-seinen-zahlreichen-investments-an-a-f0371b7a-c5e5-4b4e-bb20-76e1e9eba3f5. Zugegriffen: 11. April 2023.

Bud, S. (2021). Tencent erwirbt 22 % Anteile am Entwickler. *XboxDynasty.* https://www.xboxdynasty.de/news/bloober-team/tencent-erwirbt-22-anteile-am-entwickler/. Zugegriffen: 11. April 2023.

Business - Tencent 腾讯. (o. D.). [online] https://www.tencent.com/en-us/business.html. Zugegriffen: 11. April 2023.

Chan, N. (2019). 275: Riot Games Co-Founder Marc Merrill Shares the Story Behind League of Legends. https://foundr.com/marc-merrill-riot-games. Zugegriffen: 5. Aug. 2021.

Crecente, B. (2019). League of Legends is now 10 years old. This is the story of its birth. https://www.washingtonpost.com/video-games/2019/10/27/league-legends-is-now-years-old-this-is-story-its-birth/. Zugegriffen: 22. Juli. 2021.

Daxueconsulting. (2021). Payment methods in China: How China became a mobile-first nation. https://daxueconsulting.com/payment-methods-in-china/. Zugegriffen: 01. Aug. 2021.

Digital Extremes - Digital Extremes Partners with Tencent. (o. D.). Digital extremes. https://www.digitalextremes.com/news/digital-extremes-partners-with-tencent. Zugegriffen: 11. April 2023.

Engels, C. (2017). Entwickler entwickeln Spiele – Was macht eigentlich ein Publisher? https://gamingnerd.net/magazin/entwickler-entwickeln-spiele-was-macht-eigentlich-ein-publisher-3319407/. Zugegriffen: 5. Aug. 2021.

Finanzfunk. (2021). VanEck Gaming ETF – Top 5 Holdings: Analyse und Bewertung. https://finanzfunk.net/vaneck-gaming-etf-top-5-holdings-bewertung-analyse/. Zugegriffen: 21. Juli 2021.

Games Wirtschaft. (2018). Analyse: Wem gehört der eSport? https://www.gameswirtschaft.de/sport/analyse-wem-gehoert-der-esport-2018/. Zugegriffen: 19. Juli 2021.

Gameswirtschaft. (2016). Offiziell: Tencent kauft Supercell für 10 Milliarden Dollar. GamesWirtschaft.de. https://www.gameswirtschaft.de/wirtschaft/tencent-kauft-supercell-fuer-10-milliarden-dollar/. Zugegriffen: 11. April 2023.

GMA. (2021). Esports in China: More than just a hobby. https://marketingtochina.com/e-sport-china-just-hobby/. Zugegriffen: 01. Aug. 2021.

Hana, C. (2014). *Shut up and take my money. How to monetize services in free-to-play MMO video games by delivering additional value and enhancing the overall player experience. Exploring mechanisms of services marketing in free-to- play MMO video games and providing insights into what companies offer and how players pereive this.* Masterthesis.

Ho, N. M. (2021). Capitalizing on the future growth of the eSports industry: Tencent ltd case study. https://www.theseus.fi/bitstream/handle/10024/500530/Thesis%20Nhi%20Ho.pdf?sequence=4&isAllowed=y. Zugegriffen: 20. Juli. 2021.

Impey, S. (2020). League of Legends pens 'US$113m' rights deal with China's Bilibili. https://www.sportspromedia.com/news/league-of-legends-bilibili-riot-games-streaming-rights-china-esports. Zugegriffen: 29. Juli 2021.
IT-Times. (2021). Chinesische Behörden blockieren Tencents Plan zur Fusion der Game-Streaming Plattformen Huya und DouYuu. https://www.it-times.de/news/chinesische-behoerden-blockieren-tencents-plan-zur-fusion-der-game-streaming-plattformen-huya-und-douyuu-139251/?utm_source=finanznachrichten.de&utm_medium=CustomFeed. Zugegriffen: 28. Juli 2021.
Koller, D. (2019). Tencent Games: Der geheime Gaming-Riese aus China. https://www.derstandard.de/story/2000102687546/tencent-games-der-geheime-gaming-riese-aus-china. Zugegriffen: 24. Juli 2021.
Kratsch, B. (2019). Die Geschichte von Riot Games: Wie das größte Spielestudio der Welt entstand. https://www.pcwelt.de/news/Riot-Games-Wie-das-groesste-Spielestudio-der-Welt-entstand-10688677.html. Zugegriffen: 23. Juli 2021.
Kurzydlowski, C. (2021). China's emerging sporting frontier: ESports & online gaming. https://thechinaguys.com/chinas-emerging-sporting-frontier-esports-online-gaming/. Zugegriffen: 29. Juli 2021.
Langenscheidt, L. (2017). Esports Basics: Microtransactions as a Monetization Model. https://archive.esportsobserver.com/microtransactions-monetization-model/. Zugegriffen: 22. Juli. 2021.
League Feed. (2021). How many people play League of Legends? – UPDATED 2021. https://leaguefeed.net/did-you-know-total-league-of-legends-player-count-updated/. Zugegriffen: 26. Juli. 2021.
Lee, J. (2018). Riot Games introduces League partner program for content creators. https://www.riftherald.com/culture/2018/9/6/17827518/league-parter-program-riot-games. Zugegriffen: 26. Juli. 2021.
Luther, D. (2017). *ESports Report 2016/2017*. ESB Marketing Netzwerk.
Merkur. (2021). Tencent: Ein Riese in Chinas Internet-Business. https://www.merkur.de/wirtschaft/tencent-internetunternehmen-geschichte-gruender-geschaeftsfelder-firmensitz-aktie-90471485.html. Zugegriffen: 20. Juli. 2021.
Merz, F. (2018). EU-Superliga für League of Legends. https://www.sport1.de/news/esports/league-of-legends/2018/3/league-of-legends-riot-games-erklaert-franchise-system-fuer-europa. Zugegriffen: 25. Juli 2021.
Messner, S. (2020). Every game company that Tencent has invested in. https://www.pcgamer.com/every-game-company-that-tencent-has-invested-in/. Zugegriffen: 21. Juli 2021.
Moritz, I. (2020). China-Riese Tencent baut Twitch-Rivalen, lockt Streamer mit dicken Cash-Boni. https://mein-mmo.de/china-riese-tencent-baut-twitch-rivalen-lockt-streamer-mit-dicken-cash-boni/. Zugegriffen: 30. Juli. 2021.
Möthe, A. (2018). Franchise-Liga für „League of Legends" kommt – Schalke steigt mit Millionenbetrag ein. https://www.handelsblatt.com/unternehmen/it-medien/e-sport-franchise-liga-fuer-league-of-legends-kommt-schalke-steigt-mit-millionenbetrag-ein/23252668.html?ticket=ST-87535-L2CbdeoD7inlqp5SMgQZ-ap2. Zugegriffen: 5. Aug. 2021.
Murray, T. (2021). LEC Announces Broadcast Partnership Deal With Tencent-Owned Trovo. https://archive.esportsobserver.com/lec-broadcast-partnership-trovo/. Zugegriffen: 30. Juli. 2021.
Newzoo. (2016). 2016 global esports market report. https://newzoo.com/wp-content/uploads/2016/02/Newzoo_2016_Global_Esports_Market_Report_Dummy.pdf. Zugegriffen: 24. Juli 2021.
Newzoo. (2021). Newzoo's global esports & live streaming market report 2021. https://newzoo.com/insights/trend-reports/newzoos-global-esports-live-streaming-market-report-2021-free-version/. Zugegriffen: 25. Aug. 2021.
Newzoo. (2023). Top public video game companies | By Revenue | Newzoo. https://newzoo.com/resources/rankings/top-25-companies-game-revenues. Zugegriffen: 11. April 2023.

Nielsen. (2019). Esports Playbook for Brands 2019. https://www.nielsen.com/wp-content/uploads/sites/3/2019/05/esports-playbook-for-brands-2019.pdf. Zugegriffen: 25. Juli 2021.
Riot Games. (o. J.a). We Are Rioters. https://www.riotgames.com/en/who-we-are/values. Zugegriffen: 24. Juli 2021.
Riot Games. (o. J.b). League of Legends Partner Programm. https://euw.leagueoflegends.com/de-de/event/league-of-legends-partner-program/. Zugegriffen: 28. Juli 2021.
Riot Games. (2018). Comic Ashe Kriegsmutter. https://universe.leagueoflegends.com/de_DE/comic/ashewarmother. Zugegriffen: 27. Juli. 2021.
Riot Games. (2019). Comic Lux Issue 1/0. https://universe.leagueoflegends.com/de_DE/comic/lux/issue-1/0/. Zugegriffen: 27. Juli. 2021.
Sindermann, M. (o. J.). League of legends. https://www.spieleratgeber-nrw.de/League-of-Legends.3463.de.1.html. Zugegriffen: 25. Juli 2021.
Spertini, F. (2021). What is League of Legends? Inside LoL's 100M+ Playerbase. https://esports.gg/news/league-of-legends/what-is-league-of-legends-inside-lols-100-m-playerbase/. Zugegriffen: 25. Juli 2021.
SPOBIS GmbH. (2019). ESport: So funktioniert das Ecosystem. https://spobis.com/article/esport-so-funktioniert-das-ecosystem. Zugegriffen: 11. April 2023.
SPONSORs. (2019). Publisher im globalen Esport- und Gaming-Markt (Auswahl). https://www.sponsors.de/file/20007. Zugegriffen: 21. Juli 2021.
SPONSORs. (2019b). Publisher im globalen Esport- und Gaming-Markt. https://www.gameswirtschaft.de/. Abgerufen: 2. August 2024.
Statista. (2019). Share of League of Legends fanbase worldwide as of April 2019, by type. https://www.statista.com/statistics/692299/league-of-legends-fanbase/. Zugegriffen: 21. Juli 2021.
Statista. (2020). Number of unique viewers of League of Legends eSports championship finals from 2013 to 2020. https://www.statista.com/statistics/518126/league-of-legends-championship-viewers/. Zugegriffen: 23. Juli 2021.
Steinlechner, P. (2021, 28. Januar). Tencent steigt bei Life-Is-Strange-Machern ein. *Golem.de.* https://www.golem.de/news/dontnod-tencent-steigt-bei-life-is-strange-machern-ein-2101-153762.html. Zugegriffen: 11. April 2023.
TechNode Feed. (2024). Tencent's financial report for 2023. https://www.technode.com/tencents-financial-report-2023. Zugegriffen: 02. August 2024.
Tencent. (2021). 2021 First quarter results presentation. https://www.tencent.com/attachments/1Q21ResultsPresentation.pdf. Zugegriffen: 21. Juli 2021.
Tencent Holdings Limited. (2022). Annual report 2021. https://static.www.tencent.com/uploads/2022/04/07/7c31a327fb1c068906b70ba7ebede899.PDF. Zugegriffen: 11. April 2023.
Vitale, G. L. (2019). Das E-Sport-Ökosystem. https://www.pwc.de/de/technologie-medien-und-telekommunikation/digital-trend-outlook-2019-esport/das-esport-oekosystem-publisher-und-spieleentwickler.html. Zugegriffen: 19. Juli 2021.

Anna Löchner Absolvierte ihr Masterstudium in Wirtschaftswissenschaften und Soziologie an der Friedrich-Schiller-Universität Jena. Bereits während ihrer akademischen Laufbahn spezialisierte sie sich auf die wissenschaftliche Untersuchung von E-Sports und Gaming. Ihre Promotion am Karlsruher Institut für Technologie widmete sich der Erforschung wesentlicher Strukturen innerhalb der Esports-Zielgruppe und deren Marketingstrategien. Dabei stellte sie die zentrale Forschungsfrage: „Können durch den Einsatz von Künstlicher Intelligenz neue Erkenntnisse über die Zielgruppe im E-Sports gewonnen und neue gesellschaftliche Strukturen offengelegt werden?" Seit über acht

Jahren ist Frau Löchner in der Personal- und Unternehmensberatung tätig und verfügt über umfangreiche Erfahrung in den Bereichen Beratung, Marktforschung, Künstliche Intelligenz, Organisation und Marketing. Diese Expertise bringt sie insbesondere im Kontext von Gaming und E-Sports ein. Seit 2019 leitet sie den Fachbereich Gaming und E-Sports an der Hochschule für angewandtes Management und ist zudem Mitgründerin des ‚Instituts für Esports'. In ihrer Funktion als Direktorin nutzt sie ihr tiefgreifendes Branchenwissen und ein starkes Netzwerk, um innovative Beratungsprodukte zu entwickeln und die Professionalisierung des E-Sports voranzu-treiben. Ihr Engagement und ihre fundierte Expertise machen sie zu einer bedeutenden Schlüsselfigur in der akademischen und praktischen Welt des Esports. Sie trägt maßgeblich zur Etablierung dieser Disziplin als anerkanntes Forschungs- und Studienfeld bei.

Jakob Dötter ist ehemals Werkstudent an der Hochschule für angewandtes Management im E-Sports und hat in dem Fachbereich E-Sports bereits Lehre gehalten zum Thema Entwicklungszenarien im E-Sports. Ebenso hat er einige Module aus dem Bereich aufgebaut. Jakob Dötter ist Vorsitzender des Berlin Brandenburg eSports e.V. Im Moment studiert er im Master Psychologie an der Humboldt-Universität Berlin.

Eine Einführung ins E-Sport-Recht – Kennzeichen der Branche und rechtliche Implikationen

3

Nepomuk Nothelfer und Philipp Schlotthauer

Inhaltsverzeichnis

3.1 Einleitung ... 42
3.2 Kennzeichen des E-Sport-Rechts ... 43
3.3 Beispiele für die Kennzeichen des E-Sports ... 46
3.4 Visa-Vergabe ... 61
3.5 Gemeinnützigkeit ... 65
3.6 Fazit ... 70
Literatur ... 70

Zusammenfassung

Der vorliegende Beitrag zeigt die Besonderheiten des E-Sports im Vergleich zu anderen, analogen Branchen – wie bspw. dem traditionellen Sport – auf und stellt dar, inwiefern sich diese in rechtlicher Hinsicht realisieren. Ein Fokus liegt dabei zum einen auf der ersten gesetzlichen Regelung des Phänomens im Rahmen der Visa-Vergabe an professionelle E-Sportler und zum anderen auf der meist diskutierten rechtspolitischen Frage zum E-Sport, der Normierung einer Möglichkeit für E-Sport-Körperschaften, den Status der Gemeinnützigkeit zu erlangen.

N. Nothelfer (✉)
Hamburg, Deutschland
E-Mail: nepomuk.nothelfer@gmail.com

P. Schlotthauer
Augsburg, Deutschland
E-Mail: philipp.schlotthauer@mailbox.org

© Der/die Autor(en), exklusiv lizenziert an Springer Fachmedien Wiesbaden GmbH, ein Teil von Springer Nature 2024

A. Löchner und E. Lindner (Hrsg.), *E-Sports-Management*,
https://doi.org/10.1007/978-3-658-43835-7_3

3.1 Einleitung

Zu Beginn der 1970er-Jahre eroberte der Arcade-Boom die Welt (vgl. zu den Ausführungen im ersten Absatz Besombes, 2019). Zum ersten Mal war es der breiten Masse möglich, sich in den verschiedensten virtuellen Wettstreiten miteinander zu messen. Viel ist seither geschehen. Zu Beginn der 1980er-Jahre verlagerten die Heimkonsolen und Microcomputer den virtuellen Wettkampf in das eigene Wohnzimmer und zu Beginn der 1990er-Jahre revolutionierten Internet und Personal Computer diesen Wettkampf weiter. Besonders die Entwicklung in Südkorea bedingte dabei das Wachstum des damaligen Nischenphänomens, das man seit Ende der 1990er-Jahre immer häufiger mit dem Begriff „eSport" umschrieb. Parallel dazu begann auch eine Professionalisierung der Branche nach herkömmlichen Maßstäben, beispielsweise mit der Gründung der Electronic Sports League (heute ESL) im Jahr 2000. Das Nischenphänomen schickte sich an, zum Massenphänomen zu werden. Zurückgeworfen von der Weltfinanzkrise zwischen 2007 und 2009 entwickelt sich die Branche seit 2014 – flankiert von der Entwicklung des Streamingmarkts – mit nie dagewesenem Tempo. Themen wie Mobile Gaming, Cloud Gaming und XR- und vor allem VR-Gaming gewinnen immer weiter an Bedeutung und seit dem Jahr 2020 findet sich der Begriff „E-Sport" sogar im deutschen Duden (obgleich die Schreibweise international wie national zwischen „E-Sport(s)", „Esport(s)" und „eSport(s)" variiert).

Ebenso wie sich ein Phänomen tatsächlich entwickelt, entwickeln sich auch dessen rechtliche Implikationen und die Rechtssysteme, in die jenes eingebettet ist. Insbesondere die juristische Forschung folgt dabei der Praxis und nicht andersherum. So gab es vor 2017 nur eine Handvoll deutscher Beiträge zu E-Sport-spezifischen Rechtsfragen, beispielsweise Hofmann, ZUM 2013, 279, Holzhäuser/Bagger/Schenk, SpuRt 2016, 94, Scheyhing, MMR-Aktuell 2016, 382.190, Schörner, HRRS 2017, 407 oder Brtka, GRUR-Prax 2017, 500. Eine genaue Kategorisierung des E-Sports gestaltet sich aus mehreren Gründen schwer: zum einen aufgrund der nicht immer trennscharf erfolgenden Abgrenzung zwischen Gaming und E-Sport, zum anderen, weil es sich beim E-Sport um eine Industrie und nicht um ein Rechtsgebiet handelt, also um eine juristische Querschnittsmaterie, die viele verschiedene Rechtsgebiete tangiert (vgl. Nothelfer, 2020a, S. 271). Wie in jeder anderen Branche auch, stellen sich in der E-Sport-Branche eine Vielzahl juristischer Fragen. Kubiciel, 2019, 200 führt treffend an, die Spannbreite der Problemstellungen reiche buchstäblich „von A (Arbeitsrecht) über J (Jugendschutz) bis Z (Zivilvertragsrecht)". Da der E-Sport selbst bisher nur an zwei Stellen im Gesetz geregelt wurde, erschöpft sich ein Großteil der juristischen Arbeit in der Subsumtion von E-Sport unter andere Begriffe, wie „Sport", „Spiel" oder „Kultur" (Nothelfer & Scholz, 2020).

Im Fokus der juristischen Forschung steht die geltende Rechtslage (de lege lata). Diese ist abhängig von der politischen Situation in Deutschland, welche in Bezug auf den E-Sport vor allem von der Lobbyarbeit der Stakeholder aus traditionellem Sport und Gaming/E-Sport geprägt ist. Sprach der Koalitionsvertrag von CDU, CSU und SPD vom

11. November 2005 auf Seite 123 noch vom geplanten Verbot für „Killerspiele“, spricht der Koalitionsvertrag für die 19. Legislaturperiode des Bundestags vom 12. März 2018 zwischen CDU, CSU und SPD in den Rn. 2167 ff. bereits von „wachsende[r] Bedeutung“, „anerkennen“ und „unterstützen“ und der Koalitionsvertrag für die 20. Legislaturperiode des Bundestags vom 24. November 2021 auf Seite 123 davon, den „E-Sport gemeinnützig“ zu machen. Dabei konzentriert sich die politische Aufmerksamkeit bisher vor allem auf zwei Bereiche: die Gemeinnützigkeit des E-Sports und die Visa-Vergabe. Tätig wurden die Normgeber (in diesem Falle das Bundesministerium für Arbeit und Soziales) bisher aber nur für letztere mit der inhaltlich umstrittenen (vgl. im Detail Nothelfer, 2022, Kap. 2 B. und direkt nach Inkrafttreten Nothelfer, 2020a und 2020b) Änderung des § 22 BeschV. Daneben findet sich eine weitere Normierung von „E-Sport“ als Tatbestandsmerkmal in § 15 III RennwLottDV, der am 1. Juli 2021 in Kraft trat und nicht weniger umstritten ist (vgl. im Detail Nothelfer, 2022, Kap. 2 B. und bereits vor Inkrafttreten Brüggemann & Nothelfer, 2021), aber nicht im Fokus des vorliegenden Beitrags stehen soll.

Der vorliegende Beitrag soll einen ersten Überblick über die rechtlichen Besonderheiten und Probleme der E-Sport-Branche geben, wobei eine Vielzahl von Fragen aufgeworfen und kategorisiert werden (siehe Abschn. 3.2). Danach werden für ausgewählte Besonderheiten exemplarisch Rechtsfragen erörtert, um die Komplexität des jeweiligen Spezifikums darzustellen (siehe Abschn. 3.3). Zum Abschluss geht der Beitrag überblicksartig auf die meistdiskutierten juristischen Themen im E-Sport-Recht, nämlich die Visa-Vergabe (siehe Abschn. 3.4) und die Gemeinnützigkeit (siehe Abschn. 3.5) ein.

3.2 Kennzeichen des E-Sport-Rechts

Die E-Sport-Branche zeichnet sich durch mehrere wesensbestimmende Eigenschaften aus und grenzt sich mittels dieser auch von anderen Branchen – beispielsweise vom traditionellen Sport – ab. Diese sind vor allem der immanent digitale Charakter sowie die daraus folgende Internationalität, das relativ junge Alter der Branche, die (sich stets weiterentwickelnde) Heterogenität und das besondere Zusammenspiel relevanter Stakeholder. Zu all diesen im Folgenden ein Überblick:

Das wohl wichtigste Kennzeichen ist der digitale Charakter des E-Sports, denn für jede bekannte E-Sport-Definition ist das Vorliegen eines Computerspiels elementar (vgl. exemplarisch Schöber, 2021). Im Fokus stehen daher Urheberrechte und somit insbesondere die ausschließlichen Nutzungs- und Verwertungsrechte des Publishers (vgl. im Detail Hentsch, 2018; Schlotthauer, 2020, 188 ff.). Digitalität bedeutet häufig auch Komplexität, ob in der technischen Abwicklung oder für den Gesetzgebungsprozess. Daten spielen eine große Rolle (vgl. exemplarisch Schmid, 2021a, 2021b) und neben körperlichem Doping oder Wettbetrug bedroht digitales Fehlverhalten wie Cheating, Exploiting, Teaming oder Duping die Integrität des Wettkampfs (vgl. dazu generell Nothelfer & Trunk,

2022 und zu Einzelfragen Maties & Püschel, 2022a, 2022b; Trunk, 2022). Hinzu kommen die Herausforderungen der Arbeitswelt 4.0 mit ihren entgrenzten Tätigkeiten, denn beim Betreiben von E-Sport handelt es sich um eine neue Form der Arbeit. Auf den ersten Blick wirkt der Arbeitsplan eines E-Sportlers wie der eines traditionellen Sportlers (vgl. dazu Francken et al., 2019, S. 868; Koops & Nothelfer, 2021, S. 919 ff.). Es gibt spielbezogene und nicht-spielbezogene Tätigkeiten (vgl. im Detail Kurt & Nothelfer, 2020, S. 214). Trainings- und Wettbewerbstätigkeiten können nicht automatisch mit spielbezogenen Tätigkeiten gleichgesetzt werden, da beispielsweise die Gegneranalyse Teil des Trainings ist, aber nicht durch Spielen des E-Sport-Titels durchgeführt wird; auf der anderen Seite besteht Streaming zwar primär aus dem Spielen des Spiels, findet seinen Zweck aber vor allem im Marketing-Bereich. Das Spielen selbst ist ein Hybrid aus „klassischer" digitaler Arbeit und „klassischer" sportlich-kompetitiver Arbeit, welcher die jeweiligen physischen und psychischen Risiken beider Elemente intensivieren kann (vgl. Kurt & Nothelfer, 2020, S. 215 ff.). Des Weiteren besteht gerade im professionellen E-Sport häufig eine Dichotomie der Arbeitsverpflichtung. In diesen Fällen schuldet der E-Sportler neben dem Spielbetrieb auch das Erstellen von anderen Unterhaltungs-Inhalten („Content Creation"), vor allem, aber nicht ausschließlich, in Form des Live-Streamings (Nothelfer, 2020a, S. 268; Nothelfer & Wörner, 2020, S. 211). Der Fokus liegt dort auf der Vermarktung der Persönlichkeit zum Vorteil des Arbeitgebers. Dies hat unter anderem Einfluss auf die Vertragsgestaltung (Nothelfer & Wörner, 2020, S. 207). Der E-Sportler ist in diesem Fall Athlet und Künstler (vgl. Nothelfer & Wörner, 2020, S. 225 f.). Unter Abschn. 3.3.1. wird die rechtliche Komplexität des digitalen Elements anhand zweier Beispiele genauer beleuchtet.

Folge des digitalen Charakters ist die Internationalität der Branche. Das Internet macht nicht Halt vor den Grenzen einzelner Nationen und dem Anwendungsbereich der jeweiligen Rechtsordnung. Noch komplexer als die Regulierung solcher Sachverhalte ist die Frage, welches Recht im Einzelfall Anwendung findet oder wie dieses im internationalen Kontext durchgesetzt werden kann. Fehlerhafte Visa-Vergabe-Regelungen und Sprachbarrieren bei Vertragsverhandlungen und -auslegungen sowie Behördenkommunikation stellen weitere Hürden dar. Unter Abschn. 3.3.2. wird daher die erste Frage bezüglich eines jeden Sachverhalts erörtert: Welches Recht ist anwendbar? Details zur Visa-Vergabe für E-Sportler gemäß § 22 Nr. 5 BeschV finden sich unter Abschn. 3.4.

So divers die Branche in Bezug auf ihre Teilnehmer aufgestellt ist, so heterogen sind auch die verschiedenen E-Sport-Titel (vgl. im Detail zu Folgendem Nothelfer, 2022, Kap. 1 D. II. und III.). Dies betrifft zum einen den Inhalt der Spiele, zum anderen die Art und Weise wie man diese spielt. Inhaltlich lassen sich die E-Sport-Titel in verschiedene Genres einteilen, wie Strategiespiele, Shooter oder Sportsimulationen. Aber auch klassische Gaming-Genres wie Rollenspiele oder Jump 'n' Run Games können kompetitiv (beispielsweise als sogenannte Speedrun-Competitions) gespielt werden. In der Diskussion stehen dabei vor allem Gewaltdarstellungen und die Frage, wann diese die Schwelle zur Gewaltverherrlichung oder Gewaltverharmlosung im Rahmen des § 131 StGB und des

§ 4 JMStV überschreiten oder mit einer Förderung der Allgemeinheit im Sinne des § 52 I 1 AO unvereinbar (vgl. Nothelfer & Schlotthauer, 2020, S. 55 ff.) sind. Die Art und Weise der Ausübung hat sich entsprechend der technischen Entwicklung der letzten Jahrzehnte entwickelt. Vom Stehen oder Sitzen an Arcade-Automaten über das Spielen an Konsolen, Personal Computern oder Handhelds lässt sich eine große Diversität aufzeigen: Der E-Sportler bedient sitzend oder stehend ein statisches Eingabegerät, der E-Sportler bedient sitzend oder stehend ein nicht-statisches Eingabegerät, der E-Sportler hat eine gewisse Bewegungsfreiheit am Eingabegerät, ist aber örtlich gebunden (vor allem unter Nutzung der Virtual Reality-Technologie) oder er genießt vollständige Bewegungsfreiheit und ist bei entsprechender Internetverbindung örtlich ungebunden (vor allem Mobile Games unter teilweiser Nutzung der Augmented Reality-Technologie), vgl. Kurt und Nothelfer (2020, S. 215). Dies hat beispielsweise großen Einfluss auf die Pflichten des Arbeitgebers im Rahmen des technischen Arbeitsschutzes. Unter Abschn. 3.3.3. wird dies genauer beleuchtet.

Der E-Sportler ist dabei nicht der einzige Stakeholder, der Besonderheiten im Vergleich zu klassischen Industrien aufweist. Auf den ersten Blick wirken die Strukturen der E-Sport-Branche wie die des traditionellen Sports (im Detail zu den Ökosystemen im eSport Nothelfer, 2022, Kap. 3 B. I 2. b)). Neben den Spielern gibt es auch im E-Sport Organisationen (sogenannte Clans), die aus funktioneller Sicht mit den Vereinen aus dem traditionellen Sport verglichen werden können. Die Wettbewerbe werden von Veranstaltern organisiert und durchgeführt. Während dies im traditionellen Sport die jeweiligen Verbände sind, steht im E-Sport der Publisher als Regelgeber des E-Sport-Titels über dem Wettbewerb. Die Verbände im E-Sport sind eher als Lobbyorganisationen zu qualifizieren. Der Publisher kann den Wettbewerb allein (Publishermodell) oder in Zusammenarbeit mit einem Drittunternehmen (Drittanbietermodell) organisieren (Terminologie geprägt in Francken et al. 2019). Ebenfalls häufig ist die Situation, dass der Publisher einen (fremden) Wettbewerb eines Drittanbieters ausdrücklich erlaubt oder konkludent duldet. Die aufgrund der ausschließlichen Nutzungs- und Verwertungsrechte bestehende Machtstellung des Publishers hat aber in vielerlei Hinsicht Auswirkungen auf nachgelagerte Akteure. Es stellt sich beispielsweise die Frage, ob das traditionelle, zweigleisige Sozialpartnersystem des deutschen Arbeitsrechts im E-Sport überhaupt Wirkung entfalten kann, wenn der Publisher bei den Tarifverhandlungen nicht ebenfalls am Verhandlungstisch sitzt (vgl. Nothelfer & Wörner, 2020, 225 f.). Im Grundsatz vergleichbar ist dies mit der Situation im traditionellen Sport und der Machtstellung der Sportverbände.

Ebenfalls kennzeichnend ist das relativ junge Alter der Branche. Bisher konnte sich in kaum einer Hinsicht ein Industriestandard herausbilden (Nothelfer & Wörner, 2020, S. 207). Dies zeigt sich schon darin, dass jeder Publisher ein eigenes Wettbewerbsmodell betreibt (dazu im Detail Nothelfer, 2022, Kap. 3 B. I 2. b) aa)). Vom US-amerikanischen Franchise-System mit Revenue-Share bis zur Inaktivität des Publishers durch Duldung von Wettbewerben Dritter gibt es die verschiedensten Gestaltungsformen. Es konnte sich noch nicht einmal eine einheitliche arbeitsrechtliche Praxis bilden. Vertragswerke divergieren stark und weisen immer wieder unwirksame Klauseln auf (vgl. exemplarisch die Ausführungen zu verschiedenen Vertragsklauseln im Rechtsstreit Tfue vs. FaZe Clan in Nothelfer & Wörner, 2020). Höchstrichterliche Rechtsprechung sucht man im europäischen Raum vergeblich.

3.3 Beispiele für die Kennzeichen des E-Sports

Um die rechtlichen Implikationen der verschiedenen Kennzeichen besser verstehen zu können, werden im Folgenden relevante Beispiele beleuchtet.

3.3.1 Digitaler Charakter des E-Sports

Wesentliches Kennzeichen des E-Sports ist dessen digitaler Charakter. Der E-Sport zeichnet sich gerade durch einen Wettkampf unter Verwendung eines Computerspiels aus. Zwar werden auch im E-Sport physische Geräte wie ein Computer oder die jeweils notwendige Peripherie verwendet, jedoch kann E-Sport nicht ohne eine entsprechende Software betrieben werden. Aus dieser Notwendigkeit ergeben sich einige tatsächliche Besonderheiten, die es bei der juristischen Einordnung des Phänomens zu beachten gilt. Exemplarisch soll dies im Folgenden anhand zweier Beispiele beleuchtet werden: der ortsunabhängigen Tätigkeit des E-Sportlers (1.) und dem immaterialgüterrechtlichen Schutz der Computerspiele (2.).

1. Ortsunabhängige Tätigkeit des E-Sportlers
Besonderheit der Arbeitswelt 4.0 ist die örtliche Freiheit der Arbeitsverrichtung und die sich hieraus ergebende zeitliche Flexibilität. So kann der E-Sportler aus technischer Sicht von jedem Ort aus seiner Tätigkeit nachgehen, solange eine taugliche Internetverbindung und Zugang zu tauglichem Equipment besteht (Kurt & Nothelfer, 2020, S. 213). Die zeitliche Flexibilität ergibt sich daraus, dass man nicht mehr auf externe Faktoren wie physisch reale Orte oder Wetterbedingungen angewiesen ist. Das wirft aus rechtlicher Sicht jedoch Probleme bei der statusrechtlichen Einordnung des E-Sportlers auf, denn die örtliche und zeitliche Weisungsgebundenheit einer Tätigkeit sind ausschlaggebende Kriterien für die Einordnung einer Tätigkeit als Arbeit im Rechtssinne. Es stellt sich daher die Frage, ob E-Sportler trotz dieser Besonderheit Arbeitnehmer sein können (vgl. zum hier besprochenen Arbeitsrecht im Detail Francken et al., 2019 und zum Sozialversicherungsrecht Koops & Nothelfer, 2021).

a) Arbeitnehmereigenschaft Die Frage, ob E-Sportler Arbeitnehmer sind, beurteilt sich für deutsche Sachverhalte nach § 611 a BGB. Durch die im Jahr 2017 in Kraft getretene Norm wurde jedoch keine Änderung der vorherigen Rechtslage bezweckt (BT-Drs. 18/9232,

18). Der Gesetzgeber wollte lediglich den Kanon der Vertragstypen vervollständigen und entschied sich daher dafür, die Rechtsprechung des Bundesarbeitsgerichts (BAG) in Gesetzesform zu gießen. Gemäß § 611a I 1, 2 BGB kommt es für die Arbeitnehmereigenschaft auf die Leistung weisungsgebundener, fremdbestimmter Arbeit in persönlicher Abhängigkeit an, wobei sich das Weisungsrecht auf Inhalt, Durchführung, Zeit und Ort der Tätigkeit beziehen kann. Das von der Rechtsprechung früher oft geforderte Merkmal der Eingliederung in den Betrieb des Arbeitgebers wird von § 611a BGB nicht mehr explizit genannt, ist jedoch nach herrschender Meinung noch immer Bestandteil des Arbeitnehmerbegriffs (Maties, 2021, Rn. 165 f.; Schneider, 2018, Rn. 35; Spinner, 2020, Rn. 96 f.). Die am Bild des klassischen industriellen Arbeitnehmers gewachsene Auslegung des Merkmals „Eingliederung in den Betrieb“ muss heute jedoch modern als „Eingliederung in die Arbeitsorganisation“ interpretiert werden, um nach wie vor Aussagekraft für die Einordnung einer Tätigkeit als Arbeit zu behalten (Francken et al., 2019, S. 868). Für die abschließende Einordnung einer Tätigkeit als Arbeit ist schließlich gemäß § 611a I 5 BGB eine Gesamtbetrachtung aller Umstände vorzunehmen. Dabei ist anerkannt, dass es sich bei den Merkmalen des § 611a BGB um ein bewegliches System handelt, das heißt, einzelne Merkmale können stärker oder weniger stark ausgeprägt sein oder sogar ganz fehlen (Wank, 2017, S. 251 ff.). Welche Intensität die Weisungsgebundenheit hinsichtlich der einzelnen Merkmale aufweisen muss, ist trotz über 100-jähriger Rechtsprechung nicht abschließend geklärt. Typischerweise wird jedoch gerade den Merkmalen der örtlichen und zeitlichen Weisungsgebundenheit große Bedeutung zugesprochen, auch wenn das BAG bezüglich der Gewichtung der Merkmale keine einheitliche Linie verfolgt (vgl. Wank, 2017, S. 266 ff., 280). Eben diese Merkmale liegen jedoch bei der Tätigkeit des E-Sportlers nicht immer in dem für ein Arbeitsverhältnis typischen Maße vor.

aa) Tätigkeitsbild des E-Sportlers nach dem Professionalisierungsgrad Bei der arbeitsrechtlichen Einordnung der Tätigkeit des E-Sportlers ist zwischen den verschiedenen Professionalisierungsebenen und damit den unterschiedlichen Tätigkeitsprofilen zu unterscheiden. Es bietet sich eine Einteilung in Hobbyisten, Amateure, Semi-Profis und Profis an, wobei der Übergang zwischen diesen Kategorien fließend ist. Die genannten Kategorien haben für sich betrachtet keine Aussagekraft, sie dienen lediglich der typisierenden Betrachtung. Bei der Übertragung auf den Einzelfall muss beachtet werden, ob sich gegenüber den hier angenommenen Kategorien relevante Unterschiede zeigen.

Unabhängig von der jeweiligen Einordnung der Tätigkeit des E-Sportlers in eines der Tätigkeitsprofile besteht diese in der Regel aus zwei Arten von Tätigkeiten: spielbezogene Tätigkeiten (wie das Spielen des E-Sport-Titels in Wettbewerb und Training) und nicht-spielbezogene Tätigkeiten (beispielsweise im Bereich Social Media), vgl. Kurt und Nothelfer, (2020, S. 214 f.) Je professioneller die Spieler werden, desto strikter werden die Verpflichtungen zum Spielen und desto umfangreicher und wichtiger die Verpflichtungen im Bereich Öffentlichkeit und Marketing (beispielsweise Content Creation).

Der Hobbyist geht seiner Tätigkeit als Freizeitgestaltung nach. Er spielt das Spiel ohne einen kommerziellen Gedanken, kann dabei aber durchaus ein beachtliches Fähigkeitslevel erreichen. Seine Tätigkeit besteht meist aus dem Spielen des Spiels im programmeigenen Wettkampfmodus. Feste Wettkampfzeiten oder eine Verpflichtung zur Teilnahme bestehen nicht. Teilweise sind die Spieler in losen Internetgemeinschaften organisiert.

Der Amateur stellt den Übergang des Hobbyisten zum Semi-Profi dar. Auch der Amateur des E-Sports lässt sich entsprechend dem klassischen Verständnis als eine Person verstehen, die mit ihrer Tätigkeit kein Geld verdient. Allerdings kann er durchaus Ersatz seiner Aufwendungen erhalten. Der Amateur verwertet seine Leistung jedoch nicht im kommerziellen Sinne. Er betreibt den E-Sport gegenüber dem Hobbyisten mit einem stärker ausgeprägten Wettkampfgedanken. Er spielt in Wettkampfsystemen (Ligen und Turnieren), die nicht bereits im Spiel selbst integriert sind, sondern eigenständig neben dem Spiel bestehen. Hier kann er verpflichtet sein, an Wettkämpfen teilzunehmen. Der Amateur wird – zumindest im Falle des Mannschafts-E-Sports – häufig in einem Clan organisiert sein. Dies erfordert von ihm, sich mit Team-Mitgliedern zeitlich, örtlich und inhaltlich für das gemeinsame Spielen und Trainieren abzustimmen.

Der Semi-Profi stellt schließlich den Übergang vom Amateur zum Profi dar. Während der Amateur keinen kommerziellen Zweck mit seiner Tätigkeit verfolgt, zeichnet sich der Semi-Profi dadurch aus, dass er mit seiner Tätigkeit bereits Einkünfte erzielt. Diese Einkünfte müssen in ihrer Höhe über den bloßen Ersatz der Aufwendungen hinausgehen und sich als eine Vergütung für seine Tätigkeit darstellen. Im Gegensatz zum professionellen E-Sportler kann der Semi-Profi seinen Unterhalt kaum mit den daraus erzielten Einkünften bestreiten. Seine Tätigkeit ähnelt ansonsten der eines Amateurs. Allerdings kommen im Einzelfall und je nach Professionalisierungsgrad vor allem Werbetätigkeiten wie beispielsweise Show-Games oder Streaming hinzu. Die Wettkämpfe finden auf dieser Ebene noch überwiegend im Online-Format statt, können aber vereinzelt auch als Offline-Events in Präsenz ausgestaltet sein.

Die Tätigkeit des professionellen E-Sportlers lässt sich – wie im herkömmlichen Sport – auf drei Kernelemente reduzieren: Wettbewerb, Training und Werbetätigkeit. Sein Training besteht aus dem Verbessern seiner Fähigkeiten im jeweiligen E-Sport-Titel durch Spielanalysen, Taktikbesprechungen und schließlich dem Spielen selbst. Immer häufiger gibt es auch physisches und psychisches Training, um die körperliche und geistige Gesundheit der E-Sportler zu fördern. Im professionellen E-Sport gibt es deutlich mehr Wettbewerbe als im herkömmlichen Sport, womit diese einen deutlich größeren Teil der Tätigkeit einnehmen. Der Wettbewerb wird ab dieser Ebene entweder online (von zu Hause oder einem Gaming-House aus) oder auch offline (in einer bestimmten realen Lokalität) ausgetragen. Letztere Veranstaltungen sind Grund für häufige Dienstreisen. Hinzu kommen Verpflichtungen, die mit der Popularität einer Person der Öffentlichkeit einhergehen, wie Sponsorenveranstaltungen und Live-Übertragungen von eigenen Inhalten auf Streaming-Plattformen. Der professionelle E-Sportler ist daher nicht nur Athlet, sondern auch Künstler beziehungsweise Influencer.

bb) Mannschafts- und Individual-E-Sport Unabhängig vom Professionalisierungsgrad der E-Sportler ergeben sich bei deren Tätigkeit – auch aufgrund der Art des jeweiligen Spieles – Unterschiede. Hervorzuheben ist die Unterscheidung zwischen Individual-E-Sport und Mannschafts-E-Sport, also ob jeweils ein Spieler gegen genau einen anderen Spieler antritt oder ob mehrere Spieler als Team gegeneinander antreten. Der Individual-E-Sportler muss sich unabhängig von seinem Professionalisierungsgrad nicht mit anderen Mitspielern abstimmen und koordinieren. Er muss mit diesen keine gemeinsamen Taktiken ausarbeiten oder einüben. Er kann und muss sein Training letztlich individuell gestalten. Für den Mannschafts-E-Sport gilt das Gegenteil. Der Spieler muss sich mit seinen Teamkameraden abstimmen, um gemeinsam möglichst gut spielen zu können. Dies bezieht sich aufgrund der Möglichkeit, der Tätigkeit online nachzugehen, vor allem auf eine zeitliche Koordinierung. Da jedoch der zwischenmenschliche Austausch im realen Leben fördernd für die Teamchemie sein kann, kommen gerade professionelle E-Sportler auch an einem realen Ort zusammen.

cc) Schwierigkeiten bei der statusrechtlichen Einordnung aufgrund der fehlenden örtlichen Weisungsbindung Die Einordnung des Vertragsverhältnisses eines professionellen E-Sportlers als Arbeitsverhältnis scheint auf den ersten Blick auf der Hand zu liegen. Der professionelle E-Sportler ist dazu verpflichtet, an Turnieren, Wettkämpfen, Trainingseinheiten und Werbeveranstaltungen teilzunehmen und erhält dafür ein Entgelt. Eine genauere Betrachtung zeigt jedoch, dass dieses Ergebnis – obgleich meist zutreffend – aufgrund der digitalen Besonderheiten des E-Sports zu pauschal ist (zum Folgenden im Detail Francken et al., 2019).

So müsste der E-Sportler nach § 611a BGB hinsichtlich des Ortes seiner Arbeitsleistung gebunden sein. Das setzt voraus, dass er den Ort seiner Tätigkeit nicht im Wesentlichen frei bestimmen kann. Nach der Rechtsprechung handelt es sich hierbei um ein entscheidendes Indiz für die Annahme der Arbeitnehmereigenschaft, auch wenn das Merkmal bei bestimmten Arbeitnehmergruppen fehlen kann. Gerade die örtliche Weisungsgebundenheit muss im E-Sport aufgrund der Digitalität der Tätigkeit jedoch nicht sehr stark ausgeprägt sein und kann im Einzelfall – bei klassischer Interpretation des Merkmals – sogar völlig fehlen. Denn dem E-Sportler muss für die Ausübung seiner Tätigkeit nur eine funktionsfähige Hardware und eine zuverlässige Internetverbindung zur Verfügung stehen. Gibt der Clan darüber hinaus keine Weisungen hinsichtlich des Arbeitsortes, kann der E-Sportler grundsätzlich an jedem Ort spielen und ist somit hinsichtlich seines Arbeitsortes nicht weisungsgebunden.

Jedoch wird gerade der professionelle E-Sportler aufgrund der positiven Effekte des realen, zwischenmenschlichen Austausches häufig verpflichtet sein, sich zumindest an einigen Tagen in der Woche in den Einrichtungen des Clans aufzuhalten oder an Werbeveranstaltungen teilzunehmen. Sind die Spieler zudem regelmäßig zur Teilnahme an Bootcamps verpflichtet oder leben sogar in einem Gaming-House, steht die örtliche Weisungsbindung außer Frage. Dass diese nicht dauerhaft ausgeübt wird, ändert hieran nichts.

Soweit solche Weisungen in Bezug auf einen konkreten realen Arbeitsort fehlen, könnte man in der Weisung, in einem bestimmten Spiel zu einem bestimmten Zeitpunkt anwesend zu sein, dennoch eine örtliche Weisungsbindung erkennen. Schließlich gibt der Arbeitgeber damit einen virtuellen Arbeitsort vor, nämlich die Lobby des jeweiligen Spiels. Das bisherige Verständnis eines Arbeitsorts bezog sich aus historischen Gründen zwar auf einen physisch realen Ort, allerdings kennt die Methodenlehre die Veränderung des Wortsinns aufgrund der Entwicklungen der Außenwelt als Porosität von Rechtsbegriffen. Genauso gut ließe sich die Weisung zur Anwesenheit an einem virtuellen Arbeitsort auch unter die Eingliederung in die Arbeitsorganisation subsumieren. Auf eine genaue Zuordnung kommt es nicht an, denn das vollständige Fehlen einzelner Merkmale des § 611a BGB hat nach der Rechtsprechung (BAG Urt. v. 15.3.1978, 5 AZR 819/76, II. 2.) nicht zur Folge, dass die jeweiligen Personen keine Arbeitnehmer wären. Ferner ordnet § 611a I 4 BGB an, dass die Eigenart der jeweiligen Tätigkeit beachtlich ist.

Hinsichtlich des Hobbyisten und des echten Amateurs ergeben sich allein aufgrund der Digitalität der Tätigkeit keine relevanten Besonderheiten, was die statusrechtliche Einordnung der Tätigkeit angeht. Hier zeigt sich zwar ebenfalls, dass E-Sportler einer geringen örtlichen Weisungsgebundenheit unterliegen, jedoch sind diese beiden Gruppen mangels eines schuldrechtlichen Verpflichtungsvertrags regelmäßig nicht zu Dienstleistungen verpflichtet. Insbesondere der Hobbyist unterhält lediglich einen Nutzungsvertrag mit dem jeweiligen Publisher, ohne in irgendeiner Weise Weisungen zu unterliegen.

Anders kann sich dies bei Amateuren darstellen, die für ihre Tätigkeit eine Aufwandsentschädigung, Handgeld oder Erfolgsprämien erhalten. Diese Konstellation wird insbesondere bei den E-Sportlern auftreten, die in die Strukturen des herkömmlichen Sports integriert sind. Zwar ist die Gewährung eines Entgelts grundsätzlich keine Voraussetzung für die Annahme der Arbeitnehmereigenschaft nach der Rechtsprechung des BAG (vgl. das Urt. v. 29.8.2012, 10 AZR 499/11, Rn. 16 ff.), die Entgeltlichkeit grenzt aber den Dienst- oder Arbeitsvertrag von reinen Freizeitaktivitäten und dem Auftrag ab. Aufwandsentschädigungen sind nur so lange unschädlich, wie diese tatsächlich für Zwecke der Tätigkeit notwendig waren. Überschreitet die Aufwandsentschädigung die tatsächlich angefallenen Aufwendungen (denkbar vor allem bei pauschalen Aufwandsentschädigungen durch einen Verein), kann hierin eine verschleierte Vergütung des E-Sportlers liegen. Liegt dann noch eine ausreichende Weisungsbindung vor, handelt es sich um einen Schein-Amateur und damit möglicherweise um einen Arbeitnehmer. Hinsichtlich der Amateure stellen sich dann dieselben Fragen, wie hinsichtlich (semi-)professioneller E-Sportler.

b) Zwischenergebnis Vor allem professionelle E-Sportler werden regelmäßig als Arbeitnehmer zu qualifizieren sein, daran ändert auch der digitale Charakter ihrer Arbeit nichts. Die Herausforderungen bei der Kategorisierung ergeben sich primär aus der dürftigen Norm des § 611a BGB, sollten in der Rechtspraxis aber überwindbar sein.

2. Immaterialgüterrechlicher Schutz der Computerspiele
Aus der Digitalität ergeben sich auch Besonderheiten hinsichtlich der Branchen-Stakeholder. So stechen insbesondere der Entwickler des Spiels („Developer") und der Verleger des Spiels („Publisher") ins Auge. Diese halten die relevanten Rechte an den Spielen (vgl. zu den Rechten im Detail Hentsch, 2018). Das ist ein entscheidender Unterschied zum herkömmlichen Sport, der grundsätzlich niemandem gehört. Während also jedermann frei darin ist, Fußball zu spielen und diesen zu kommerzialisieren, ist dies im E-Sport anders. Ohne entsprechend ausgestaltete Lizenzen der Rechteinhaber kann der E-Sport nicht rechtskonform praktiziert werden.

a) Urheberrechtliche Stellung des Entwicklers Um die Strukturen der E-Sport-Branche und insbesondere die Stellung des Publishers zu verstehen, ist es erforderlich, sich die rechtliche Position des Publishers – insbesondere aus urheberrechtlicher Sicht – genauer anzusehen. Denn diese hat erhebliche Auswirkungen auf den Rechtsverkehr (Brüggemann, 2015, S. 700). Anders als man auf den ersten Blick vermutet, beginnt die Wertschöpfungskette des E-Sports nicht beim Publisher (soweit dieser nicht auch der Spieleentwickler ist). Um zu erklären, weshalb dem Publisher im E-Sport dennoch eine monopolartige Rolle zukommt, ist es erforderlich, die urheberrechtlichen Rahmenbedingungen für Computerspiele aufzuzeigen, um die daraus resultierende rechtliche Schlüsselposition des Publishers zu untersuchen.

aa) Urheberrechtlicher Schutz von Computerspielen Im Gegensatz zum klassischen Filmwerk ist das Computerspiel nicht als eigene Werkart in § 2 I UrhG genannt und auch sonst nicht eigenständig geregelt (Bullinger & Czychowski, 2011, S. 21), was dessen Einordnung in das System des Urheberrechts erschwert. Schutz ist aber über gleich mehrere andere Wege möglich.

(1) Qualifikation als Computerprogramm (Schutz auf technischer Ebene)
Erreicht das Spiel die nötige Schöpfungshöhe, ist zumindest unstrittig, dass es sich bei solchen um Computerprogramme im Sinne des § 2 I Nr. 1 UrhG handelt (Katko & Maier, 2009; Rauda, 2013, Rn. 70 ff.). Hieraus ergibt sich der Schutz auf technischer Ebene (Programmcode). Die Anforderungen an die Schöpfungshöhe liegen dabei gemäß § 2 II UrhG nicht sehr hoch, denn auch die sogenannte kleine Münze (dazu im Detail Loewenheim, 1987) ist geschützt (Katko & Maier, 2009, S. 307). Für Computerprogramme gilt sogar ein noch geringerer Maßstab, da für diese Werkart bereits eine eigene geistige Schöpfung ausreicht (§§ 2 II, 69a III UrhG), die auch unter dem Niveau der kleinen Münze liegen kann.

(2) Qualifikationen auf inhaltlicher Ebene (Gesamtwerk und Einzelelemente)
Nicht abschließend geklärt ist die Frage, ob und in welcher Form das Computerspiel neben der Einordnung als Computerprogramm urheberrechtlichen Schutz genießt (ausführlich hierzu Rauda, 2013, Rn. 23), denn jedes Computerspiel hat neben der technischen Ebene

auch eine inhaltliche Ebene (unter anderem Grafik, Narrativ oder Sound) vorzuweisen (vgl. Bullinger & Czychowski, 2011, S. 21); man spricht von der Doppelnatur der Computerspiele (Bullinger & Czychowski, 2011, S. 21). Darüber hinaus sind Computerspiele sogenannte komplexe Werke also einheitliche Werke, die einem Filmwerk ähneln, die aber gleichzeitig auch aus verschiedenen Elementen wie beispielsweise Design, Story, Musik, Text und Soundeffekte sowie Quellcode bestehen. Sowohl filmwerkähnliche Werke als auch die meisten einzelnen Elemente unterliegen für sich genommen jeweils dem Schutz des Urheberrechts. Dementsprechend ist nicht klar, ob Computerspiele als Filmwerk (§§ 2 I Nr. 6, 89, 94 f. UrhG), als Computerprogramm (§§ 2 I Nr. 1, § 69a ff. UrhG) oder als Summe ihrer einzelnen Teile, beispielsweise Sprach-, Musik- und Bildwerk geschützt sind (Hentsch, 2018).

Unabhängig von der genauen Einordnung in einen konkreten Werktyp im Sinne des § 2 UrhG gilt die Ansicht, dass ein Computerspiel in seiner Gesamtheit nur nach den urheberrechtlichen Regeln für Computerprogramme (§§ 69a ff. UrhG) zu behandeln ist (sogenannte Schwerpunkttheorie, vgl. Kreutzer, 2007, 1 ff.), als überwunden (Brüggemann, 2015, S. 699 mit weiteren Nachweisen). Dem folgend gehen sowohl der Europäische Gerichtshof (EuGH) in seinem Urt. v. 23.1.2014, C-355/12 als auch der Bundesgerichtshof (BGH) in seinem Urt. v. 6.10.2016, I ZR 25/15 davon aus, dass es sich bei Computerspielen um komplexe Werke handelt, bei denen zum einen das Werk als Ganzes Schutz erfährt und zum anderen die jeweiligen Einzelelemente. Dies können unter anderem Musikwerke (§ 2 I Nr. 2 UrhG), Werke der bildenden Kunst (§ 2 I Nr. 4 UrhG), Sprachwerke (§ 2 I Nr. 1 UrhG) oder Filmwerke wie „Cutscenes“ (§ 2 I Nr. 6 UrhG) sein. Nach § 15 UrhG steht bei solchen Werken im Sinne des § 2 UrhG sowohl die körperliche als auch die unkörperliche Verwertung allein dem Urheber zu. Urheber ist bei der Entstehung eines Computerspiels je nach Element jedoch nicht der Publisher, sondern der jeweilige Grafiker, Komponist, Sounddesigner, Autor und so weiter. Vertritt man mit der herrschenden Meinung zudem die Ansicht, dass es sich bei einem Computerspiel in seiner Gesamtheit um ein Filmwerk handelt, gilt dies auch für die Miturheber eines Filmwerks (vgl. § 8 UrhG).

Beim Publisher entstehen nach deutschem Recht keine eigenen Urheberrechte im engeren Sinne. Eine vertragliche Übertragung der ausschließlichen Verwertungsrechte ist jedoch möglich. Ordnet man das Computerspiel als ein filmähnliches Werk ein, können ihm im Einzelfall auch gewisse Leistungsschutzrechte zustehen. So kann der Publisher dann die Funktion des Filmherstellers einnehmen. Filmhersteller im Sinne des § 94 UrhG ist derjenige, der die organisatorische und wirtschaftliche Leistung der Filmherstellung tatsächlich erbringt (Schulze, 2018, Rn. 4). Analog zum Begriff des Filmeherstellers kann bei der Herstellung von Computerspielen daher das Entwicklerstudio/der Publisher als Computerspielhersteller eingeordnet werden, sodass auch diese ein Leistungsschutzrecht mit entsprechend umfangreichen Verwertungsrechten im Sinne des § 94 UrhG erhalten (Manegold & Czernik, 2019, Rn. 61). Der Filmhersteller hat gemäß § 94 I UrhG das ausschließliche Recht, den Bildträger oder Bild- und Tonträger, auf den das Filmwerk aufgenommen ist, zu vervielfältigen, zu verbreiten und zur öffentlichen Vorführung, Funksendung oder öffentlichen Zugänglichmachung zu benutzen. Der Filmhersteller hat ferner das Recht, jede Entstellung oder Kürzung des Bild- und Tonträgers zu verbieten, die geeignet ist, seine berechtigten Interessen an diesem zu gefährden. Da für den Laufbildhersteller (§ 95 UrhG) nahezu dasselbe gilt, kann es letztlich offenbleiben, ob man das Computerspiel nun als Filmwerk oder als Laufbild einordnet (Beyvers und Beyvers, 2015, S. 796). Die Bestimmungen zu den gesetzlichen Schranken und zur vertraglichen Rechteabtretung sind in diesen Fällen weitgehend identisch (Filmhersteller: § 94 II i.V.m. §§ 31, 33, 38 UrhG und § 94 IV i.V.m. § 52 ff. UrhG; Laufbildhersteller: §§ 95, 94 II i.V.m. §§ 31, 33, 38 UrhG und §§ 95, 94 IV i.V.m. 52 ff. UrhG). Es lässt sich festhalten, dass Computerspiele sowohl auf technischer Ebene (hinsichtlich des Computerprogramms) gemäß der §§ 69a ff. UrhG als auch auf inhaltlicher Ebene in seiner Gesamtheit als Filmwerk im Sinne des § 2 I Nr. 6 UrhG und als Einzelelemente nach den jeweiligen Bestimmungen geschützt sind.

bb) Auswirkungen für den E-Sport Um die besondere Rolle des Urheberrechts im System des E-Sports – und damit letztlich die Rechtsposition des Entwicklers und des Publishers – zu verstehen, ist es notwendig, die gängigen Verwendungsarten für E-Sport-Titel zu identifizieren und auf ihre urheberrechtliche Relevanz zu überprüfen. Hier seien nur exemplarisch einige urheberrechtlich geschützten Elemente eines Spiels sowie deren Einfluss auf die Struktur und die systemrelevanten Marktteilnehmer der Branche genannt.

(1) Bedeutung des Schutzes auf technischer Ebene
Jeder E-Sport-Titel basiert auf einem Computerprogramm. Diese sind als Sprachwerke im Sinne des § 2 I Nr. 1 i.V.m. §§ 69a ff. UrhG urheberrechtlich geschützt (Psczolla, 2008, S. 21; Hentsch, 2018, 4). Der Schutz des § 69a UrhG erfasst jedoch nur die Software an sich und nicht die visuelle oder audiovisuelle Darstellung des Programms auf einem Display oder sonstige Darstellungsmöglichkeiten (Psczolla, 2008, S. 21). Erfasst werden daher nur die konkreten Ausdrucksformen eines Computerprogramms, also der Quellcode und der Objektcode (Psczolla, 2008, S. 21). Ausdrücklich vom Schutzbereich des § 69a UrhG ausgenommen sind die Ideen und Grundsätze, die dem Computerprogramm zugrunde liegen (§ 69a II 2 UrhG).

Bestimmte Spielgenres wie Ego-Shooter, Battle-Royals oder Sportsimulationen sind daher nicht urheberrechtlich geschützt. Dies bedeutet jedoch nicht, dass der Entwickler eines Spiels eine vollständige Kopie der Spielmechanik und des Game-Designs hinnehmen muss. Die Kopie des genauen Programmcodes, um ein vergleichbares Spiel herzustellen, ist unzulässig.

Der Schutz der Computersoftware hat im System des E-Sports darüber hinaus in mehrerlei Hinsicht Bedeutung: So wird das Programm gemäß § 69c Nr. 1 UrhG vor ganzer oder teilweiser sowie dauerhafter oder vorübergehender Vervielfältigung in jeder Form geschützt. Daher kann E-Sport anders als herkömmlicher Sport nicht ohne die Zustimmung des jeweiligen Rechteinhabers betrieben werden, da dies immer mit einer Vervielfältigungshandlung einhergeht. Einschränkend muss hier jedoch bedacht werden, dass sich der Unterschied aus faktischer Sicht in den letzten Jahren relativiert hat, da viele beliebte und umsatzstarke E-Sport-Titel kostenlos gespielt werden können. Rechtlich bleibt es aber dabei, dass der Rechteinhaber darüber entscheiden kann, wer den E-Sport betreibt und wer nicht (Schwiering & Zurel, 2016, S. 443; AG Karlsruhe, Urt. v. 19.5.2015, 8 C 377/14).

Aus dem Schutz der Computersoftware folgt im E-Sport des Weiteren, dass die Spielregeln ohne Zustimmung durch den Rechteinhaber nicht ohne Urheberrechtsverletzung verändert werden können (Hentsch, 2018, S. 5). Denn anders als bei herkömmlichen Spielen sind diese nicht in einem beiliegenden Heft oder in sonstigen Statuten niedergelegt, sondern unmittelbar in das Spiel einprogrammiert (Rauda, 2013, Rn. 53 ff.). Während man bei einer analogen Schachpartie beispielsweise mit seinem Gegenspieler vereinbaren kann, dass Bauern auf dem Feld auch Rückwärts gehen können, ist dies bei einer digitalen Schachpartie nicht möglich, ohne illegal auf die Software einzuwirken. Genau dasselbe Phänomen gilt für jeden E-Sport. Ohne eine Änderung des Programmcodes ist es nicht möglich, die grundlegenden Spielregeln zu verändern. Zwar bleibt es möglich, einen Wettkampfmodus (beispielsweise ein K.o.-System, ein Punktesystem oder ein Rangsystem) frei zu gestalten, da dieser nicht notwendiger Weise vom Programmcode abhängig ist, jedoch darf das Spiel als solches nicht verändert werden.

Hieraus folgt auch, dass etwaige Betrugsversuche durch E-Sportler (beispielsweise Aimbots oder Wallhacks) unabhängig von einer strafrechtlichen Einordnung als Eingriff in das Urheberrecht zu werten sein können. Die technischen Möglichkeiten zur Manipulation des Spielablaufs sind jedoch vielfältig und können von einem bloßen Ausnutzen von Programmfehlern (sogenanntes Exploiting) bis hin zu unbefugten Eingriffen in den Programm- oder Objektcode des Spieles (sogenanntes Cheating) reichen. Daher kann es sich bei Betrugsversuchen in E-Sport-Wettbewerben um urheberrechtliche Rechtsverletzungen handeln, dies muss jedoch nicht immer der Fall sein (vgl. exemplarisch für sogenannte Cheatbots Rauda, 2019, S. 20).

(2) Bedeutung des Schutzes auf inhaltlicher Ebene

Nicht nur der Schutz des Computerspiels als Computerprogramm hat Auswirkungen auf den E-Sport, sondern auch der Schutz der inhaltlichen Ebene eines solchen (dazu auch Hentsch, 2018, S. 5). Denn der Urheber des Computerspiels schafft mit dem Computerprogramm letztlich nur die technische Grundlage, um ein audiovisuelles Gesamtkunstwerk zu erschaffen, das Charaktere, Welten und Handlungsstränge enthält (vgl. Bullinger & Czychowski, 2011, S. 22); Inhalt meint dabei die visuellen und audiovisuellen Elemente. Dazu gehören Texte (§ 2 I Nr. 1 UrhG), Figuren und Charaktere (§ 2 I Nr. 4 UrhG), Musik (§ 2 I Nr. 2 UrhG), Grafiken (§ 2 I Nr. 4 UrhG), Filmsequenzen (§ 2 I Nr. 6 UrhG), Bildschirmdisplays (§§ 2 I Nr. 5, 72 UrhG; strittig), Soundeffekte (gegebenenfalls § 2 I Nr. 2 UrhG), Sprachaufnahmen (§ 2 I Nr. 1 UrhG) sowie Handlungen (§ 2 I Nr. 1 UrhG). Abgesehen von den Bildschirmdisplays handelt es sich bei all diesen Elementen unstrittig um Werktypen im Sinne des § 2 UrhG, sodass den Urhebern hieran alle Verwertungsmöglichkeiten des

§ 15 UrhG zustehen. Das Verwertungsrecht berechtigt den Urheber zum einen zur Nutzung des Werks (positives Nutzungsrecht) und zum anderen dazu die Verwertung anderen zu untersagen (Verbotsrecht), vgl. Lettl, 2018, § 4 Rn. 30. Für den E-Sport sind die folgenden Verwertungsrechte besonders relevant:

- das Vervielfältigungsrecht (§§ 15 I Nr. 1, 16 UrhG)
- das Recht der öffentlichen Zugänglichmachung (§§ 15 II Nr. 2, 19a UrhG)
- das Senderecht (§§ 15 II Nr. 2, 20 UrhG)
- das Recht der Wiedergabe von Funksendungen (§§ 15 II Nr. 2, 22 UrhG)

Neben den Urhebern hat das Entwicklerstudio als Finanzier des Computerspiels gemäß § 94 UrhG (respektive § 95 UrhG bei einer Kategorisierung als Laufbild) sehr ähnliche (eigene) Verwertungsrechte an der inhaltlichen Ebene des Computerspiels, die aus dem Leistungsschutzrecht des Herstellers resultieren.

Für den E-Sport ist es entscheidend, dass man das jeweilige Spiel tatsächlich zur Verfügung hat, eine Vervielfältigung sich also durch Installation auf dem eigenen Rechner befindet. Jedoch sind mit der Entwicklung des E-Sports andere Nutzungsarten der Computerspiele und ihrer künstlerischen Darstellung stärker in den Fokus gerückt. Die nachgelagerten Markteilnehmer der E-Sport-Branche sind alle mehr oder weniger darauf angewiesen, die gesamte inhaltliche Ebene oder Teile dieser zu vervielfältigen, zu bearbeiten/umzugestalten und anschließend zu verbreiten. Zu den typischen Vervielfältigungshandlungen der anschließenden Marktteilnehmer gehören:

- das Erstellen von Screenshots des Spiels (Vervielfältigung gemäß § 16 UrhG)
- das Erstellen von Videomitschnitten des Spiels (Vervielfältigung gemäß § 16 UrhG)
- das Erstellen von kommentierten, grafisch veränderten und zusammengeschnittenen Videosequenzen aller Art, unter anderem Highlight-Videos oder Let‘s Play-Videos (Vervielfältigung gemäß § 16 UrhG und/oder Bearbeitung/Umgestaltung gemäß § 23 UrhG)

Zu den typischen Nutzungsarten gehört daran anschließend das öffentliche Zugänglichmachen der auf Basis des ursprünglichen Spiels erstellten Erzeugnisse. Konkret handelt es sich dabei um folgende Tätigkeiten:

- das Streaming (Einspeichern und Abrufen), insbesondere über Plattformen wie Twitch
- das Anbieten von Video-on-Demand, insbesondere über Plattformen wie YouTube

So ist es für die Turnier- und Ligenveranstalter nicht so einfach möglich wie beim herkömmlichen Sport, die eigene Veranstaltung im Sinne des § 15 II 1 UrhG öffentlich wiederzugeben, sei es über einen Stream oder Rundfunk. Der Veranstalter benötigt im E-Sport hierfür die entsprechenden Rechte zur öffentlichen Wiedergabe des Spiels. Auch die einzelnen Clans können ohne entsprechende Zustimmung der Urheber keinen Content mit Inhalten des Spiels produzieren, da auch die Vervielfältigung von Displays und die Nutzung charakteristischer Figuren und Spielgegenstände in das Urheberrecht der Entwickler eingreift. Zuletzt gilt dies auch für den einzelnen Spieler. Auch dieser ist ohne entsprechende Zustimmung oder Duldung durch den Entwickler nicht dazu befugt, Spiele auf Twitch, YouTube (Gaming), Facebook (Gaming) oder ähnlichen Plattformen zu streamen.

b) Zusammenfassung Die Vervielfältigung, das Vorführen, das Senden sowie die öffentliche Zugänglichmachung des Spiels ist somit von der Einwilligung des/der jeweiligen Urheber(s) des Werkes beziehungsweise des jeweiligen Inhabers des Leistungsschutzrechtes abhängig. Wer einen E-Sport-Titel spielen, übertragen, vervielfältigen oder bearbeiten möchte, muss zunächst die Rechte all dieser potenziellen Urheber und Rechteinhaber einholen. Diese Rechte werden in der Regel vom jeweiligen Publisher des Spiels gebündelt und als einheitliches Paket am Markt angeboten. Eine wichtige rechtliche Frage ist daher, inwiefern dieses Joint Selling of Media Rights in kartellrechtlicher Hinsicht legal ist.

3.3.2 Internationaler Charakter

Ausfluss des digitalen Charakters des E-Sports ist vor allem dessen Internationalität. Der E-Sport ist anders als der herkömmliche Sport nicht von einem regionalen zu einem internationalen Phänomen gewachsen, sondern andersherum. Der E-Sport hat sich von einer überwiegend international betriebenen Aktivität zu einer auch lokal organisierten Tätigkeit entwickelt. Gleichwohl finden sich im E-Sport aufgrund der starken internationalen Prägung weiterhin zahlreiche grenzüberschreitende Sachverhalte. Es ist Standard, dass Clans (unabhängig vom Professionalisierungsgrad) aus Spielern unterschiedlichster Nationen zusammengesetzt sind und Wettbewerbe nicht an nationalen Grenzen enden. Diese Internationalität durchdringt die gesamte Branche und führt im E-Sport-Recht grundsätzlich dazu, dass die erste relevante Frage lautet: Welches Recht ist anwendbar? Dies wird im Folgenden exemplarisch am Zivilrecht aufgezeigt.

1. Kollisionsrechtlich relevante Fallkonstellationen
Prinzipiell stellt sich die Frage nach dem jeweils anwendbaren Recht, wenn die Parteien in verschiedenen Ländern ihren Wohnort/Sitz haben oder der Lebenssachverhalt einen grenzüberschreitenden Bezug aufweist. Dann stellt sich beispielsweise die Frage, welches Recht auf die jeweiligen Gesellschaften oder grenzüberschreitenden Vertragsverhältnisse Anwendung findet oder welches Recht auf deliktische Handlungen im E-Sport anzuwenden ist. Nur exemplarisch sei auf das Verhältnis zwischen Clan und E-Sportler hingewiesen, welches eine besonders untypische Struktur aufweisen kann, da es für E-Sportler nicht zwingend erforderlich ist, ihre Leistung in dem Land zu erbringen, in dem der Arbeitgeber seinen Sitz hat. So ist es nicht selten, dass zwischen einem Clan, der seinen Sitz in Deutschland hat,

und einem im Ausland lebenden und spielenden E-Sportler Vertragsbeziehungen in Form eines Dienst- oder Arbeitsvertrags bestehen.

2. Vereinbarung des anwendbaren Rechts

Aufgrund der häufig bestehenden internationalen Bezüge ist im E-Sport die vertragliche Rechtswahl gängige Praxis und in vielen Fällen auch zu empfehlen. Eine solche Rechtswahl ist in den meisten Staaten – und gerade in den europäischen Mitgliedsstaaten – möglich. Für die EU-Mitgliedsstaaten ergibt sich dies aus Art. 3 Rom I-VO, die für Deutschland und die Mitgliedsstaaten der europäischen Union (mit Ausnahme von Dänemark) unmittelbar gilt, ohne dass es einer Umsetzung bedarf. Die Verordnung kommt gemäß Art. 2 Rom I-VO auch gegenüber Nichtmitgliedstaaten zur Anwendung, wenn der Rechtsstreit vor einem mitgliedsstaatlichen Gericht geltend gemacht wird (Spickhoff, 2020, Rn. 1). Dabei besteht auch die Möglichkeit, nur für bestimmte Teile eines Vertrags eine Rechtswahl zu treffen (Art. 3 I 3 Rom I-VO), was insbesondere dann von Vorteil sein kann, wenn beispielsweise ein bei einem deutschen Clan angestellter, in Deutschland lebender und spielender E-Sportler die Teilnahmebedingungen eines ausländischen Ligabetriebs akzeptieren soll (vgl. für den herkömmlichen Sport, Summerer, 2014, Kap. 7. Rn. 36 f.). Gerade wenn mehrere Vertragsbeziehungen zwischen den Parteien bestehen, auf die bei fehlender Rechtswahl nach objektiver Anknüpfung unterschiedliche Rechtsordnungen zur Anwendung kommen würden, kann eine solche Rechtswahl von besonderer Bedeutung sein (vgl. zur Problematik der zusammenhängenden Verträge, Martiny, 2021a, Rn. 16).

Nicht übersehen werden sollte, dass trotz einer wirksamen Rechtswahl der Verstoß gegen die ordre public des angerufenen Gerichts zur Nichtanwendung des gewählten Rechts führen kann (Art. 21 Rom I-VO), was beispielsweise bei mehrjährigen Sperren von Spielern in Betracht kommt (Pfister, 2014, Kap. 7 Rn. 51). Dies ist auf den E-Sport übertragbar. Ferner ist zu beachten, dass auch Eingriffsnormen des Rechts des angerufenen Gerichts (lex fori) trotz einer Rechtswahl Wirkung entfalten können (Art. 9 Rom I-VO) und für einzelne Vertragstypen besondere Einschränkungen der Rechtswahl geregelt sind (insbesondere Art. 8 I 2 Rom I-VO).

3. Fehlen einer Vereinbarung

Haben die Parteien keine wirksame Vereinbarung getroffen, bestimmt sich das auf den Vertrag anwendbare Statut nach den Art. 4 ff. Dort sind sowohl allgemeine Regeln (Art. 4 Rom I-VO) aufgestellt als auch Regeln für spezielle Vertragstypen (Art. 5 ff. Rom I-VO). Im E-Sport werden vor allem die Sonderregelungen für Individualarbeitsverträge (Art. 8 Rom I-VO) relevant.

Art. 4 Rom I-VO verfolgt den Grundgedanken, dass das Recht zur Anwendung kommen soll, mit dem der Vertrag am engsten verbunden ist (Martiny, 2021a, Rn. 1). In Ausformung dieses Grundgedankens unterstellt Art. 4 II Rom I-VO den Vertrag grundsätzlich dem Statut des Staates, in dem die Partei, welche die für den Vertrag charakteristische Leistung zu erbringen hat, ihren gewöhnlichen Aufenthaltsort hat. Für einige Vertragstypen wird dies in

Art. 4 I a) – h) Rom I-VO genauer konkretisiert. Bei einer juristischen Person ist der meist entscheidende gewöhnliche Aufenthaltsort der Ort ihrer Hauptverwaltung, für natürliche Personen, die im beruflichen Rahmen handeln, dagegen der Ort der Hauptniederlassung (Art. 19 Rom I-VO). Für natürliche Personen, die nicht beruflich handeln, ist schließlich der Ort des tatsächlichen Lebensmittelpunkts als gewöhnlicher Aufenthaltsort zu betrachten (Martiny, 2021b, Rn. 12).

Die Schwierigkeiten, die sich hieraus im E-Sport ergeben, liegen auf der Hand. Spielt beispielsweise ein dauerhaft in Frankreich lebender Spieler als Arbeitnehmer bei einem deutschen Clan (mit Hauptverwaltung in Deutschland), stellt sich die Frage, ob dessen Vertragsverhältnisse – bei fehlender und auch nicht durch Auslegung ermittelbarer Rechtswahl – nach französischem Recht oder deutschem Recht zu behandeln sind.

3.3.3 Heterogenität der Branche

Neben dem digitalen und internationalen Charakter hat die Heterogenität der Branche den größten Einfluss auf deren rechtliche Implikationen (vgl. zu Folgendem im Detail Nothelfer, 2022, Kap. 1 D. II und Kap. 3 B. 2.). Für die juristische Subsumtion ist stets der Einzelfall und dessen Eigenheiten maßgeblich. Gerade der E-Sport weist dabei ein hohes Maß an Heterogenität auf. Die verschiedenen Ökosysteme richten sich nach dem jeweiligen Publisher und den Leitlinien, die dieser für den einzelnen E-Sport-Titel bestimmt. Aber auch die einzelnen E-Sport-Titel unterscheiden sich stark und zwar in Inhalt und Spielweise. Inhaltlich lassen sich die E-Sport-Titel in verschiedene Genres teilen, wie Strategiespiele, Shooter oder Sportsimulationen. Die Art der Ausübung reicht von sitzend an einem Personal Computer bis zu vollkörperlicher Betätigung mithilfe von Virtual Reality-Headsets. Je nach den Anforderungen, die an das Spielen des E-Sport-Titels gestellt werden, kann beispielsweise eine Subsumtion unter das Tatbestandsmerkmal Sport möglich sein (mehr dazu unter Abschn. 3.5.1.). Ein anderes Beispiel für die Auswirkungen dieser Heterogenität ist der technische Arbeitsschutz (zum Folgenden im Detail vgl. Kurt & Nothelfer, 2020).

1. Persönlicher Anwendungsbereich des technischen Arbeitsschutzes

Für einen arbeitsschutzrechtlich relevanten Sachverhalt bedarf es zunächst der Anwendbarkeit der relevanten deutschen Rechtsquellen. Dies sind vor allem § 618 BGB, das Arbeitsschutzgesetz (ArbSchG), die Arbeitsstättenverordnung (ArbStättV) sowie das Arbeitszeitgesetz (ArbZG) und der Jugendarbeitsschutz (JArbSchG).

Die zivilrechtliche Kernnorm ist § 618 BGB, der seinem Wortlaut nach sowohl auf Dienst- als auch auf Arbeitsverhältnisse Anwendung findet und laut BGH (Urt. v. 20.2.1958, VII ZR 76/57) auch auf Werkverträge. Die Norm übersetzt das öffentliche Schutzrecht in das Privatrecht (Oetker, 2016, Rn. 21). Das ArbSchG erfasst Beschäftigte im Sinne des § 2 II ArbSchG, also unter anderem Arbeitnehmer und Arbeitnehmerähnliche. Aufgrund des europarechtlichen Hintergrunds sind diese Begriffe entsprechend weit auszulegen (vgl. unter anderem das EuGH Urt. v. 3.10.2000, C-303/98); dasselbe gilt für das ArbZG, welches auf Unionsrecht (genauer auf RL 2003/88/EG) basiert. Die ArbStättV richtet sich nach dem ArbSchG, wobei es ferner in sachlicher Hinsicht auch einer tauglichen Arbeitsstätte bedarf. Professionelle E-Sportler liegen damit häufig im persönlichen Anwendungsbereich der Vorschriften. Verpflichtet sind primär die Organisationen, für die sie spielen (vgl. im Detail Kurt & Nothelfer, 2020, S. 214).

2. Sachliche Unterscheidung nach der Art der Ausübung

In sachlicher Hinsicht liegt der Fokus bei E-Sportlern auf deren spielbezogenen Tätigkeiten. Phänotypisch können diese nach ihren jeweiligen (Arbeits-)Schutzrisiken in vier Arten unterteilt werden: (1) der E-Sportler bedient sitzend oder stehend ein statisches Eingabegerät, (2) der E-Sportler bedient sitzend oder stehend ein nicht-statisches Eingabegerät, (3) der E-Sportler hat eine gewisse Bewegungsfreiheit am Eingabegerät, ist aber örtlich gebunden oder (4) der E-Sportler genießt eine vollständige Bewegungsfreiheit und ist örtlich nicht gebunden, sofern taugliches Equipment und eine taugliche Internetverbindung gewährleistet sind (Kurt & Nothelfer, 2020, S. 215).

Bei Ersterem wird ein Eingabegerät bedient, das sich nicht von selbst bewegt; beispielsweise ein herkömmlicher Personal Computer, eine Konsole oder auch statische Stuhlkonstruktionen mit Lenkrad, in denen der Spieler sitzt und das virtuelle Fahrzeug steuert. Ferner existieren E-Sport-Titel, bei denen sich der Spieler auf oder in solchen Eingabegeräten befindet und beispielsweise mittels Virtual Reality-Technologie eine Immersion in das Spiel erfährt. Von solchen (funktionsfähigen) Konstruktionen gehen aktuell kaum physische Gefahren aus. Gerade Stuhlkonstruktionen existieren aber auch in nicht-statischen Varianten („G-Force Seats"). Je nach Stärke und Ausprägung des Feedbacks durch die Konstruktion können physische Risiken und damit Verletzungspotenziale einhergehen (Kurt & Nothelfer, 2020, S. 215).

Spielen mit gewisser Bewegungsfreiheit, aber örtlicher Bindung meint vor allem solche Spiele, die mittels Nutzung von Virtual Reality-Headsets gespielt werden. Dies ermöglicht vollkörperliche Bewegung in einem von der Software abgesteckten Rahmen. Wird dieser verlassen, erhält der Spieler eine entsprechende Warnung. Bei derartigen Spielen kommt es häufig gerade auf die ganzkörperlichen Bewegungen an, welche häufig aus traditionellen Sportarten bekannte Referenzbewegungen sind. Das physische Risiko dieser Spiele ist daher mit dem der traditionellen Pendants zu vergleichen (Kurt & Nothelfer, 2020, S. 215).

Zuletzt gibt es Spiele, die keinerlei bewegungsrelevante Einschränkungen aufweisen. Dies sind vor allem Mobile Games, die auf Minicomputern wie Handys oder Tablets gespielt werden können. Das spielerische Risiko ergibt sich dabei zusätzlich zu den jeweiligen körperlichen Anforderungen aus der Interaktion mit der Umgebung.

3. Gefahrenpotenziale im E-Sport
Im E-Sport bilden sich regelmäßig eine Kombination verschiedener physischer und psychischer Gefahrenpotenziale ab. Zum einen sind dies bekannte Risiken aus digitaler und kompetitiver Arbeit, zum anderen aber auch E-Sport-spezifische Besonderheiten (hierzu im Detail Kurt & Nothelfer, 2020, S. 215 ff. mit weiteren Nachweisen). Die Risiken des Einzelfalls sind Auswuchs der Heterogenität des E-Sports.

Sich auch im E-Sport realisierende physische Risiken digitaler Arbeit sind häufig ergonomischer Natur (unter anderem Lichteinstrahlung, gesunde Sitzhaltung, richtige Einstellung und Ausrichtung technischer Geräte). Psychisch ist vor allem der permanente Informations- und Datenfluss in Echtzeit beachtlich, der zu Stress und ständiger seelischer und körperlicher Erschöpfung oder Schlafstörungen führen kann. Auch die Freiheiten bezüglich Arbeitsort und Arbeitszeit können zu hohem und unkontrollierbarem Arbeitseifer führen. Bekannte Risiken aus kompetitiver Arbeit beziehen sich primär auf den Leistungsdruck, zur Weltspitze gehören zu müssen. Ein Leistungsabfall kann gerade bei Athleten im E-Sport nicht selten zum Verlust der Existenzgrundlage führen. Der darauffolgende eigen- und fremdgesteuerte Erfolgsdruck trägt erhebliches Potenzial für ein gesteigertes zeitintensives Spielen und birgt zugleich ein erhöhtes Risiko psychischer Erkrankungen. Im E-Sport können sich all diese Risikopotenziale verbinden. Ferner ist die Arbeit am Computer auf den Tag gesehen länger auf hohem Niveau möglich als für einen Gewichtheber und der Leistungsdruck bei einem Athleten höher als bei dem eines Büroangestellten.

Die Schutzpflichten des Arbeitgebers richten sich im Einzelfall nach den tätigkeitsimmanenten Risiken. Sitzt sein Arbeitnehmer viel am Personal Computer und muss dort eine Vielzahl von Klicks und anderen Microbewegungen ausführen, so ist eine gesunde Sitzhaltung und der Schutz der Handgelenke elementar. Trägt sein Arbeitnehmer eine Virtual Reality-Brille und muss viel rennen und springen, so liegt ein größerer Fokus auf den Augen und Knien.

3.3.4 Zwischenergebnis

Die Ausführungen zeigen einen Bruchteil der Rechtsfragen auf, die sich allein durch die Spezifika der E-Sport-Branche stellen. Höchstrichterliche Rechtsprechung gibt es außerhalb Asiens kaum und auch die Forschung steht erst am Anfang. Sowohl für die Forschung als auch die Praxistätigkeit ist jedoch das Wissen um diese Wesensmerkmale des E-Sports elementar.

3.4 Visa-Vergabe

Obgleich die Branche in ihrer heutigen Form – und somit auch die juristische Forschung zu dieser – relativ jung ist, gibt es in Deutschland zwei gesetzliche Normen, die „eSport" bzw. „E-Sport" als Tatbestandsmerkmale beinhalten, nämlich § 15 III RennwLottDV zur Miteinbeziehung von Wetten auf E-Sport in die Sportwettensteuer und § 22 Nr. 5 BeschV als Regelung zur Erleichterung der Visa-Vergabe an E-Sportler aus Drittstaaten, d. h. Nicht-EU-Ausländer. Bei letzterer handelt es sich um die erste Rechtsquelle in Deutschland, die E-Sport regelte.

Ihre Relevanz ergibt sich insbesondere daraus, dass mit der ESL, Riot Games und Freaks 4U Gaming drei der größten E-Sport-Veranstalter der Welt in Deutschland ansässig sind oder zumindest eine große Niederlassung haben. Visa-Probleme gehören außerdem zu den häufigsten und schwerwiegendsten juristischen Problemen im E-Sport. Dies zeigt sich am Beispiel des dänischen League of Legends Spielers Mads „Broxah" Brock-Pedersen. Dieser wechselte im Januar 2020 zum US-amerikanischen Clan Team Liquid, das zuvor drei heimische Titel in Folge gewinnen konnte. Aufgrund von Problemen mit der Visa-Vergabe konnte der neue Spieler jedoch erst spät zum Team hinzustoßen, was die Saison-Vorbereitung erheblich störte. In der folgenden Frühlings-Saison wurde der dreifache Meister gerade einmal Vorletzter, nur um in der darauffolgenden Sommer-Saison den Titel mit entsprechender Vorbereitung ein weiteres Mal gewinnen zu können.

3.4.1 Normhistorie

Startschuss für das Gesetzesvorhaben war der Beschluss der Eckpunkte zur Fachkräfteeinwanderung aus Drittstaaten am 2. Oktober 2018. Der entsprechende Referentenentwurf des Bundesministeriums für Arbeit und Soziales und des Bundesministeriums des Innern für eine Verordnung zur Änderung der Beschäftigungsverordnung und der Aufenthaltsverordnung vom 20. September 2019 fand nach einem Formfehler schließlich am 31. März 2020 den Weg in das Bundesgesetzblatt (BGBl. 2020 I Nr. 15). Zuvor wurden im Juni 2019 „eSport-Veranstaltungen" als „Darbietungen sportlichen Charakters" in das Visahandbuch des Auswärtigen Amts zur Auslegung des § 21 Nr. 1 BeschV (69. Ergänzungslieferung vom Juni 2019, 462) eingefügt.

3.4.2 Normtext

Der Normtext lautet:

> „Keiner Zustimmung bedarf die Erteilung eines Aufenthaltstitels an [...] Personen, die eSport in Form eines Wettkampfes zwischen Personen berufsmäßig ausüben und deren Einsatz in

deutschen Vereinen oder vergleichbaren an Wettkämpfen teilnehmenden Einrichtungen des eSports vorgesehen ist, wenn sie
a) das 16. Lebensjahr vollendet haben,
b) der Verein oder die Einrichtung ein Bruttogehalt zahlt, das mindestens 50 % der Beitragsbemessungsgrenze für die gesetzliche Rentenversicherung beträgt, und
c) der für den eSport zuständige deutsche Spitzenverband die berufsmäßige Ausübung von eSport bestätigt und die ausgeübte Form des eSports von erheblicher nationaler oder internationaler Bedeutung ist".

Vorbild dieser Regelung ist § 22 Nr. 4 BeschV für traditionelle Sportler und Sporttrainer (vgl. dazu im Nachgang die Bundesregierung in BTDrucks 19/29.344, S. 5). Bis auf verschiedene redaktionelle Änderungen, die der Übersetzung von „Sport" in „eSport" geschuldet sind, findet sich nur eine inhaltliche Änderung, nämlich dass in § 22 Nr. 5 BeschV im Gegensatz zu § 22 Nr. 4 BeschV keine Trainer erfasst werden (Nothelfer, 2022, Kap. 2 A. I. 4. A) cc)).

3.4.3 Kritik

Obgleich es sich bei der Norm um einen großen politischen Fortschritt zum vorherigen Status Quo der Rechtsunsicherheit bezüglich der Visa-Vergabe handelt, ist die Norm in mehrfacher Hinsicht zu kritisieren (vgl. zu sämtlichen Kritikpunkten im Detail Nothelfer, 2022, Kap. 2 B. III. und IV. und unmittelbar nach Inkrafttreten der Norm Nothelfer, 2020a, 2020b): Es werden im Gegensatz zur Vorbildnorm des Sports keine Trainer erfasst (1.), der E-Sport-Begriff ist unsachlich beschränkt, die notwendige Mindest-Bruttogehaltsgrenze wurde nicht auf den E-Sport angepasst (2.), das traditionelle Verständnis eines Spitzenverbands ist im E-Sport hinfällig und es werden erhöhte Anforderungen an den E-Sport-Titel gestellt (3.). Dies verwundert im Hinblick auf die fehlende einheitliche Strategie des Gesetzgebers auf Bundes- und Länderebene leider nicht (vgl. dazu im Detail Nothelfer & Petschinka, 2021).

1. Fehlende Regelung zu Berufs-Trainern
§ 22 Nr. 4 BeschV nennt „Berufssportlerinnen und Berufssportler oder Berufstrainerinnen und Berufstrainer" als Tatbestandssubjekte. Anstelle einer zu erwartenden parallelen Regelung für „Berufs-eSportlerinnen und Berufs-eSportler oder Berufs-eSport-Trainerinnen und Berufs-eSport-Trainer" spricht der Tatbestand der Nummer 5 nur von „Personen, die eSport in Form eines Wettkampfes zwischen Personen berufsmäßig ausüben". Trainer werden vom Tatbestand somit nicht erfasst. Eine andere Auslegung ist im Rückschluss zur Vorbildnorm des traditionellen Sports nicht denkbar (vgl. im Detail Nothelfer, 2020a, 275 f.). Dieses Ergebnis hat inzwischen auch die Bundesregierung in ihrer Antwort (BT-Drs. 19/29.344 zu Frage 17) auf die Kleine Anfrage der FDP-Bundestagsfraktion (BT-Drs. 19/28.730) bestätigt (zur Antwort der Bundesregierung vgl. im Detail Nothelfer, 2021): „Im E-Sport sind

nach Kenntnis der Bundesregierung dem Berufssport nach § 22 Nr. 4 BeschV vergleichbare Ausbildungs- und Lizenzstrukturen für Trainerinnen und Trainer erst im Aufbau. Insofern wurde auf die Aufnahme von Berufstrainerinnen und -trainern in § 22 Nr. 5 BeschV vorerst verzichtet." Dies kann nicht überzeugen. Unabhängig davon, dass diese These nicht belegt wurde (so ist beispielsweise die Trainerausbildung des eSport-Bundes Deutschland [ESBD] der Ausbildung des traditionellen Sports nachgebildet), wird jedem Trainer, unabhängig von dessen Qualifikationen im Einzelfall, damit schon die Möglichkeit genommen, sich überhaupt für ein Visum zu bewerben und seine etwaigen Qualifikationen nachzuweisen (Nothelfer, 2021, S. 126). Jedes professionelle E-Sport-Team hat als zentralen Baustein einen Trainer. Diesem die Visa-Möglichkeit zu nehmen ist realitätsfern.

2. Notwendiges Mindest-Bruttogehalt

§ 22 Nr. 5 BeschV verlangt, dass die Person, die E-Sport ausübt, ein Bruttogehalt bezieht, das „mindestens 50 % der Beitragsbemessungsgrenze für die gesetzliche Rentenversicherung beträgt". Für das Jahr 2020 bedeutet dies ein Bruttogehalt von 42.600 EUR, exklusive leistungs- oder einsatzbezogener Prämien, die im E-Sport einen erheblichen Teil der Vergütung ausmachen können (vgl. anhand des Beispiels Turner „Tfue" Tenney Nothelfer & Wörner, 2020, S. 224 ff.). Dieser Grenzwert wurde ebenfalls aus der Regelungsvariante des traditionellen Sports übernommen. Eine Prüfung des Lohnniveaus im E-Sport fand dabei nicht statt. Vor allem das relativ junge Alter der Branche und die rapiden Entwicklungen der einzelnen Ökosysteme sorgen dafür, dass kaum eines der Ökosysteme wirtschaftlich nachhaltig für die Teams ist, die den Lohn zahlen müssen. Die wenigen E-Sport-Titel, in denen der Aufbau eines potenziell wirtschaftlich tragfähigen Ökosystems funktioniert hat, bestechen hingegen zumeist durch Löhne im sechsstelligen Bereich. In den seltenen Fällen, vom Publisher vorgegebener Mindestgehälter für die Spieler, befinden sich diese typischerweise im Bereich 60.000 EUR und höher. Im Vergleich dazu steht ein Bruttogehalt von 42.600 EUR (exklusive Sonderzahlungen) zwischen zwei Extremen im luftleeren Raum (Nothelfer, 2020a, S. 279).

3. E-Sport von „erheblicher nationaler und internationaler Bedeutung"

Im Gegensatz zur Regelung des Sportvisums in § 22 Nr. 4 BeschV verlangt der Gesetzgeber im Wortlaut des § 22 Nr. 5 BeschV einen E-Sport von „erheblicher nationaler und internationaler Bedeutung". Dieser unbestimmte Rechtsbegriff wird in den Gesetzesmaterialien mit weiteren unbestimmten Rechtsbegriffen erläutert. Es bedarf hierfür beispielsweise „eine internationale oder nationale „Liga" [...], bei der sich eine nicht unerhebliche Zahl von Spielern oder Mannschaften regelmäßig miteinander messen" (BT-Drs. 110/20, 27). Weitere Komplexität gewinnt dies dadurch, dass die Bedeutung von E-Sport-Titeln viel stärker fluktuiert als im traditionellen Sport. Wie ein Richter dies ohne jede Sachkenntnis beurteilen soll, bleibt unklar.

Eine Begründung für die weitere Voraussetzung findet sich in den Gesetzesunterlagen nicht, allerdings ging die Bundesregierung (BT-Drs. 19/29.344 zu Frage 20) im Mai 2021 hierauf wie folgt ein: „Der E-Sport nach § 22 Nr. 5 BeschV stellt anders als Berufssport nach § 22 Nr. 4 BeschV eine neue Entwicklung dar, zu dem noch wenige Erfahrungswerte vorliegen. Zur Konkretisierung der Berufsmäßigkeit wurde daher die weitere Voraussetzung der erheblichen nationalen oder internationalen Bedeutung aufgenommen. Ein Unterschied zum Berufssport nach § 22 Nr. 4 BeschV ist damit nicht beabsichtigt." Dies ist laut Meinung der Autoren kaum mit dem abweichenden Wortlaut der Nummer 5 vereinbar. Es bleibt die Hoffnung, dass der entscheidende Richter auf die Antwort der Bundesregierung aufmerksam wird und der Voraussetzung contra legem keine Beachtung schenkt.

3.4.4 Mögliche Alternative für den Gesetzestext

Ein Gesetzestext, der sämtliche Kritik an der Norm miteinbezieht, könnte wie folgt lauten (Entwurf aus Nothelfer, 2022, Kap. 3 B. II. 2. a)):

> „Keiner Zustimmung bedarf die Erteilung eines Aufenthaltstitels an Berufs-eSportlerinnen und Berufs-eSportler oder Berufs-Trainerinnen und Berufs-Trainer, deren Einsatz in deutschen Vereinen oder vergleichbaren an Wettkämpfen teilnehmenden Einrichtungen des eSports vorgesehen ist, wenn sie
> a) das 16. Lebensjahr vollendet haben,
> b) der Verein oder die Einrichtung ein Bruttogehalt zahlt, das mindestens *X* Prozent der Beitragsbemessungsgrenze für die gesetzliche Rentenversicherung beträgt, und
> c) der für den eSport-Titel im Einzelfall zuständige Turnierveranstalter die Qualifikation als Berufs-eSportlerin und Berufs-eSportler oder die fachliche Eignung als Berufs-Trainerin und Berufs-Trainer bestätigt [...]."

3.4.5 Zwischenergebnis

Aus politischer Sicht ist die Regelung des E-Sport-Visums ein wichtiger und richtiger Schritt. Auch die parallele Regelungsweise ist zu befürworten, da sie die Möglichkeit gibt, den Besonderheiten des E-Sports Rechnung zu tragen (Nothelfer, 2020a, S. 274). Dies ist im vorliegenden Beispiel allerdings kaum gelungen. Es bleibt zu hoffen, dass der Gesetzgeber in Bälde notwendige Änderungen an der Norm vornimmt. Dies ist derzeit jedoch nicht zu erwarten.

Die den § 22 BeschV begleitende Regelung des § 23 BeschV, welcher die Visa-Vergabe für Personen normiert, die „zur Vorbereitung, Teilnahme, Durchführung und Nachbereitung internationaler Sportveranstaltungen durch das jeweilige Organisationskomitee akkreditiert werden, soweit die Bundesregierung Durchführungsgarantien übernommen hat", hat indes keine Parallelregelung erfahren. Die Bundesregierung meinte dazu im Mai 2021 (BT-Drs. 19/29.344 zu Frage 21): „Die Frage, ob und inwieweit § 23 BeschV für E-Sport Anwendung findet, hat sich nach Kenntnis der Bundesregierung in der Praxis noch nicht gestellt." Selbst wenn dem so sein sollte, bedarf es umgehend einer Regelung für künftige Fälle. Die Begründung, dass es bisher keine Anwendungsfälle gab, befreit den Gesetzgeber nicht von seiner Pflicht, Parallelnormen für sämtliche Sportprivilegierungen im Rahmen der Visa-Vergabe zu schaffen (ein Entwurf für eine solche Parallelregelung findet sich in Nothelfer, 2020b, S. 283).

3.5 Gemeinnützigkeit

Kaum eine rechtliche Thematik zum E-Sport ist in Deutschland so stark diskutiert und umstritten wie die der Gemeinnützigkeit des E-Sports (Nothelfer & Schlotthauer, 2020, S. 51 mit weiteren Nachweisen). Dies hat verschiedene Gründe: zum einen steht der Status der Gemeinnützigkeit für gesellschaftliche Akzeptanz und politische Anerkennung, zum anderen knüpft eine Vielzahl relevanter abgabenrechtlicher Folgen an den Status an (vgl. dazu auch Nolte, 2020, S. 37 ff.). Beispielsweise sind dies Privilegierungen bezüglich der Körperschafts- und Gewerbesteuer (vgl. § 5 I Nr. 9 KStG und § 3 Nr. 6 GewStG), der Erbschafts- und Schenkungssteuer (vgl. § 29 I Nr. 4 ErbStG), der Umsatzsteuer (vgl. § 19 I UstG) und der Grundsteuer (vgl. § 3 I 1 Nr. 3b, 2 GrStG). Zuwendungen an Organisationen, die einen gemeinnützigen Zweck haben, sind zudem begünstigt bei der Körperschaftssteuer (vgl. § 5 I Nr. 9 KStG), Einkommenssteuer (vgl. § 10b I EstG) sowie Gewerbesteuer (vgl. § 9 Nr. 5 GewStG und § 8 Nr. 9 GewStG). Die Vergütung von ehrenamtlich tätigen Personen ist je nach Einzelfall bis zu 840 EUR (Ehrenamtspauschale des § 3 Nr. 26a EstG) oder bis zu 4.200 EUR (Übungsleiterpauschale des § 3 Nr. 26 EstG) steuerfrei. Dies ermöglicht vielen Vereinen, Ehrenamtler zu bezahlen. Hinzu kommt die Möglichkeit, Spendenquittungen auszustellen, die der Spender von seiner Einkommenssteuer abziehen kann. Ferner beziehen sich die verschiedensten Bundes- und Landesvorschriften dem Wortlaut nach auf gemeinnützige Zwecke oder Einrichtungen, was § 52 AO eine enorme Bedeutung und Strahlkraft beschert.

Trotz der jahrelangen Diskussion um den Gemeinnützigkeitsstatus des E-Sports wurde Stand Oktober 2022 offiziell kein diesbezügliches Gesetzesvorhaben angestoßen. Inoffiziell hat ein solcher Prozess im Bundesministerium der Finanzen (in der 20. Legislaturperiode des Deutschen Bundestags zuständig für die Abgabenordnung) – in Zusammenarbeit mit dem Bundesministerium für Wirtschaft und Klimaschutz (in der 20. Legislaturperiode des Deutschen Bundestags zuständig für Computerspiele) – jedoch bereits begonnen.

Im Folgenden werden die verschiedenen Möglichkeiten dargestellt, wie E-Sport als gemeinnütziger Zweck gelten kann beziehungsweise könnte (I.). Daran anschließend wird der bisherige politische Prozess, beginnend mit der Erwähnung des E-Sports im Koalitionsvertrag zwischen CDU, CSU und SPD zur 19. Legislaturperiode vom 12. März 2018, rekonstruiert (II.). Zuletzt werden in Kürze die vorherrschenden Argumente gegen eine Gemeinnützigkeit des E-Sports dargestellt und einer ersten Einordnung zugeführt (III.).

3.5.1 Die verschiedenen Optionen

Es gibt verschieden Möglichkeiten, E-Sport-Tätigkeiten im Gesetz zu regeln (vgl. im Detail Nothelfer, 2022, Kap. 3 B. II.). Zunächst wäre es grundsätzlich möglich, die Tätigkeit unter einen der in § 52 II 1 AO normierten Katalogzwecke zu subsumieren. Diskutiert werden dabei vor allem die Förderung des Sports (Nr. 21), die Förderung der Jugend- und Altenhilfe (Nr. 4), die Förderung von Kunst und Kultur (Nr. 5), die Förderung der Bildung (Nr. 7) sowie die Förderung internationaler Gesinnung, der Toleranz auf allen Gebieten der Kultur und des Völkerverständigungsgedankens (Nr. 13). Dabei drängt sich insbesondere der Vergleich zum traditionellen Sport auf. Diesbezüglich ist neben einer denkbaren Subsumtion unter den Begriff auch eine Fiktion (vergleichbar zum Schach) oder eine Regelung in derselben Nummer vorstellbar. Darüber hinaus besteht selbstverständlich die Möglichkeit, den E-Sport in einer eigenen Nummer (Stand Oktober 2022 eine mögliche Nummer 27) zu regeln. Des Weiteren sind auch klarstellende Regelungen im Anwendungserlass zur Abgabenordnung ein weiterer möglicher Ansatzpunkt. Zu guter Letzt bleibt – ohne eine Subsumtion unter einen bestehenden Bereich und ohne ausdrückliche Regelung – der Weg über eine Erklärung als gemeinnützig im Rahmen der Öffnungsklausel des § 52 II 2 AO; zur Not auch über den Rechtsweg.

3.5.2 Der bisherige politische Prozess

„Wir erkennen die wachsende Bedeutung der E-Sport-Landschaft in Deutschland an. Da E-Sport wichtige Fähigkeiten schult, die nicht nur in der digitalen Welt von Bedeutung sind, Training und Sportstrukturen erfordert, werden wir E-Sport künftig vollständig als eigene Sportart mit Vereins- und Verbandsrecht anerkennen und bei der Schaffung einer olympischen Perspektive unterstützen.“ Diese Regelung in den Rn. 2157 ff. des Koalitionsvertrags zwischen CDU, CSU und SPD zur 19. Legislaturperiode vom 12. März 2018 war der erneute Startschuss für die Diskussion um den Status der Gemeinnützigkeit für den E-Sport. Bis auf eine Bundestagsdebatte im November 2018 und eine Sitzung des Sportausschusses im Februar 2019 geschah lange Zeit nichts Belastbares.

Dies änderte sich erst am 16. Juni 2020 als die Bundestagsfraktion der CDU und CSU das Positionspapier „Ehrenamtsgesetz 2021“ veröffentlichte (hierzu im Detail Nothelfer, 2020c). Das Positionspapier geht unter anderem auf die Frage ein, ob E-Sport Sport im Sinne des § 52 AO ist. Das Positionspapier beschreibt die Maßnahme zum E-Sport (unter Punkt 2.6.) wie folgt: „Wir sorgen für Rechtssicherheit von Sportvereinen, die E-Sports-Abteilungen betreiben. Um für diese Vereine die Gefahr der Aberkennung der Gemeinnützigkeit zu beseitigen, werden wir eine rechtliche Klarstellung der Behandlung von E-Sports herbeiführen. Wir werden deshalb darauf hinwirken, dass der Anwendungserlass zu § 52 AO am Ende der laufenden Nummer 7 um die Formulierung ‚E-Sports fällt unter den Begriff Sport, soweit es sich um elektronische Sportsimulationen handelt‘

ergänzt wird.“ Obgleich die Bundestagsfraktion Versuche unternahm, dies als Regelung für den E-Sport zu deklarieren, offenbart der Wortlaut die wahre Intention: Schutz traditioneller Sportvereine und auch nur im Hinblick auf „elektronische Sportsimulationen“. Zwingender Rückschluss der Umsetzung wäre gewesen, dass dem restlichen E-Sport die Gemeinnützigkeit wohl in jeder Form (selbst über die Öffnungsklausel des § 52 II 2 AO) verwehrt worden wäre. Eine Änderung der Abgabenordnung kam am 29. Dezember 2020 (BGBl. I S. 3096), doch die angekündigte Regelung blieb aus.

Die diesbezügliche Erklärung erfolgte am 5. Februar 2021 in Form der Antwort der Bundesregierung durch Staatssekretär Kerber auf eine schriftliche Anfrage der Abgeordneten Lazar (BT-Drs. 19/26.440): „E-Sport kann auch heute schon nach bestehendem Recht gemeinnützig sein. Die Vereine nutzen dabei regelmäßig die gemeinnützigen Zwecke der Förderung der Jugendhilfe (§ 52 Absatz 2 Nr. 5 [sic] der Abgabenordnung) und der Förderung der Bildung (§ 52 Absatz 2 Nr. 7 der Abgabenordnung). Über die Anerkennung von Formen des E-Sports als Sport in Deutschland ist primär durch den organisierten Sport und den Deutschen Olympischen Sportbund (DOSB) im Rahmen der Autonomie des Sports zu entscheiden. Die Schaffung oder Unterstützung einer olympischen Perspektive von neuen Sportarten ist Aufgabe des autonomen Sports. Die Bundesregierung strebt für diese Legislaturperiode keine weiteren gesetzgeberischen Maßnahmen zur Förderung des E-Sports an.“ Eine Änderung der Abgabenordnung ist aus Sicht der Bundesregierung daher nicht nötig, da die Branche bereits über die Förderung der Jugendhilfe und Bildung gemeinnützig sein kann. Dies bestätigte die Bundesregierung erneut im Mai 2021 (BT-Drs. 19/29.344 zu Frage 1).

Aus Sicht der Verfasser kann das nicht überzeugen (vgl. zu Folgendem im Detail Nothelfer, 2021, S. 124 f.). Selbstverständlich ist im Einzelfall eine Subsumtion unter verschiedene – nicht E-Sport-spezifische – Katalogzwecke denkbar. Dies ändert aber nichts daran, dass es für den E-Sport einer eigenen Regelung bedarf. So fällt auch der traditionelle Sport im Einzelfall unter den Aspekt der Jugendhilfe und Bildung und hat dennoch in § 52 II 1 Nr. 21 AO eine eigene Regelung erfahren. Es ist zutreffend, dass die meisten E-Sport-Vereine in Deutschland den Weg zur Gemeinnützigkeit über die Jugendhilfe suchen. Dies ist aber weniger Ausdruck freier Wahl als mangelnder Optionen, nachdem verschiedene politische Kräfte – allen voran die Bundesregierung selbst – jahrelang die Autonomie des traditionellen Sports im Rahmen des § 52 II 1 Nr. 21 AO betont haben und entsprechende Anträge an Registergerichte erfolglos blieben. Diese Praxis wurde von der Politik geschaffen und nicht von der Branche, die sich seit Jahren eine Subsumtion unter Sport oder eine E-Sport-spezifische Regelung wünscht. Der Weg über eine der von der Bundesregierung vorgeschlagenen Nummern wäre nach Meinung der Autoren kein praxistauglicher.

Inzwischen hat jedoch eine neue Bundesregierung – bestehend aus den Fraktionen der SPD, von Bündnis 90/Die Grünen und der FDP – übernommen. Der Koalitionsvertrag vom 24. November 2021 spricht auf S. 123 von: „Wir schaffen Rechtssicherheit für gemeinnützigen Journalismus und machen E Sport gemeinnützig“. Obgleich in den zuständigen Ministerien intern der Prozess der Schaffung einer solchen Regelung begonnen hat, gibt es noch keine Ergebnisse zu vermelden. Dies stellt den Stand des gesetzgeberischen Prozesses im Oktober 2022 dar.

3.5.3 Argumente gegen die Gemeinnützigkeit des E-Sports (Überblick)

Im Kern wird vor allem die Frage diskutiert, ob E-Sport Sport im Sinne des § 52 II 1 Nr. 21 AO sein kann. Zunächst ist jedoch anzumerken, dass jede Wissenschaftsdisziplin aufgrund des unterschiedlichen Erkenntnisinteresses einen eigenständigen E-Sport- und Sportbegriff bilden wird (vgl. dazu generell Wank, 1985, S. 110; zum E-Sport Wendeborn et al., 2018, S. 454). So ist der Sportbegriff der Abgabenordnung beispielsweise nicht ohne Weiteres mit dem glücksspielrechtlichen Sportbegriff gleichzusetzen (vgl. zur Subsumtion von E-Sport unter Sport im glücksspielrechtlichen Sinne Maties & Nothelfer, 2021 und zu Folgendem im Detail Nothelfer & Schlotthauer, 2020, S. 52 ff.).

Aus Sicht der juristischen Methodenlehre sollte es im deutschen Recht grundsätzlich einen einheitlichen normübergreifenden Sportbegriff geben, denn das deutsche Recht ist durch das Prinzip der „Einheit der Rechtsordnung" geprägt (Rüthers et al., 2018, Rn. 145 ff.). Dieses Prinzip besagt, dass die gesamte Rechtsordnung eine Werteeinheit verkörpern soll (Röhl & Röhl, 2008, § 56 I). Diese würde durchbrochen, wenn derselbe Begriff in unterschiedlichen Normen auf unterschiedliche Weise definiert würde (Röhl & Röhl, 2008, § 56 IV). Hiervon wird jedoch in zahlreichen Fällen abgewichen. Man bezeichnet dies als „Relativität der Rechtsbegriffe" (Röhl & Röhl, 2008, § 56 IV). Abweichungen von der einheitlichen Begriffsbildung sind jedoch nur dort angebracht, wo sich mit dem allgemeinen Begriff der Zweck des jeweiligen Gesetzes nicht mehr verwirklichen ließe (Wank, 1985, S. 111 ff.).

Sport ist nach der Rechtsprechung des Bundesfinanzhofs (BFH) eine Tätigkeit, welche die allgemeine Definition des Sports erfüllt und der körperlichen Ertüchtigung dient (Urt. v. 9.2.2017 – V R 69/14, unter II. 3. b) der Entscheidungsgründe). Früher verlangte das Gesetz noch eine „körperliche Ertüchtigung des Volkes durch Leibesübungen" (vgl. § 17 III Nr. 1 StAnpG als Vorgänger der Abgabenordnung), dies gab der Gesetzgeber und darauffolgend auch die Rechtsprechung auf (Urt. v. 29.10.1997 – I R 13–97, unter II. 2. b) der Entscheidungsgründe). Seither gilt, Sport im Sinne des § 52 II 1 Nr. 21 AO ist „eine körperliche, über das ansonsten übliche Maß hinausgehende Aktivität, die durch äußerlich zu beobachtende Anstrengungen oder durch die einem persönlichen Können zurechenbare Kunstbewegung gekennzeichnet ist." (Urt. v. 27.9.2018 – V R 48/16, unter II. 2. a) aa) der Entscheidungsgründe). Zudem muss die Betätigung der körperlichen Ertüchtigung dienen (Urt. v. 9.2.2017 – V R 69/14, unter II. 3. b) der Entscheidungsgründe). Hieran stellt die Rechtsprechung aber äußerst geringe Anforderungen. Dies folgt aus der Anerkennung von unter anderem Dart, Ballonfahren, Sportschießen und Segelfliegen (vgl. mit weiteren

Nachweisen Nothelfer & Schlotthauer, 2020, S. 53 f.). Nur wenige E-Sport-Titel genügen diesen körperlichen Anforderungen nicht. Insbesondere kommt es nicht auf die Ansicht des DOSB an (vgl. bereits Nothelfer & Petschinka, 2021, S. 27). Dies bestätigte im Mai 2021 nun auch die Bundesregierung (BT-Drs. 19/29.344 zu Frage 3).

Vor allem aus dem Lager des traditionellen Sports werden als Gegenargument häufig die wirtschaftlichen Verflechtungen des Publishers aufgerufen. Die bloße Existenz eines Stakeholders, der den E-Sport verwertet, kann indes nicht gegen eine Gemeinnützigkeit von Vereinen sprechen, die E-Sport betreibt, ohne dies wirtschaftlich zu verwerten. Der Publisher ist eher als Hersteller eines „Spielgeräts" zu kategorisieren (im Detail Nothelfer & Schlotthauer, 2020, S. 58 f.). Anzumerken ist, dass dies noch nicht höchstrichterlich entschieden wurde. Sollte der BFH dem aber nicht folgen, so würde man nicht nur Körperschaften, die mit E-Sport-Titeln arbeiten, sondern auch solchen, die mit anderer Software arbeiten, die Gemeinnützigkeit verwehren. In der heutigen Zeit unterliegen viele neue Produkte (vor allem Software), die die Allgemeinheit fördern können (bspw. Lernsoftware), einem Urheberrecht. Sollte sich ein Verein gründen, der ohne einen eigenen wirtschaftlichen Vorteil mit einer solchen Software arbeitet, so könnte auch dieser (obwohl er selbstlos ohne eigenwirtschaftlichen Vorteil die Bildung der Jugend vorantreibt) nicht gemeinnützig sein. Auch die Bundesregierung teilt inzwischen die Ansicht, dass die bloße Existenz eines wirtschaftlich tätigen Publishers der Gemeinnützigkeit von Vereinen nicht entgegensteht (BT-Drs. 19/29.344 zu Frage 2).

Schließlich wird ins Feld geführt, dass der E-Sport Gewaltdarstellungen enthält, die mit einer „Förderung der Allgemeinheit" nicht vereinbar sind. Auch der traditionelle Sport kennt jedoch Gewaltdarstellungen und sogar Gewaltausübung. Es ist nicht ersichtlich, weshalb für den E-Sport anderes gelten sollte. § 131 StGB und § 4 JMStV regeln indes die Grenzen über die Begriffe „Gewaltverherrlichung" und „Gewaltverharmlosung". Da solche Spiele in Deutschland nicht vertrieben werden dürfen, stellt sich die Frage für die Subsumtion des E-Sports schon gar nicht (vgl. dazu auch Maties & Nothelfer, 2021, S. 132). Zuständig für die Beurteilung der Computerspiele ist die Unterhaltungssoftware Selbstkontrolle (USK). Erwähnenswert ist aktuell, dass die USK Anfang des Jahres 2021 den Shooter „Tom Clancy's Rainbow Six Siege" von USK 18 auf USK 16 hinabgestuft hat. Dies kann als Indikator für künftige Einstufungen gelten.

3.5.4 Zwischenergebnis

Aus Sicht der Autoren besteht schon heute für Vereine, die bestimmte E-Sport-Titel im Kern ihrer Aktivitäten verorten, die Möglichkeit, den Status der Gemeinnützigkeit aufgrund des Zwecks Förderung des Sports zu erlangen. Auch andere Katalogzwecke des § 52 II 2 AO sind im Einzelfall denkbar. Dies befreit den Gesetzgeber aber nicht von der Pflicht, den E-Sport umfassend, einheitlich und vor allem rechtssicher zu regeln.

3.6 Fazit

Die E-Sport-Branche wird durch verschiedene Besonderheiten bestimmt. Diese bestimmen nicht nur die ökonomischen Belange der Branche, sondern auch die juristischen. In den letzten Jahren haben sowohl die Rechtsstreitigkeiten als auch die juristische Forschung erheblich zugenommen, es bleiben jedoch viele unbeantwortete Fragen. In Deutschland gibt es bisher nur zwei Rechtsnormen, die „eSport" bzw. „E-Sport" als Tatbestandsmerkmal regeln (§ 22 Nr. 5 BeschV und § 15 III RennwLottDV). Unabhängig davon erschöpft sich die juristische Arbeit in Einzelfallsubsumtion unter die verschiedensten Merkmale (beispielsweise „Sport"). Die schnelle Entwicklung der Branche sorgt dabei ständig für Bewegung. Es ist festzuhalten: Das E-Sport-Recht bleibt auch künftig eine der spannendsten Materien der Digitalisierung.

Literatur

Besombes, N. (2019). Esports Chronology. https://medium.com/@nicolas.besombes/esports-chronology-896e2a7b2f7e. Zugegriffen: 1. Jun. 2021.

Beyvers, E., & Beyvers, S. (2015). Einordnung von Let's Play-Videos aus der Sicht des Urheber-, Jugendschutz- und Strafrechts – Überblick über die relevanten Rechtsfragen und Stand der Diskussion. *Multimedia und Recht,* 794–799.

Brüggemann, L., & Nothelfer, N. (2021). eSport im Fadenkreuz der Sportwettensteuer – Eine Analyse des § 15 RennwLottDV-E, *Sportrecht und E-Sportrecht in der Praxis,* 116–123.

Brüggemann, S. (2015). Urheberrechtlicher Schutz von Computer- und Videospielen. *Computer und Recht,* 697–703.

Bullinger, W., & Czychowski, C. (2011). Digitale Inhalte: Werk und/oder Software? Ein Gedankenspiel am Beispiel von Computerspielen. *Gewerblicher Rechtsschutz und Urheberrecht,* 19–26.

Francken, J. P., Nothelfer, N., & Schlotthauer, P. (2019). Der Arbeitnehmer im professionellen eSport. *Neue Zeitschrift für Arbeitsrecht,* 865–870.

Hentsch, C. H. (2018). Die Urheberrechte der Publisher bei eSport. *Multimedia und Recht-Beilage,* 3–7.

Katko, P., & Maier, T. (2009). Computerspiele – die Filmwerke des 21. Jahrhunderts? *Multimedia und Recht,* 306–311.

Koops, C., & Nothelfer, N. (2021). Der sozialversicherungsrechtliche Status von E-Sportlern. *Neue Zeitschrift für Sozialrecht,* 918–922.

Kreutzer, T. (2007). Computerspiele im System des deutschen Urheberrechts. *Computer und Recht,* 1–7.

Kubiciel, M. (2019). Entwicklung des eSports und Schutz seiner Integrität. *Zeitschrift für Rechtspolitik,* 200–203.

Kurt, S., & Nothelfer, N. (2020). Die Anwendbarkeit des technischen Arbeitsschutzrechts bei spielbezogenen eSport-Tätigkeiten. *Recht der Arbeit,* 211–220.

Lettl, T. (2018). *Urheberrecht.* Beck.

Loewenheim, U. (1987). Der Schutz der kleinen Münze im Urheberrecht. *Gewerblicher Rechtsschutz und Urheberrecht,* 761–769.

Manegold, B., & Czernik, I. (2019). § 94 Schutz des Filmherstellers. In A. Wandtke & W. Bullinger (Hrsg.), *Praxiskommentar Urheberrecht.* C. H. Beck.

Martiny, D. (2021a). Art. 4 Rom I-VO Mangels Rechtswahl anzuwendendes Recht. In J. Säcker, R. Rixecker, & H. Oetker (Hrsg.), *Münchener Kommentar zum Bürgerlichen Gesetzbuch* (Bd. 13). C. H. Beck.
Martiny, D. (2021b). Art. 19 Rom I-VO Gewöhnlicher Aufenthalt. In J. Säcker, R. Rixecker, & H. Oetker (Hrsg.), *Münchener Kommentar zum Bürgerlichen Gesetzbuch* (Bd. 13). München: C. H. Beck.
Maties, M. (2021). § 611a BGB. In M. Benecke (Hrsg.), *beck-online.GROSSKOMMENTAR zum Zivilrecht.* C. H. Beck.
Maties, M., & Nothelfer, N. (2021). Zulässigkeit von Wetten auf eSport-Ereignisse nach deutschem Glücksspielrecht. *Zeitschrift für Wett- und Glücksspielrecht,* 128–137.
Maties, M., & Püschel, S. (2022a). Cheating und Exploiting im eSport (Teil 1). *Sportrecht und E-Sportrecht in der Praxis,* 222–227.
Maties, M., & Püschel, S. (2022b). Cheating und Exploiting im eSport (Teil 2). *Sportrecht und E-Sportrecht in der Praxis,* 306–314.
Nolte, M. (2020). *ESport im Lichte von Sportrecht, Eine Sammlung relevanter Normen und Gesetze.* Kölner Beiträge zum Sportrecht.
Nothelfer, N. (2020a). Das deutsche eSport-Visum (Teil I) – Eine kritische Analyse des § 22 Nr. 5 BeschV. *LEGAL REVOLUTIONary,* 266–276.
Nothelfer, N. (2020b). Das deutsche eSport-Visum (Teil II) – Eine kritische Analyse des § 22 Nr. 5 BeschV. *LEGAL REVOLUTIONary,* 276–283.
Nothelfer, N. (2020c). Germany: Political initiative regarding the non-profit status of esports clubs – Good news or bad news? Connect on Tech (Baker McKenzie). https://www.connectontech.com/2020/07/14/germany-political-initiative-regarding-the-non-profit-status-of-esports-clubs-good-news-or-bad-news/. Zugegriffen: 1. Jun. 2021.
Nothelfer, N. (2021). Die Bundesregierung zur Förderung des eSports in Deutschland – Antwort auf BT-Drs. 19/28730. *Sportrecht und E-Sportrecht in der Praxis,* 124–127.
Nothelfer, N. (2022). *Die Inkorporation des eSports in das deutsche Rechtssystem.* Baden-Baden: Nomos Verlag.
Nothelfer, N., & Petschinka, P. (2021). Das Versäumnis des Gesetzgebers in der Causa eSport und dessen Auswirkungen auf die Praxis. *Sportrecht und E-Sportrecht in der Praxis,* 26–31.
Nothelfer, N., & Schlotthauer, P. (2020). (e)Sport im rechtlichen Sinne und privatrechtliche Beziehungen zwischen Clan und eSportler. In M. Breuer & D. Görlich (Hrsg.), *eSport – Status Quo und Entwicklungspotenziale.* Springer Gabler.
Nothelfer, N., & Scholz, T. (2020). Vom „Killerspiel“ zum Sport?. https://www.faz.net/einspruch/e-sport-vom-killerspiel-zum-sport-16982356.html. Zugegriffen am 21.05.2021.
Nothelfer, N. & Trunk, D. (2022). Die Verletzung der Wettkampfintegrität im eSport durch Umgehen spielinterner Ranking-Systeme. *Sportrecht und E-Sportrecht in der Praxis,* 341–347.
Nothelfer, N., & Wörner, M. (2020). Grenzen der Vertragsgestaltung im eSport am Beispiel des Rechtsstreits Tfue vs. FaZe Clan. In M. Maties (Hrsg.), *eSport-Recht – Politik, Praxis und Wissenschaft im Dialog.* Nomos Verlag.
Oetker, H. (2016). § 618 BGB. In J. von Staudinger (Begr.), *Staudinger BGB – Buch 2; Recht der Schuldverhältnisse: §§ 613a-619a (Dienstvertragsrecht 2).* De Gruyter.
Pfister, B. (2014). Internationales Sportrecht. In J. Fritzweiler, B. Pfister, & T. Summerer (Hrsg.), *Praxishandbuch Sportrecht.* C. H. Beck.
Psczolla, J. (2008). *Onlinespielrecht.* Tectum-Verlag.
Rauda, C. (2013). *Recht der Computerspiele.* C.H. Beck.
Rauda, C. (2019). Urheber-, wettbewerbs- und markenrechtliche Ansprüche gegen Schummelsoftware. *Multimedia und Recht-Beilage,* 20–23.
Röhl, K., & Röhl, C. (2008). *Allgemeine Rechtslehre.* Franz Vahlen.
Rüthers, B., Fischer, C., & Birk, A. (2018). *Rechtstheorie.* Beck.

Schlotthauer, P. (2020). Besonderheiten bei der Gestaltung des eSport-Sponsoringvertrags. In M. Maties (Hrsg.), *eSport-Recht – Politik, Praxis und Wissenschaft im Dialog*. Nomos Verlag.
Schmid, D. (2021a). Datenschutz im eSport (Teil 1). *Sportrecht und E-Sportrecht in der Praxis*, 238–244.
Schmid, D. (2021b). Datenschutz im eSport (Teil 2). *Sportrecht und E-Sportrecht in der Praxis*, 286–293.
Schneider, A. (2018). § 18 Arbeitnehmerbegriff. In H. Kiel et al. (Hrsg.), *Münchener Handbuch zum Arbeitsrecht, Individualarbeitsrecht I*. C. H. Beck.
Schöber, T. (2021), Definitionen und Diskussion: Sport, Gaming und E-Sport. https://www.paidia.de/definitionen-und-diskussion-sport-gaming-und-e-sport/. Zugegriffen: 21. Mai 2021.
Schulze, G. (2018). UrhG § 94 Schutz des Filmherstellers. In T. Dreier (Hrsg.), *Urheberrechtsgesetz*. C. H. Beck.
Schwiering, S., & Zurel, B. (2016). Gaming & Recht – Zwei Bereiche wachsen zusammen! Aktuelle Entwicklungen der Rechtslage und Diskussion. *Multimedia und Recht*, 440–445.
Spickhoff. (2020). Art. 2 Universelle Anwendung. In W. Hau & R. Poseck (Hrsg.), *Beck'scher Online-Kommentar BGB*. C. H. Beck.
Spinner, G. (2020). BGB § 611a Arbeitsvertrag. In J. Säcker et al. (Hrsg.), *Münchener Kommentar zum Bürgerlichen Gesetzbuch* (Bd. 5). C. H. Beck.
Summerer, S. (2014). Internationales Sportrecht. In J. Fritzweiler, B. Pfister, & T. Summerer (Hrsg.), *Praxishandbuch Sportrecht*. C. H. Beck.
Trunk, D. (2022). Die rechtliche Zulässigkeit von Emulatoren im mobilen eSport. *Sportrecht und E-Sportrecht in der Praxis*, 216–221.
Wank, R. (1985). *Die juristische Begriffsbildung*. Beck.
Wank, R. (2017). *Scheinselbständigkeit in Deutschland*. Bertelsmann.
Wendeborn, T., Schulke, H., & Schneider, A. (2018). eSport: Vom Präfix zum Thema für den organisierten Sport!? *German Journal of Exercise and Sport Research*, 451–455.

Dr. Nepomuk Nothelfer (Dipl.-Jur. Univ.) ist Mitgründer der Forschungsstelle für eSport-Recht (Universität Augsburg), des Esports Research Networks und des Wissenschaftsbeirat des eSport-Bund Deutschland. Er ist Herausgeber und Schriftleiter E-Sport der SpoPrax – Zeitschrift für Sport- und E-Sportrecht in der Praxis (Nomos Verlag) und lehrt an verschiedenen (inter-)nationalen Lehreinrichtungen. Er hat zum Thema „Die Inkorporation des eSports in das deutsche Rechtssystem" promoviert und über 30 weitere Publikationen im Bereich eSport-Recht verfasst. Ferner arbeitet er als wissenschaftlicher Mitarbeiter bei der Kanzlei SKW Schwarz Rechtsanwälte und berät darüber hinaus verschiedene Stakeholder aus den Bereichen traditioneller Sport, eSport und Politik (u.a. das Europäische Parlament).Esports Research Network; SKW Schwarz Rechtsanwälte

Dr. Philipp Schlotthauer (Dipl.-Jur. Univ.) ist seit Februar 2024 im Münchner Büro von Baker McKenzie tätig. Er ist dort Mitglied der Praxisgruppe Employment Law. Zuvor war er als wissenschaftlicher Mitarbeiter an der Universität Augsburg an einer Professur für Zivil- und Arbeitsrecht tätig, wo er Vorlesungen hielt und seine Doktorarbeit zum Arbeitnehmerstatus von Mannschafts-eSportlern anfertigte. Er ist außerdem Mitbegründer der Forschungsstelle für eSports-Recht an der Universität Augsburg. Philipp Schlotthauer berät Mandanten auf einem bereiten Spektrum individualarbeitsrechtlicher- und kollektivarbeitsrechtlicher Angelegenheiten. Dazu gehört unter anderem die Gestaltung von Arbeitsverträgen, die Beratung bei Umstrukturierung- und Restrukturierungsmaßnahmen sowie bei der Begründung, Durchführung und Beendigung von Arbeitsverhältnissen. Er ist zudem auf den Beschäftigtendatenschutz spezialisiert.

4 Wettbewerbsorganisation im E-Sports am Beispiel der ESL

Christopher Flato, Eric Rauen und Thomas Mohr

Inhaltsverzeichnis

4.1 Einführung 74
4.2 Die ESL 75
4.3 Vom Sport zum E-Sport 76
4.4 Austragung eines E-Sports Turniers/Liga 84
Literatur 90

Zusammenfassung

Der E-Sport erfreut sich einer immer größer werdenden Community. Prognosen nach zu urteilen wird der Umsatz bis 2025 im E-Sports um rund 1,87 Mrd. US-Dollar weltweit ansteigen. (vgl. Newzoo, 2022) Aus diesem Grund besteht Bedarf den E-Sport und deren Wettbewerbsorganisation genauer zu betrachten, sowie in die komplexe Organisation einen Einblick zu erhalten. Hervorzuheben ist, dass bereits beim Definitionsversuch des Sports ebenso wie beim E-Sport es verschiedene Herangehensweisen gibt und auch im traditionellen Sport das Verständnis von Sport von der Institution abhängt.

Dieser Abschnitt zielt darauf, der Frage nachzugehen, wie sich der E-Sport organisiert, worin unterscheidet sich der traditionelle Sport vom E-Sport und worin gibt es

C. Flato (✉) · E. Rauen
Köln, Deutschland
E-Mail: chris.flato@yellowhouse.gmbh

T. Mohr
Ulm, Deutschland
E-Mail: info@digital-navigator.com

© Der/die Autor(en), exklusiv lizenziert an Springer Fachmedien Wiesbaden GmbH, ein Teil von Springer Nature 2024

A. Löchner und E. Lindner (Hrsg.), *E-Sports-Management*,
https://doi.org/10.1007/978-3-658-43835-7_4

Ähnlichkeiten. Weiterhin soll anhand des Unternehmens ESL als Beispiel das Thema Wettbewerbsorganisation im E-Sport anschaulich erläutert werden.

Festgehalten werden kann, dass es im traditionellen Sport einige Ansätze gibt, die es bei der Wettbewerbsorganisation im E-Sport genauso zu beachten gilt. Wichtig ist aber, dass vor allem der Aspekt der Kommunikation und die verschiedenen Kommunikationskanäle im E-Sports eine große Rolle spielen und nicht vernachlässigt werden dürfen. Ebenso wie die Besonderheiten der Organisation von Events / Turnieren beachtet werden müssen.

4.1 Einführung

Zehntausende Menschen vor Ort in einem ausverkauften Stadion, die Menge feuert ihre Idole an, Millionen verfolgen das Spektakel digital von zu Hause aus. Eine Sportveranstaltung wie sie im Buche steht. Hierbei handelt es sich jedoch nicht um ein Fußballspiel oder die Handballweltmeisterschaft: Tatsächlich befinden wir uns in Köln Deutz in der Lanxess Arena, der Heimat der Kölner Haie. Die Eisböden mussten weichen und an der Nordtribüne hängen zwei erstaunlich große Bildschirme, mehrere kleine runden das technische Wunderwerk ab. Darunter sitzen zehn junge Männer, voll konzentriert. Einem von ihnen gelingt in letzter Minute ein fantastischer Spielzug – die Menge jubelt und applaudiert.

Insgesamt 35.000 Menschen aus der ganzen Welt sind 2022 zur ESL One Cologne in die Medienhauptstadt gereist, einige haben sogar den Weg aus Australien oder Indien auf sich genommen. Zu Spitzenzeiten verfolgten 1,25 Mio. Fans die Turniere per Stream. Die Counter-Strike Weltmeisterschaft ist das Highlight im Jahr für alle Fans des Taktik-Shooters. Der Gewinner nimmt den Mehrheitsanteil der 400.000 US$ Preisgeld mit nach Hause. Die Faszination des E-Sports ist in der digitalen Generation weit verbreitet. Bei den Anhängern handelt es sich um eine größtenteils männliche Zielgruppe mit einem Durchschnittsalter von 26 Jahren, eben jene Generation, die vor rund 15 Jahren einen Teil ihrer Jugend vor Computer oder Konsole verbracht hat. Heutzutage verfolgen sie ihre Idole online oder auf Großevents wie der ESL One Cologne und feuern genau wie Fußballfans ihre Mannschaft im Stadion an. Die Ambition des Veranstalters ESL Gaming: Den Sport der digitalen Generation ausbauen und weiter vorantreiben. Die folgenden Abschnitte sollen einen Einblick hinter die Organisation des weltgrößten E-Sport-Unternehmens geben, die Einordnung in gesellschaftliche Prozesse darlegen und die Umstände zu Planung, Durchführung und Kommunikation rund um die großen Veranstaltungen aufzeigen.

4.2 Die ESL

Die ESL Gaming GmbH ist nach eigenen Angaben das weltweit größte E-Sports-Unternehmen. Seit der Gründung im Jahr 2000 hat ESL Gaming die Branche in den beliebtesten Spielen mit zahlreichen Online- und Offline-Turnieren aufgebaut. Das Unternehmen betreibt hochwertige, gebrandete internationale als auch nationale Ligen und Turniere, wie die Intel® Extreme Masters, ESL One, ESL Pro League, ESL Meisterschaft sowie andere große Wettkämpfe in Stadien auf der ganzen Welt. Darüber hinaus veranstaltet ESL Gaming auch Cups, Ligen und Matchmaking-Systeme auf der Amateur-Ebene, mit dem Ziel die unterschiedlichen Zielgruppen und Leistungsebenen im E-Sports zu bedienen. Mit aktuell über 550 Angestellten verteilt auf mehr als 10 Zweigstellen auf der ganzen Welt, treibt ESL die E-Sport-Branche im globalen Umfang an. ESL Gaming verantwortet seit Oktober 2020 unter anderem auch die DreamHack Gaming Lifestyle-Festivals (vgl. ESL Gaming, 2020). ESL Gaming ist ein Teil der internationalen Unterhaltungsgruppe Modern Times Group (MTG)

4.2.1 Historie

Die ESL (ursprüngliches Akronym für „Electronic Sports League", anfangs noch ESPL) ist der umgangssprachliche Markenname des hauptsächlich in Köln ansässigen E-Sport-Unternehmens ESL Gaming GmbH. Die ursprüngliche Holding Turtle Entertainment GmbH ging im Jahre 2000 aus der 1997 unter anderem vom heutigen Geschäftsführer Ralf Reichert gegründeten Deutschen Clanliga (DeCL) hervor. Mit dem Start der ersten großen Turnierserie im Jahr 2002, den ESL Pro Series, zählt die ESL heutzutage als eine der ältesten Marken in der E-Sports-Branche. Bereits 2003 eröffnete die Zweigstelle in Frankreich als erste globale Expansion. Kurz darauf folgten Büros in England, den USA, Skandinavien sowie Polen.

Analog zur Ausstrahlung im deutschen Fernsehen auf GIGA TV im Jahre 2005, wurde das heute noch aktive ESL Anti-Cheat-System entwickelt, welches seitdem für diverse Ligen und Formate der ESL Anwendung findet. Als Vorreiter für Integrität in der Szene, leistet die ESL seit jeher einen enormen Beitrag zur Bekämpfung von Cheatern und gründete 2015 die Esports Integrity Coalition (ESIC), die sich seit dem branchenweit um Fälle von Doping, Cheating, Wettbewerbsverzerrung und unerlaubten Wetten beschäftigt.

Während die Mitgliederzahlen auf der ESL Website weiterhin rapide ansteigen, fällt auf der Cebit 2007 in Hannover der Startschuss für die Debütveranstaltung der Intel Extreme Masters. Nach der Aufnahme von League of Legends in die IEM 2011, entwickelte sich die Turnierserie rasant zu einer der meistgeschauten E-Sports-Wettkämpfe der Welt und wird über die kommenden Jahre auf vielen verschiedenen Kontinenten zu Gast sein. 2013 findet mit der IEM Katowice das erste Turnier in einem Stadion statt, ein Jahr später folgt bereits die ESL One Frankfurt im Waldstadion. Nach einem großangelegten Rebranding wurde der vollständige Bezug auf die „Electronic Sports League“ abgelegt und fortan nur noch der Markenname ESL verwendet. Hintergrund war, dass die ESL bereits zu diesem Zeitpunkt nicht mehr rein als Liga fungierte, sondern als Veranstalter verschiedener Turniere und Ligen in über 50 Spielen. Dazu gehörten bereits globale Großveranstaltungen wie die Intel Extreme Masters und die ESL One Series.

2015 meldet die ESL Pro League erstmals ein Preisgeld von einer Millionen Euro pro Saison und das Debüt der ESL One Cologne in der Lanxess Arena verzeichnet digital mehr als 27 Mio. Zuschauer insgesamt bei einem Höhepunkt von 1,3 Mio. Menschen, die gleichzeitig eingeschaltet haben. In den darauffolgenden Jahren ist die ESL One Cologne jedes Jahr restlos ausverkauft, währenddessen findet die ESL One Frankfurt nach drei erfolgreichen Jahren ein neues Zuhause in Hamburg. Weitere große Titel wie PUBG und Fortnite werden bei der ESL aufgenommen, darunter auch die ersten kompetitiven Mobile Games.

2019 entschließt sich die ESL, das alte Gewand abzulegen und eine komplette neue CI auf den Markt zu bringen, welche die Werte des Unternehmens verdeutlicht und die strategische Ausrichtung der Marke in der E-Sports-Branche unterstützt. Über 19 Jahre ist ESL gemeinsam mit der Branche gewachsen und hat Ligen und Turniere für Gamer aufgebaut, die mehr Möglichkeiten zur Teilnahme und persönlichen Entwicklung bieten als jeder andere Sport. Das neue Brand Positioning "where everybody can be somebody" reflektiert den Grundgedanken des Unternehmens, welcher bis heute in der DNA der Mitarbeiter verankert ist. Das aktualisierte Markenimage ist eine Metapher für den Weg zum Ziel und über sich selbst herauszuragen. Dies reflektiert sich gleichermaßen für Partner, Spieler und Fans.

Im Oktober 2020 wurde passend zum 20. Firmenjubiläum die Fusion von ESL und der Schwesterfirma DreamHack zur ESL Gaming GmbH durchgeführt – die ehemalige Turtle Entertainment GmbH und alle Tochtergesellschaften (Turtle Entertainment TV, Turtle Esports Technology sowie die interne Vermarktungsgesellschaft 4Media) sind dabei komplett in die neue Firmierung der ESL Gaming GmbH übergegangen. Mehrheitsanteilseigner ist der schwedische Medienkonzern Modern Times Group, welche den Großteil der Unternehmensanteile im Jahre 2015 erwarb. Obwohl die ESL seit mehr als zwanzig Jahren existiert, gilt sie nach wie vor als einer der innovativsten Veranstalter der Welt (vgl. Swayzay, 2020)

4.3 Vom Sport zum E-Sport

> „Seit Beginn des 20. Jahrhunderts hat sich S. zu einem umgangssprachlichen, weltweit gebrauchten Begriff entwickelt. Eine präzise oder gar eindeutige begriffliche Abgrenzung läßt sich deshalb nicht vornehmen“ (Röthig & Prohl, 2021, S. 493)

4.3.1 Traditioneller Sport & Sportarten

Der Versuch den Begriff Sport einheitlich zu definieren wurde bereits seit 1983 mit dem genannten Zitat im Jahr 2003 von den beiden Sportwissenschaftlern Robert Prohl und Peter Röthig als unmöglich dargestellt. Der Deutsche Olympische Sportbund [DOSB] verneint ebenfalls den Anspruch auf eine Sportdefinition, da zu viele gesellschaftliche, politische und ökonomische Faktoren in einen Kontext gebracht werden müssen. (vgl. DOSB, 2018a, S. 1) Dennoch grenzt der DOSB Sportarten per Definition voneinander ab, in dem er Sportarten nationalen Sportverbänden zuordnet. Es werden mehr als 120 verschiedene Sportarten gelistet und Verbänden zugeordnet. Darunter sind weit verbreitete Sportarten wie Fußball, Basketball oder Schwimmen, aber auch exotische Sportarten wie Dart, Schach, Wandern oder Unterwasser-Rugby. (vgl. DOSB, 2019, S. 4 ff.)

Eine Sportart ist gemäß DOSB ein Sportangebot, welches an Regeln gebunden ist und einem Wettkampfsystem unterliegt. Dabei sind Fachverbände für die Ausprägung von Leistungs-, Wettkampf- und Breiten-, Freizeit- und Gesundheitssport verantwortlich. Formen und Angebote können in vereinfachten Regeln, Mannschaftsgrößen oder Spielfeldabmessung abweichen, um sie an verschiedene Zielgruppen anzupassen. (vgl. DOSB, 2019, S. 2) Das Bundesministerium des Innern, für Bau und Heimat [BMI] fördert deutsche Sportverbände und seine Struktur mit jährlichen Fördermitteln. Leistungssportler und Athleten tragen laut BMI für das weltweite Ansehen Deutschlands bei. (vgl. BMI online, 2020, S. 1) Die fließenden Geldmittel und auch die Anerkennung der Förderung von Sport zeigt klar, dass Sport einen wesentlichen Bestandteil der Gesellschaft darstellt. Allerdings stellt sich die Frage, wie eine Sportart definiert werden kann, ohne dass der Sport als solches definiert ist. Aus den vom DOSB bereitgestellten Sportartenlisten kann geschlussfolgert werden, dass Sportarten rein durch ihre Verbandsstruktur definiert werden. Diese Struktur wird durch Landesfachverbände gesichert und im DOSB organisiert. Das Spektrum der genannten Sportarten ist sehr breit gestreut und scheint nicht auf ein gewisses Mindestmaß an körperlicher Aktivität des Sports beschränkt zu sein. Obwohl Dart oder Schach in ihrer körperlich geforderten Aktivität weit vom Fußball oder Unterwasser Rugby entfernt sind, finden sich alle vier genannten Sportarten in der vom DOSB veröffentlichten Sportartenliste.

Als Merkmale für Sport/Sportarten lassen sich also folgende Kriterien ableiten.

Wettkampfstruktur und Regelwerk

Eine Sportart definiert sich durch ein anerkanntes Regelwerk. Die Sportaktivität ist in einem Wettkampf strukturiert, bei der gemäß dem Regelwerk ein Gewinner aus dem Wettkampf hervorkommt.

Verbands und Vereinsstrukturen
Die Sportart muss eine Verbands und Vereinsstruktur vorweisen, die verschiedene Sportaktivitäten anbieten, die vom Profi- über den Amateur bis hin zum Freizeit und Gesundheitssport reicht. Diese müssen vom DOSB und den Landesfachverbänden anerkannt sein.

4.3.2 E-Sport & Sportarten

> „Bis heute gibt es weder einen Konsens darüber, was der Begriff eSport alles umfasst, noch über seine Schreibweise." (Breuer & Görlich, 2020, S. 1).

Grundsätzlich sieht die Literatur nach aktuellem Stand keine einheitliche Definition vor. Während dem E-Sports auf der einen Seite ganz klar Eigenschaften des Sports zugestanden werden, (vgl. DOSB, 2018b, S. 5) sind sich wichtige Institutionen im Sport, wie der Deutsch Olympische Sportbund e. V. (DOSB), nicht einig über eine Definition und Anerkennung des Sports. (vgl. DOSB, 2018b, S. 5) Da die Kontroverse über die Anerkennung den Umfang dieses Kapitels übersteigt, orientiert sich diese Arbeit nach den Kriterien des e-Sport-Bund Deutschland e. V. (ESBD).

Die Diskussion rund um das Thema „elektronischer Sport" oder auch „E-Sport" erregt bis heute riesige Aufmerksamkeit. Als „eine junge, digitale und zukunftsbewegende Sportbewegung [...]" [Jagnow, 2019, S. 10] begeistert das moderne Phänomen Millionen von Menschen. Der ESBD definiert den Begriff als unmittelbaren Wettkampf von menschlichen Spielern auf einer digitalen Plattform unter einem gewissen Regelwerk. (vgl. ESBD, 2020: online) Der ESBD unterscheidet klare Kategorien, die den E-Sport weiter abgrenzt in der Welt der virtuellen Spiele. Der Oberbegriff der Videospiele kann gemäß ESBD in drei weitere Unterkategorien verteilt werden. Die erste Kategorie widmet sich dem freizeitmäßigen Gebrauch von Videospielen, der auch als „Gaming" bezeichnet wird. (vgl. ESBD, 2020: online) Als Beispiel kann die von EA Sports gehaltene Franchise „FIFA" genannt werden, die jedes Jahr weltweit Millionen von Fans mit dem aktuellen FIFA-Spiel begeistert. Kategorie zwei nennt sich „Competitive Gaming", bei dem der Freizeit- und Erholungsaspekt von Videospielen zusätzlich ein wettbewerbsorientierter Aspekt beigesteuert wird. Videospiele werden dann kompetitiv, wenn sie im Mehrspieler Wettbewerb ausgetragen werden. (vgl. ESBD, 2020: online) Auch FIFA kann als Teil dieser Kategorie gesehen werden, da es auch einen kompetitiven Online-Mehrspielermodus gibt. FIFA20 hatte bereits 20 Wochen nach Veröffentlichung 10 Mio. registrierte Nutzer mit 450 Mio. gespielten Matches für den Online-Mehrspielermodus. (vgl. Businesswire.com, 2019: online) Die letzte Kategorie gemäß der ESBD Definition ist der „E-Sport" selbst, bei dem der kompetitive Faktor viel stärker im Fokus steht und von einem sportlichen Gebrauch eines Videospiels gesprochen werden kann. Die Freizeitorientierung rückt dabei in den Hintergrund, da das Videospiel zur Profession wird. (vgl. ESBD, 2020: online) Auch in der letzten Kategorie ist FIFA vertreten mit einer von der Deutschen Fußball

Liga (DFL) initiierten „Virtual Bundesliga". In der Saison 20/21 treten bereits 22 Profi-clubs aus der Deutschen Bundesliga für Fußball auch mit einem E-Sports Team in der Virtual Bundesliga gegeneinander an. (vgl. dfl.de: online)

Damit sich aus einem Videospiel ein E-Sports Titel entwickelt, bedarf es verschiedener Merkmale.

Wettkampf

Menschen treten gegen Menschen gleichzeitig in einem Wettkampf an. Dabei werden keine computergesteuerten Einflussfaktoren berücksichtigt, die im Sprachgebrauch als sogenannten „Bots" auftreten. (vgl. ESBD, 2018, S. 5)

Sportliche Leistung

Die sportliche Leistung wird durch die motorische Steuerung vom Eingabegerät, der Reaktionszeit auf Spielinhalt bzw. der Situation und der gedanklichen Beherrschung des Spielablaufs definiert. Gaming wird erst dann zum E-Sports, wenn die körperliche und geistige Ebene des Spielers im Spiel Höchstleistungen erfordern. Dazu gehört einerseits eine außerordentliche Präzision mit den Eingabegeräten, sowie die Beherrschung des Spielgeschehens. Die eigenmotorische Bewegung geht dabei weit über die alltäglichen und üblichen Tastatur- oder Controller Bewegungen hinaus. (vgl. ESBD, 2018, S. 5)

Geistige / Soziale Ebene

Der Spieler steht auf geistiger und sozialer Ebene ebenfalls unter Leistungsdruck. Taktisches Denken, Entscheidungsdruck und kommunikative Fähigkeiten sind entscheidende Faktoren für ein gutes Teamwork.

4.3.3 Sportarten im E-Sport

Videospiele unterscheiden sich in Spielmechaniken, was zu einem diversifizierten Netzwerk an Kategorien führt. (vgl. ESBD, 2018, S. 4) Wie beim Definitionsversuch, gibt es auch bei den verschiedenen Arten für E-Sport keinen Konsens. Das liegt unter anderem auch an der andauernden Weiterentwicklung von Videospielen. (vgl. Breuer & Görlich, 2020, S. 10) Die Szene wird stark geprägt von technologischen Entwicklungen wie dem Internet (vgl. Breuer & Görlich, 2020, S. 8) und immer weiter optimierten Hardwareressourcen von Computern und Konsolen. Dementsprechend finden sich Kategorisierungen mit wenigen großen Oberkategorien bis hin zu sehr komplexen Aufspaltungen mit weit über 50 Sportarten.

Abb. 4.1 und Abb. 4.2 zeigt zwei unterschiedliche Ansätze Sportarten im E-Sport und dem wettkampfmäßigen Gaming zu kategorisieren.

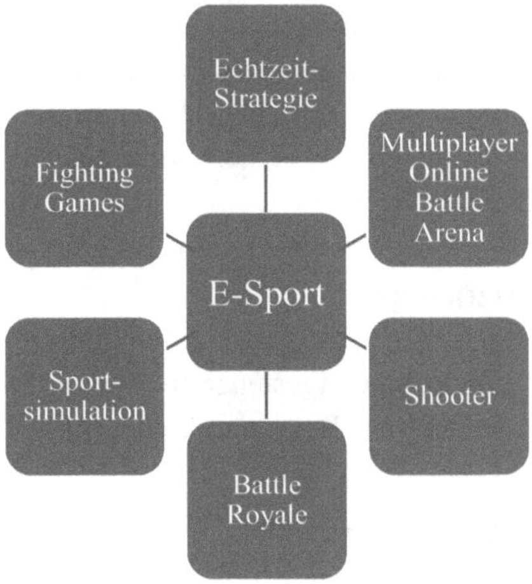

Abb. 4.1 Eigene Abbildung

In Abb. 4.1 werden E-Sport Sportarten in fünf große Oberkategorien unterteilt. Ziel ist es, die die Komplexität der Branche zu vereinfachen. Dabei wird Fokus auf grundsätzliche Unterschiede in den Spielmechaniken gelegt.

Echtzeit Strategie / Real Time Strategy [RTS]

RTS Games sind Strategiespiele, die nicht auf einer rundenbasierten Spielmechanik basieren. Teams oder Spieler interagieren gleichzeitig im Spiel und treten gegeneinander an. Dabei geht es um den strategischen Aufbau und die Verwaltung von Armeen, mit denen sich die Teams gegeneinander bekämpfen. (vgl. Breuer & Görlich, 2020, S. 10) Neben Ressourcenmanagement, sind auch die taktische Planung von Angriffs- oder Verteidigungsstrategien von besonderer Bedeutung. Klassische Beispiele für RTS Games sind Starcraft oder Warcraft III.

Multiplayer Online Battle Arena [MOBA]

Multiplayer Online Battle Arena [MOBA] Games entwickelte sich als Abspaltung der RTS Games und genießt mit die größte Beliebtheit in der derzeitigen E-Sports-Szene. (vgl. Sciberras, 2020: online) Das Grundprinzip der MOBA Games besteht aus zwei Teams mit jeweils fünf Spielern, die gleichzeitig gegeneinander antreten. Jeder Spieler steuert einen Charakter im Team (vgl. Breuer & Görlich, 2020, S. 11), was somit MOBA Games von RTS abgrenzt. Die Karte, welche auch Arena genannt wird, ist symmetrisch aufgebaut und dient als Schauplatz der Kämpfe. Im Gegensatz zu RTS Games werden keine strategischen Aufbauelemente integriert. Der Fokus liegt auf der Steuerung des einzelnen Charakters jedes Teammitglieds. Aus diesem Grund werden MOBA Games auch als Action RTS Games bezeichnet. (vgl. Breuer & Görlich, 2020, S. 11) Games wie League of Legends und Dota2 haben sich in der E-Sports-Szene fest etabliert und gehören zu den größten Events, die das Ökosystem E-Sports zu bieten hat. (vgl. Citi GPS, 2019, S. 73)

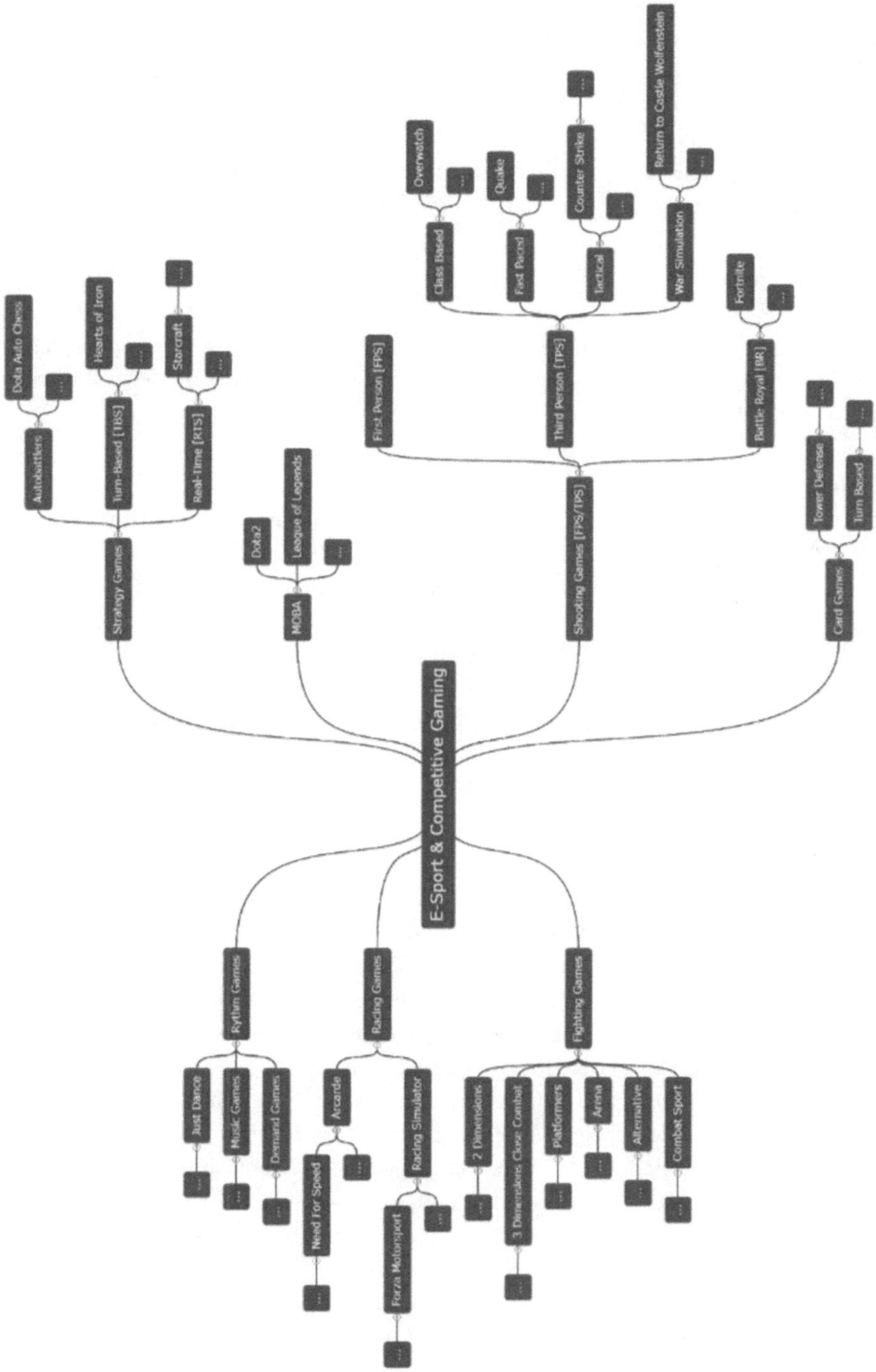

Abb. 4.2 Eigene Abbildung gemäß Nico Besombes (vgl. Besombes, 2019: online)

Shooter

Shooter Games werden weiter kategorisiert in Third- und First Person Shooter. Dabei ändert sich lediglich die Perspektive des Spielers im Spiel. Spielmechaniken verfolgen je nach Titel unterschiedliche Ziele, wie z. B. die Eliminierung des Gegner Teams oder die Verteidigung von Bereichen. Als Beispiel lässt sich die Spielreihe Counter Strike nennen, welche ebenfalls eine sehr professionelle E-Sports-Kultur entwickelt hat und weltweit mit zu den größten Veranstaltungen im E-Sport gehört. (vgl. Citi GPS, 2019, S. 73)

Battle Royale Games

In der Shooter Kategorie bildete sich eine neue Kategorie heraus, die sich mittlerweile im E-Sports noch eingeordnet hat. Die Battle Royal Games wie „Fortnite“ oder „Player Unknown's Battleground“ erobern die Game Charts und haben sich mittlerweile in der E-Sports-Szene etabliert.

Sportsimulationen

Die bereits erwähnte Spielreihe FIFA gehört unter die Kategorie der Sportsimulationen. Dabei liegt der Fokus auf der realitätsnahen Simulation von traditionellen Sportarten. Auch Rennspiele fallen unter diese Kategorie. Diese Kategorie gehört zu den, für E-Sports Verhältnisse älteren Kategorien, welche sie nicht weniger beliebt macht. Games wie Madden NFL, FIFA oder NBA 2 K werden jährlich neu aufgelegt, um technische Entwicklungen der Software sowie aktuellen Daten (Teams, Tabellen, Vereine etc.) der Sportart zu integrieren. (vgl. Breuer & Görlich, 2020, S. 10) Gerade die Verbindung zu den traditionellen Sportarten lässt vermuten, dass die Beliebtheit dieses Genres dazu beiträgt, E-Sports für die breite Masse zu öffnen.

Fighting Games

Das letzte Genre widmet sich den sogenannten Fighting Games, welche auch als Kampf oder Actionspiele bezeichnet werden. Zwei Spieler treten in einer limitierten Karte gegeneinander an und versuchen sich in einer in mehreren Runden mit klassischen Kampfaktionen zu besiegen. Diese Sportart hat eine längere Historie und wurde schon weit vor der 3D-Grafik für die breite Masse bekannt mit Titeln wie Street Fighter [1987], Mortal Kombat[1992] oder Tekken [1995]. (vgl. Breuer & Görlich, 2020, S. 10)

Abb. 4.2 versucht E-Spots und Competitive Gaming in einer sehr detaillierten Übersicht zu diversifizieren. Die gezeigte Abbildung veranschaulicht nur einen Teil der Mind Map. Eine vollständige Mindmap befindet sich im Anhang. Die auch vom ESBD aufgegriffene Diversifizierung laut Nico Besombe zeigt, dass die Linie zwischen verschiedenen Videospielen noch nicht klar gezogen ist und sich in einem ständigen Wandel befindet.

Neben den aus Abb. 4.1 genannten Kategorien, finden sich hier auch Spielgenre wie „Rythm Games“ oder „Card Games“. Nicht all diese Genres haben einen professionellen E-Sports-Charakter, können aber trotzdem als Competitive Games viele Menschen begeistern.

Es lässt sich zusammenfassen, dass E-Sport eigene Sportarten entwickelt. Diese haben unterschiedliche Einflüsse wie technische Entwicklung oder grundlegende unterschiedliche Spielmechaniken. Sportarten können nochmal Unterkategorien bilden, wie z. B. First Person oder Third Person Shooter. Das zeigt vor allem die Komplexität und Herausforderung Gaming in einen klassischen sportlichen Charakter einzuordnen, obwohl die Grundsätze mit dem traditionellen Sport übereinstimmen. Ballsportarten grenzen sich klar von Laufsportarten ab und bilden ihr eigenes Regelwerk und Standards. Diese sind ebenfalls von deren Mechaniken abhängig und neue Sportarten entstehen mit der Zeit.

4.3.4 Integrität im Sport & E-Sport

„Die Integrität des Sports ist unser höchstes Gut.“ (DOSB: online)

Um einen Sport in einem Turnier oder einer Liga zu betreiben, bedarf es neben den obigen Merkmalen auch der Integrität in der Sportaktivität. Diese ist Voraussetzung und Grundlage eines sportlichen Wettbewerbs und unterliegt den Prinzipien von Fairness und Chancengleichheit. (vgl. BISP, 2021: online) In der Rechtssprache ist Integrität auch als Unverletzlichkeit beschrieben. Es müssen z. B. Staaten die Integrität eines Staatsgebiets anerkennen, um als solche zu existieren. (vgl. Duden, 2021: online)

In der Welt des Sports gibt es verschiedene Faktoren der Integrität. Darunter zählen Spielmanipulation, Wettbetrug, Korruption und verschiedene Formen von Gewalt. All diese Faktoren spielen eine Rolle, um einen Wettbewerb auf Fairness und Chancengleichheit zu prüfen. Ohne Integrität fehlt jegliche Anerkennung des Sports für Athleten und auch die Gesellschaft. (vgl. BISP, 2020: online) Aus diesem Grund muss das Regelwerk der Sportart alle Voraussetzungen definieren, um die Sportaktivität ordentlich auszuführen. Sind die Fußballfelder oder dessen Tore unterschiedlich groß, kann keine Integrität gewährleistet werden. Wurde der Schiedsrichter vor dem Spiel von einem der Teams korrumpiert, kann kein Team fair gewinnen. Ist einer der Sportler gedopt, ist das unfair für alle anderen Teilnehmer. Nach diesem Prinzip müssen jedes Spiel und jede Entscheidung geprüft und anerkannt werden.

Die FIFA hat dafür beispielsweise eine eigene Abteilung für Integrität, welche die FIFA-Integritäts-Initiative in die Welt gerufen hat. Diese soll die Integrität für Athleten, Vereine und Ligen unter allen Umständen gewährleisten. (vgl. FIFA, 2021: online) Auch die National Football League (NFL) schreibt Integrität im Sport groß und beschreibt „sportsmanship" als den Kern des Spiels. (vgl. National Football League, 2021: online)

Übersetzt man die genannten Formen der Integrität auf die Welt des E-Sports, gelten alle Regelungen und Werte ebenfalls. So müssen während eines Matches die Bedingungen für alle Spieler und Teams zu jederzeit gleich sein. Spielmanipulation, Wettbetrug, Korruption oder Gewalt können auch hier nicht akzeptiert und toleriert werden. Die Rahmenbedingungen im E-Sports sind also die gleichen. Allerdings unterscheiden sich die

Voraussetzungen im Vergleich zum traditionellen Sport, da die Aktivität über ein Eingabegerät wie z. B. einen Computer oder eine Konsole erfolgt. Die Teams müssen also auf derselben Hardware spielen. Dabei sollten allen Komponenten Baugleich sein, sodass kein Vorteil durch eine bessere Grafikkarte oder einen schnelleren Prozessor entstehen kann. Auch die Internetverbindung ist elementar und muss konstant überprüft werden. Eine Besonderheit der Spielmanipulation im E-Sport kann durch sogenanntes „Cheating" hervorgerufen werden. Durch die Nutzung von zusätzlicher Software können sensible Information abgerufen werden, die einem Team einen Vorteil gibt. Dementsprechend muss nicht nur die Hardware und Internetverbindung, sondern auch die Software eines jeden Spielers kontrolliert werden.

4.4 Austragung eines E-Sports Turniers/Liga

4.4.1 Veranstaltung

In der Praxis steht man hier vor vielen Herausforderungen wie auch bei traditionellen Events. Ähnlich wie beispielsweise beim Fußball müssen verschiedene Ligen miteinander sprechen und beispielsweise Terminabsprachen führen – wann kann also welches Event stattfinden. Dazu müssen die verschiedenen Anbieter mit z. B. den Spieleherstellern kommunizieren, um zu klären, dass deren Events nicht mit anderen kollidieren. Dabei ist es eine große Aufgabe die verschiedenen „competitors" in einem Jahresplan unterzubringen und gleichzeitig z. B. „Playerbreaks" einzuhalten.

Dies muss dann für jedes individuelle Ecosystem also verschiedene Online Games (z. B. CS:GO, Dota2, League of Legends usw.) gemacht werden. Teilweise gibt es sogar Events, welche verschiedene Games beispielsweise an einem Wochenende in verschiedenen Ligen abdecken. Dies bedarf nicht nur strenger Strukturierung, sondern auch dem permanenten Austausch und Absprache mit Hersteller und anderen Anbietern.

Planung, Organisation und Umsetzung

Die Planung eines Events beginnt in dem Moment, indem entschieden wurde, wann etwas stattfinden soll und vor allem wo. Sobald diese Parameter geklärt sind, kann das Projektteam in Absprache mit dem Produktteam seiner Arbeit nachkommen und sich den wesentlichen Fragen stellen, nämlich welche verschiedenen Departments involviert werden müssen. Dies bedeutet neben der Venue Akquise auch Hotels oder z. B. Shuttle-Firmen. Gerade im E-Sports ist die Internet-Infrastruktur ein wesentlicher Bestandteil eines Events, sodass genau diese Abteilung von Anfang an mit einbezogen werden muss, damit garantiert werden kann, dass eine Online-Competition stets ohne Ausfall aufrecht erhalten werden kann. Darüber hinaus müssen teilweise bis zu 200 Spieler aus verschiedensten Ländern der Welt an einen Ort gebracht werden, worum sich das Travel Department kümmert. In Zusammenarbeit mit dem Player Management werden Flüge in Absprache mit den jeweiligen Teams/Spielern gebucht und für einen reibungslosen Transport zu den jeweiligen Hotels gesorgt. Vor Ort kümmert sich auch dieses Player Management Team darum, dass es den Spielern an nichts fehlt und sie rechtzeitig und pünktlich an der richtigen Stelle sind. Das alles bedarf einer detaillierten Vorbereitung durch alle Stakeholder. Dafür trifft man sich regelmäßig (1–2 mal pro Woche) für eine Stunde, um gegenseitige Updates zu geben. Das Projektteam ist hier, neben der Erfassung aller Kosten und Einhaltung der Budgetvorgaben, dafür zuständig alle Departments miteinander zu vereinen und trägt Sorge, dass Arbeitsprozesse problemlos ineinander übergreifen können und eingehalten werden. Darüber hinaus plant das Projektteam Kernelemente einer Veranstaltung wie zum Beispiel die Sicherheit für die Spieler, Crew und auch den tausenden Fans vor Ort. Ebenfalls ist die Bühne und die Optik ein großer Bestandteil der Arbeit natürlich in Abstimmung mit dem TV-Departement, damit im Broadcast alles gut aussieht. Hinzukommen verschiedene Sales-Faktoren, die in die Show/das Event integriert werden müssen wie zum Beispiel eine Logointegration im Stream, aber auch vor Ort. Neben dem Online-Stream sorgt das TV-Department aber auch dafür, dass alle Eindrücke in einer Arena eingefangen werden. Hierfür werden dutzende Kameras mit verschiedenen Blickwinkeln aufgebaut. Hinter den Kulissen sitzt der Producer mit seinen Assistants und fängt die ganzen Bilder ein und entscheidet, wann was (sowohl in den Eventlocations als auch im Stream) gezeigt werden soll.

Darüber hinaus gibt es ein großes Team, das stetig allen Abteilungen zuarbeitet und wie bei „normalen" Events dafür sorgt, dass jederzeit jegliche Arbeitsabläufe eingehalten werden können und Gäste und Mitarbeiter gleichermaßen glücklich gemacht werden.

Show

Um das Turnier in eine Show zu verwandeln, sprich um den Zuschauern in einer Arena, aber auch im Stream, eine gewisse Darbietung leisten zu können, werden auch im E-Sports die bekannten Hilfsmittel angewendet. Zum Beispiel werden die Spieler der Teams, die tatsächlich auf der Bühne sind, mit Spots, Fahnen und Entourage auf deren Weg begleitet, um die Inszenierung perfekt zu machen. Darüber hinaus gibt es mittels Pyrotechnik (Flammen auf der Bühne oder CO2-Kanonen bis Konfetti) auch verschiedene Showacts, die nicht unmittelbar mit dem E-Sports in Verbindung gebracht werden, aber auf der Bühne präsentiert werden, um die Zuschauer zu fesseln und ihnen eine rundum gute Show zu bieten. Darüber hinaus werden gerade die Momente eines jeden Finales hervorgehoben und mit vielen der oben genannten Nebeneffekte geschmückt.

Gerade im E-Sport ist es sehr wichtig, dass der Zuschauer jedes Detail des Spiels zu jeder Zeit genau sehen kann. Da hier der Fan in der Arena im Vordergrund steht, werden meist große Leinwände oder LED-Wände benutzt, um zu gewährleisten, dass jederzeit dem Spielverlauf gefolgt werden kann. Im Vorfeld treffen sich dazu das Projekt und Design Team, um in einer virtuellen Ansicht der Arenen genau zu eruieren, welche Sichtverhältnisse wo gegeben sind, damit im fertigen Bau „jeder alles sehen kann".

4.4.2 Globale Integrationen

Analog zum traditionellen Sport bietet auch die Übertragung eines E-Sport-Turniers viele Möglichkeiten zur Integration von Partnern. Neben klassischen endemischen Vertretern wie Intel, Acer und anderen Soft- und Hardware-Herstellern, kann man seit 2015 auch einen vermehrten Anstieg an nicht-endemischen Marken beobachten (vgl. Rehm, 2017). Viele globale Marken aus der Automobilindustrie, Logistik oder Telekommunikation sind mittlerweile bekannte Größen innerhalb des Marktes. Besonders signifikant und prägend für die Branche waren beispielsweise die Engagements von Mercedes-Benz, DHL, Vodafone, Telekom, oder McDonald's. Die Aktivierung von DHL wurde seitens der Fachpresse sogar als „most memorable esports sponsorship ever" (Stubbs, 2019) bezeichnet, als das Publikum vor Ort in Birmingham bei einem Dota 2 Turnier schließlich in DHL-Jubel ausbrach. Ein junger, sehr klar definierter Wachstumsmarkt und ein rundum starker ROI haben zur Folge, dass sich mittlerweile Unternehmen aus den unterschiedlichsten Branchen im E-Sports wiederfinden. Darüber hinaus sieht das kaufstarke Publikum die Sponsoren nicht als lästige Werbetreiber, wie es häufig im traditionellen Sportumfeld der Fall ist, sondern als Unterstützer ihrer Sportart. Eine Studie von McKinsey aus dem Jahre 2020 konstatiert dazu: „Auch die Wahrnehmung von Marken im E-Sport-Sponsoring hat sich geändert: Ein Drittel der Befragten bewertet Sponsoring positiv, 41 % urteilen neutral. Lediglich 5 % sehen E-Sport-Sponsorings negativ." (vgl. McKinsey 20.020). Diese E-Sport-Fans bewegen sich grundsätzlich sehr selbstbewusst im Web 2.0 und diskutieren auf verschiedenen Onlineplattformen über die Auftritte ihrer Lieblingsteams und die neuesten Veränderungen der Ligen. Im Vergleich zu traditionellen Sportarten haben E-Sport-Fans diverse Möglichkeiten, ihren Idolen auch abseits von öffentlichen Trainings, den Partien und Veranstaltungen nahe zu sein. Neben den Sozialen Medien hat insbesondere die ständige Entwicklung im digitalen Streamingbereich einen großen Anstieg dieser Nähe zur Community zu verantworten. Denn neben den üblichen Inhalten auf Social Media, bekommen Fans von E-Sportlern so die Möglichkeit, ihrem Idol wahrhaftig über die Schulter zu schauen.

Den Streamenden bieten sich hier unterschiedliche Möglichkeiten zur Einbindung ihres Publikums. Viele der populären E-Sportler binden die Fans durch ihre Persönlichkeit und ihre signifikante, emotionale Marke an sich. Diskussionen über Updates zum Spiel, ein längerer Kommentar zu aktuellen Ereignissen in der Community oder auch gemeinsame Partien mit den Zuschauern sind für viele Spiele mittlerweile nicht mehr aus ihrem Portfolio wegzudenken. Kanäle wie Twitch oder YouTube unterstützen die Creator, indem sie einen direkten Draht zur Zielgruppe herstellen und eine Interaktionsmöglichkeit etablieren, die es in klassischen Kommunikationsformen bisher nicht gab. Das Sender-Empfänger-Prinzip aus altbekannten Kommunikationskanälen wird aufgeweicht und ein moderierter Dialog entsteht. Durch diese Chancen entstehen auch Risiken. Virale „Shitstorms", negative Kommentare oder gläserne Persönlichkeiten können die Folge sein.

4.4.3 Kommunikation

Über knapp 25 Jahre lang hat sich der E-Sport global unaufhörlich entwickelt, von kleinen Turnieren auf LAN-Parties über Veranstaltungen in Internetcafés mit 50 Zuschauern bis zu unzähligen nationalen Meisterschaften und international relevanten Großveranstaltungen. Preisgelder in Millionenhöhe winken den Gewinnern in diversen Disziplinen, globale Marken aus der Automobilindustrie, Logistik oder Telekommunikation sind bekannte Größen innerhalb des Marktes. Der Gaming- und E-Sport-Markt boomt. Ersterer erzielt sogar deutlich mehr Umsatz als die Musik- und Filmindustrie zusammen. (vgl. Bocksch, 2020). Trotzdem geht das Thema an den Menschen, die sich nicht explizit damit beschäftigen weitestgehend vorbei. Der Frage, welche hierbei geklärt werden sollte, woran liegt es, dass dieses große Geschäftsfeld an so vielen Menschen vorbei geht?

Zunächst sei gesagt, dass im Sport natürlich jeder unterschiedliche Interessen verfolgt: Was für den einen sehenswert ist, kann für den nächsten vollkommen langweilig sein. Manche Menschen haben kein Interesse an Sportübertragungen. Die Differenz zwischen Sport und E-Sport liegt allerdings deutlich tiefer, denn hier geht es nicht nur um persönliche Vorlieben. Der naheliegende Unterschied ist definitiv Generationenwechsel zwischen digital Natives und digital Immigrants. Die meisten E-Sport-Enthusiasten und -Fans haben ein Alter von höchstens 40 bis 45 Jahren. Bei ungefähr 45 Jahren kann man von der Generation 0 sprechen: Diese Generation war damals der Vorreiter bei den ersten Spielekonsolen. Alle älteren Generationen haben wenig bis kaum Berührungspunkte mit dem digitalen Sport oder mit Gaming an sich. Diese Gruppe kommt dann nur über sekundäre Interessenten wie beispielsweise Medien oder jüngere Verwandten mit E-Sport in den Kontakt. Der Altersdurchschnitt der deutschen Bevölkerung liegt aktuell bei rund 50 Jahren. Das hat zur Folge, dass gerade in den Mainstream-Medien weitaus weniger über E-Sport berichtet wird. Die Branche selbst ist aufgrund ihrer Zielgruppe und Medienplattformen ein Kind des Internets und wird es auch immer bleiben. Entsprechend bewegen sich eher Millennials, Generation Z und alle nachfolgenden Generationen in den Communities. Da diese Zielgruppen sich größtenteils über Smartphone und das Internet informieren und austauschen, sind klassische Kanäle wie TV, Radio und Print eher sekundär. Die Marktforschungsplattform Newzoo erklärt die Generation von Anfang bis Mitte 20 zur generellen Zielgruppe „Of all the respondents, the 21–25 age group were most likely to be Esports Enthusiasts" (vgl. Bosman, 2021).

Ein weiterer Aspekt des E-Sport-Marktes ist die Komplexität vieler E-Sport-Titel. Selbst jüngere Menschen mit einer entsprechenden Affinität zum Gaming können vielen Spieletiteln nichts abgewinnen. Nicht unbedingt, weil diese nicht ansprechend wären, sondern weil viele eine sehr hohe Einstiegshürde besitzen. Wenn man dieses Spiel also nicht selbst gespielt hat, ist es sehr unwahrscheinlich, dass man als Zuschauer viel versteht. Da haben es viele traditionelle Sportarten wie Fußball oder Handball sicherlich generell etwas leichter. Allerdings gibt es auch dort einige Beispiele wie Cricket, die man ohne Vorwissen nicht genießen kann.

Brand Positionierung und Emotionalisierung

Bevor eventuelle Zielgruppen und Kanäle feststehen und bereits die ersten Tweets formuliert werden, müssen natürlich in erster Linie die Kommunikationsstrategie und deren eigentlicher Sinn formuliert werden. Am Beispiel ESL Gaming stehen hier insbesondere das Brand Positioning „where everybody can be somebody" sowie die Vision „from Zero to Hero" im Vordergrund (vgl. ESL Gaming, 2019b). Beide Ansätze veranschaulichen, dass im E-Sports jeder eine reelle Chance hat, unabhängig vom Geschlecht, Herkunft, oder möglichen Einschränkungen. Dieses Merkmal stellt einen wertvollen Vorteil gegenüber dem traditionellen Sports dar, welcher häufig aufgrund von physischen Merkmalen die Geschlechter trennt und grundsätzlich lokal angesiedelt ist. E-Sports vereint über alle physischen und mentalen Grenzen hinweg und ESL Gaming verarbeitet diese Tatsache in allen kommunikativen Assets. Darüber hinaus wurde auch das Produktportfolio diesen Leitsätzen angepasst. Angefangen bei der Grassroot Plattform ESL Play, kann man sich über die National Championships bis hin in die großen Formate wie die ESL One, Intel Extreme Masters oder ESL Pro Leaguen spielen. Das in 2019 eingeführte Dachformat „ESL Pro Tour" (vgl. ESL Gaming, 2019a) vereint alle bis dato unabhängig voneinander gewachsenen Produkte und zeigt Fans, Partnern und Spielen einen klaren Weg sowie ein übergeordnetes Narrativ für eine gesamte Spieldisziplin. Weiterhin wurde die Struktur der Offline-Turniere dahingehend verändert, dass diese mittlerweile zwei Wochen lang stattfinden sollten. Dadurch sollte ausreichend Vorlauf für ein gelungenes Storybuilding sowie ein großzügiges Zeitfenster für mehr Spielraum der Protagonisten geschaffen werden. Bedauerlicherweise hat diese Neuerung aufgrund der globalen Pandemie bisher noch nicht stattgefunden.

Kommunikationskanäle

Jeder Pressereferent denkt hier in erster Linie an die Pressemitteilung. Das mag für einige Märkte auch tatsächlich noch das effektivste Mittel zur externen Kommunikation sein, allerdings ist im digitalen Zeitalter kein Unternehmen mehr auf die Schleusen der Redaktionen angewiesen. Allerdings sollte bei jeder Ankündigung die Auswahl der Kommunikationskanäle geprüft werden, um auf der einen Seite zwar eine maximale Reichweite zu erzielen. Auf der anderen Seite muss vermieden werden, dass die Mitteilungen nur als Spam wahrgenommen werden. Hieraus ergeben sich mehrere organische und natürliche „earned media"-Kanäle, welche durch zusätzliche „paid media"-Optionen eine vergrößerte Reichweite erlangen könnten.

Durch Präsenz des Unternehmens auf Social Media kann ein direkter Kommunikationskanal zu einer Zielgruppe aufgebaut werden. Alle globalen Unternehmen sowie viele Journalisten und politische Weltführer nutzen heute vermehrt diese Kanäle, um ihre Ankündigungen und Meinungen unzensiert und unverzerrt verbreiten zu können. Für ein Unternehmen ergibt sich hier eine einzigartige Chance, direkt mit ihren Kunden zu kommunizieren. Hier besteht immer die Möglichkeit, die Reichweite durch finanzielle Mittel zu vergrößern.

E-Sport-Inhalte werden größtenteils auf Online-Streamingportalen wie Twitch, YouTube, Facebook und anderen Plattformen übertragen. Durch die einzigartige Natur des Produktes finden sich viele Kommunikationselemente in dem Broadcast wieder, es gibt sogar Wechselwirkungen zwischen der Kommentarfunktion, Social Media und dem Stream selbst. Die Menschen vor Ort sind mit den Zuschauern durch die sozialen Netzwerke verbunden und agieren quasi selbst als Kommunikator. Das birgt ungeheures Potenzial, bringt allerdings auch sehr große Herausforderungen mit sich. Darüber hinaus werden heutzutage auch viele Turniere regional übertragen. Die ESL One Cologne wird beispielsweise in 20 Sprachen übertragen und auf ungefähr 30 Plattformen gesendet, sowohl digital als auch linear.

Der bereits erwähnte Klassiker ist die altbewährte Pressemitteilung und die Beziehungen zu Pressevertretern. In Ländern mit einer hohen Printdichte wie in Deutschland immer noch sehr gefragt, allerdings sollten auch hier die Journalisten persönlich angesprochen werden. Die Zeiten des Presseverteilers mit 500 Kontakten sind vorbei, Pressemitteilungen und Newsletter werden mittlerweile zu inflationär verschickt. Am besten eignet sich hier der persönliche Kontakt mit zusätzlichen digitalen Verbreitungsoptionen wie LinkedIn oder Twitter. Die Möglichkeit, für Interviews und für andere Ankündigungen auf die Presse zurückzugreifen, kann sowohl sehr positiv als auch sehr negativ ausfallen. Als positiv gilt die Bestätigung eines Themas durch eine dritte Partei, gerade wenn es sich um ein seriöses Magazin oder ein renommiertes TV-Format handelt. Selbst in Zeiten, in denen der Qualitäts-Journalismus hart auf die Probe gestellt und vielerorts hinterfragt wird, hat der Presse-Stempel immer noch einen positiven Nachklang. Es kann jedoch ebenso Negativschlagzeilen hageln, gerade wenn es um ein kritisches Thema geht. Die Faustformel „Only bad news is good news" hat sich leider nach wie vor bewährt, gerade weil diese Art der Geschichten meist mehr Aufmerksamkeit auf sich ziehen.

Ein globales Phänomen

Obwohl der Charme des E-Sports in der Internationalität und dem grenzübergreifenden Enthusiasmus liegt, sind lokale Themen so wichtig wie nie zuvor. Regionale Formate sorgen für wichtigen Nachwuchs und überbrücken einen wichtigen Abschnitt von der Semi-Professionalität bis hin in das Top-Niveau der Disziplinen. Mit einer lokalen und treuen Fangemeinde im Rücken lässt sich diese Herausforderung für viele Athleten bewusster bewältigen und hilft bei wichtigen Entscheidungen für die zukünftige, sportliche Karriere. Darüber hinaus sind politische Einbindungen ebenfalls sehr regional beschränkt, weil diese natürlich in erster Linie ihre entsprechenden Wahlkreise vertreten. Der Leitsatz „think globally, act locally" ergibt daher auch bei der Kommunikationsstrategie Sinn. Lokale Medienkontakte sind wichtig, um Land und Leute abzuholen, die bisher möglicherweise noch nicht mit der Branche in Berührung gekommen sind. In Deutschland hatten Gaming im Allgemeinen und E-Sport im Besonderen zum Beispiel sehr große Hürden zu nehmen. Die Amoklauf- und Killerspieldebatten vor einigen Jahren bezeugen dies. Ein neues brisantes Thema beim Gaming ist der Suchtfaktor von Spielen. Für diese lokalen Themen arbeitet die ESL mit Universitäten, Politikern, Elternverbänden oder beispielsweise der

USK zusammen, um passende Kampagnen umzusetzen, Workshops zu veranstalten und Interessenten zu informieren. Am Ende hat E-Sport das Gaming sozialisiert. Das Stigmata des Gamers, der zu Hause sitzt und keine Freunde hat, war schon immer überholt, aber heutzutage erst recht. Diesen Umstand der Gesellschaft aufzuzeigen, ist eine der Hauptaufgaben der ESL Ones, Intel Extreme Masters und ESL Pro Leagues dieser Welt. Sie dienen als Leuchtturm-Veranstaltungen mit enormer Strahlkraft, welche die abstrakte Online-Welt real und anschaulicher werden lassen. Nur so kann weiter die Sichtbarkeit des E-Sports verbessert werden und den Athleten die Bühne gebaut werden, die sie verdienen.

Literatur

Besombes, N. (2019). Esports & competitive games by genre – Nico Besombes, medium. https://medium.com/@nicolas.besombes/esports-competitive-games-by-genre-61fcaf9c6a8f. Zugegriffen: 19. Mai 2021.

Bocksch, R. (2020). Videospiele sind die lukrativste Unterhaltungsbranche, Statista Infografiken. https://de.statista.com/infografik/22414/umsatz-ausgewaehlter-sektoren-der-unterhaltungsindustrie/. Zugegriffen: 25. Mai 2021.

Breuer, M., & Görlich, D. (2020). *ESport: Status quo und Entwicklungspotenziale.* Springer Publishing.

Bundesinstitut für Sportwissenschaft. (2020). Bundesinstitut für Sportwissenschaft – Integrität im Sport, Bundesinstitut für Sportwissenschaft – Integrität im Sport. https://www.bisp.de/DE/Forschungsschwerpunkte/Integritaet_des_Sports/integritaet_des_sports_node.html. Zugegriffen: 19. Mai 2021.

Bundesministerium des Innern, für Bau und Heimat. (2020). Sport, Bundesministerium des Innern, für Bau und Heimat. https://www.bmi.bund.de/DE/themen/sport/sport-node.html. Zugegriffen: 19. Mai 2021.

Business Wire. (2019). EA SPORTS FIFA 20 Celebrates 10 Million Players. https://www.businesswire.com/news/home/20191010005721/en/EA-SPORTS-FIFA-20-Celebrates-10-Million-Players. Zugegriffen: 19. Mai 2021.

Citi GPS. (2019). *Video games: Cloud invaders: Bracing for the Netflix-ization of gaming.* Citi Group.

Der Deutsche Olympische Sportbund. (2018a). *Entwicklungen des eSports in Deutschland: Stellungnahme des DOSB zum Fragekatalog zur Öffentlichen Anhörung des Sportausschusses des Deutschen Bundestages.* Deutscher Bundestag.

Der Deutsche Olympische Sportbund. (2018b). *Umgang mit elektronischen Sportartensimulationen, eGaming und „eSport": Positionierung von DOSB-Präsidium und – Vorstand.* DOSB Präsidium und Vorstand.

Der Deutsche Olympische Sportbund. (2020). Der Deutsche Olympische Sportbund, DOSB. https://www.dosb.de/ueber-uns/leitbild-strategie-arbeitsprogramm/leitbild#:%7E:Text=Die%20Integrit%C3%A4t%20des%20Sports%20ist%20unser%20h%C3%B6chstes%20Gut.&text=Wir%20setzen%20uns%20f%C3%BCr%20einen,uns%20zum%20Leitbild%20der%20Nachhaltigkeit.. Zugegriffen: 19. Mai 2021.

DFL Deutsche Fußball Liga GmbH. (2021). Virtual Bundesliga – Informationenl DFL Deutsche Fußball Liga GmbH – dfl.de. https://www.dfl.de/de/hintergrund/efootball/informationen-zur-virtual-bundesliga/. Zugegriffen: 19. Mai 2021.

Dudenredaktion. (2021). Duden – Die deutsche Rechtschreibung (28. Aufl.). Dudenverlag

eSport-Bund Deutschland e.V. (ESBD). (2020). Was ist E-Sport? Abgerufen am 2. August 2024, von https://esbd.gg/was-ist-esport/

E-Sport Bund Deutschland e.V. (o. D.). Was ist eSport? – ESBD – eSport-Bund Deutschland e.V. https://esportbund.de/esport/was-ist-esport/. Zugegriffen: 19. Mai 2021.

ESL Gaming GmbH. (2019a). ESL aktualisiert Dachmarke mit neuer visuellen Identität um die grundlegenden Werte der Marke zu untermauern. https://about.eslgaming.com/blog/2019/02/esl-aktualisiert-dachmarke-mit-neuer-visuellen-identitat-um-die-grundlegenden-werte-der-marke-zu-untermauern/. Zugegriffen: 25. Mai 2021.

ESL Gaming GmbH. (2019b). ESL Pro Tour: ESL und DreamHack starten 2020 die weltweit größte Counter-Strike: Global Offensive Turnierserie mit einem Gesamtpreisgeld von 5 Millionen US-Dollar. https://about.eslgaming.com/blog/2019/09/esl-pro-tour-esl-and-dreamhack-to-launch-worlds-largest-counter-strike-global-offensive-circuit-in-2020-with-an-aggregated-prize-pool-of-over-5-million-2/. Zugegriffen: 25. Mai 2021.

ESL Gaming GmbH. (2020). ESL and DreamHack Merge to Shape Future of Esports and Gaming, Globally. https://about.eslgaming.com/blog/2020/09/esl-and-dreamhack-merge-to-shape-future-of-esports-and-gaming-globally/. Zugegriffen: 25. Mai 2021.

ESports Bund Deutschland e.V. (2018). *Esport in Deutschland 2018: Strukturen, Herausforderungen und Positionen aus verbandlicher Sicht.* ESBD-Präsidium.

FIFA. (2021). The Best FIFA Football Awards 2021. FIFA. Abgerufen am 2. August 2024, von https://publications.fifa.com/en/vision-report-2021/11-goals/grow-revenues-for-reinvestment/

FIFA. (2021). Vision 2020-2023. FIFA. Abgerufen am 2. August 2024, von https://publications.fifa.com/en/vision-report-2021/11-goals/grow-revenues-for-reinvestment/

Freaks 4U Gaming GmbH, freaks4u.com (o. D.). 99Damage wählt: Der innovativste Veranstalter 2020, 99Damage.de – CS:GO. https://csgo.99damage.de/de/news/99332-der-innovativste-veranstalter-2020. Zugegriffen: 25. Mai 2021.

Jagnow, D. (2019). E-Sport: Eine junge Bewegung. E-Sport Journal.

McKinsey & Company. (o. D.) Studie: E-Sport Sponsoring gewinnt in Deutschland durch Corona an Attraktivität. https://www.mckinsey.de/news/presse/e-sport-sponsoring-in-deutschland-studie-umfrage. Zugegriffen: 25. Mai 2021.

Monahan, S. (2021). Video games have replaced music as the most important aspect of youth culture. *The Guardian.* https://www.theguardian.com/commentisfree/2021/jan/11/video-games-music-youth-culture. Zugegriffen: 25. Mai 2021.

National Football League. (2021). The Competition Committee's Position on Sportsmanship | NFL Football Operations, NFL Football Operations. https://operations.nfl.com/inside-football-ops/nfl-operations/integrity-of-the-game/the-competition-committees-position-on-sportsmanship/. Zugegriffen: 19. Mai 2021.

Newzoo. (2022). Global esports and live steaming market report. https://newzoo.com/esports-report. Zugegriffen: 19. Febr. 2023.

Rehm, H. (2017). A-594ae671–0001–0001–0000–000001146335, manager magazin, Hamburg, Germany. https://www.manager-magazin.de/unternehmen/artikel/wuestenrot-die-sponsoringstrategie-im-esport-a-1146335.html. Zugegriffen: 25. Mai 2021.

Röthig, P., & Prohl, R. (2021). *Sportwissenschaftliches Lexikon (Beiträge zur Lehre und Forschung im Sport),* 7., vollst. neubearb. Hofmann-Verlag GmbH & Co. KG.

Sander Bosman. (2021). Europe's esports audience: Consumer behavior, spending habits, and country, gender & age insights. *Newzoo.* https://newzoo.com/insights/articles/europes-esports-audience-consumer-behavior-spending-habits-and-country-gender-age-insights/. Zugegriffen: 25. Mai 2021.

Sciberras, G. (2020). Understanding the Industry – Esports Genres, Esportsguide. https://www.esportsguide.com/news/understanding-the-industry-esports-genres. Zugegriffen: 19. Mai 2021.

Sportbund, D. D. O. (2019). *Bundesweit einheitliche Regelungen zur Zuordnung zu Fachverbänden* (2. Aufl.). DOSB.

Stubbs, M. (2019). How DHL And ESL created the most memorable esports sponsorship ever. *Forbes*. https://www.forbes.com/sites/mikestubbs/2019/06/10/how-dhl-and-esl-created-the-most-memorable-esports-sponsorship-ever/?sh=7d251217181e. Zugegriffen: 25. Mai 2021.

Swayzay, N. (2020). E-Sports in der modernen Gesellschaft. Journal of Digital Sports, 15(3), 45-57.

Christopher Flato ist Geschäftsführer der Full-Service Agentur yellow house, die sich auf kreative, kommunikative als auch technische Lösungen in den Bereichen gaming & esports sowie NFT und Kryptowährungen spezialisiert hat. Zudem ist er als 1. Vizepräsident und Mitglied des Vorstandes des eSport-Bund Deutschland e.V. zuständig für die strategische Ausrichtung des Bundesverbandes und vertritt die Interessen der E-Sports-Branche sowohl auf deutschem als auch internationalem Terrain. Flato war bis Anfang 2022 als Director of Public Relations der ESL Gaming verantwortlich für die globale Presse- und Öffentlichkeitsarbeit des weltweit größten Esport-Unternehmens. Der gebürtige Kölner studierte Sprachwissenschaften und Journalismus an der Universität Siegen und arbeitete vier Jahre lang in der Sportredaktion des Weser Kuriers in Bremen. Durch die Verbindung mit dem Sport und der Leidenschaft zum Gaming, gründete er 2013 die erste deutsche Esport-Schule Bonjwa und gestaltete die mediale Aufbereitung des Unternehmens, welches heute zu den größten Streamingnetzwerken hierzulande zählt. Flato hat mehr als 10 Jahre Erfahrung im kommunikativen Umfeld in Verbindung mit E-Sports und Gaming sowie in der Führung von multinationalen Teams.

Eric Rauen ist Senior Project Manager bei der ESL FaceIT Group. Die ESL FaceIT Group, vormals ESL Gaming, ist das weltweit größte Unternehmen im Bereich eSport, und vereint die Marken ESL, DreamHack, FaceIT und DreamHack Sport Games unter einem Dach. Seit 2007 ist Eric im Bereich der Event-Industrie tätig, wobei sein Erfahrungsschatz von der klassischen Hochzeit mit 100 Gästen bis hin zum Stadion-Event mit 45.000 begeisterten Fans reicht. Der gelernte Hotelfachmann studierte Betriebswirtschaftslehre an der Universität Köln und arbeitete nach seinem Studium 4 Jahre als leitender Angestellter im Ausland. Seit mittlerweile 5 Jahren ist Eric bei der ESL festangestellt. Er verantwortet als Senior Project Manager und operativer Leiter die globalen CS:GO und Dota2 Events. In seinem Tätigkeitsbereich verbinden sich für Eric mit den stetig wachsenden Events und ihrem umfangreichen Rahmenprogramm auf der einen und dem dynamischen und innovativen Umfeld des eSports auf der anderen Seite seine beiden großen Leidenschaften.

Thomas Mohr ist Director of DreamHack Festival Operations und leitet die Festivalabteilung bei der ESL FaceIT Group. Die ESL FaceIT Group, ehemals ESL Gaming, ist das weltweit größte E-Sport-Unternehmen, welches die Marken ESL, DreamHack, FaceIT und DreamHack Sport Games vereint. Seit 2013 ist Thomas in der Event- und Festival-Branche tätig. Als studierender Eventmanager bei I-Motion GmbH Events & Communication startet seine Karriere in der professionellen Planung, Konzeption und Organisation von elektronischen Großveranstaltungen wie „Nature One" und „Mayday" mit bis zu 72.000 Besuchern täglich. Bei der ESL FaceIT Group verbindet Thomas seine Leidenschaft für Großveranstaltungen mit der Leidenschaft des Gamings und begleitet DreamHack auf dem Weg zum weltweit größten und besten Gaming Lifestyle Festival.

Team Management and Business Development – Creating a Balance

5

Pierre Sesmat

Inhaltsverzeichnis

5.1 Introduction 94
5.2 Brand 96
5.3 Partnership 105
5.4 Esport and team management 109
5.5 Conclusion 113
Literatur 113

Zusammenfassung

At its core, an esports organization works following a basic principle: it builds a healthy team that wins trophies, which generates fandom, and thus attracts partners and sponsors, allowing the organization to nurture its existing team and create other teams to start this cycle again.This is of course simplified but emphasizes the correlation between a healthy team and Esports organization business success.

In this chapter, we will dive deeper into the variables of this equation through 3 prisms: Marketing, Partnership, and Esports.

P. Sesmat (✉)
Berlin, Deutschland
E-Mail: pierre.sesmat.bba@edhec.com

© Der/die Autor(en), exklusiv lizenziert an Springer Fachmedien Wiesbaden GmbH, ein Teil von Springer Nature 2024

A. Löchner und E. Lindner (Hrsg.), *E-Sports-Management*,
https://doi.org/10.1007/978-3-658-43835-7_5

5.1 Introduction

G2 Esports is one of the leading entertainment organizations in esports with some of the most successful competitive players and biggest personalities in gaming. Founded in 2014 by the legendary League of Legends player-turned-team owner, Carlos "Ocelote" Rodriguez, and veteran esports entrepreneur, Jens Hilgers. The multinational staff of more than 60 people elevates the company to the highest levels of performance in every aspect of business in the esports industry. G2 collaborates with partners from a wide range of endemic and mainstream brands, to create high-quality and design-led products, best-in-class marketing campaigns, and the development of engaging and entertaining content that also enables players to spark outstanding performances in the most prominent tournaments and leagues. G2 Esports is, and has since its inception, been one of the top-five most successful esports clubs in the world. Their portfolio includes several competitive teams across well-known titles (such as League of Legends, CS:GO, Rocket League, and Rainbow 6 Siege) as well as a variety of streamers called "creators". Their experience and ability to navigate the rapidly growing esports business has meant that they are one of the leading organizations when it comes to riding the innovation wave on games and radical rosters, and at the forefront of the industry when exploiting new titles and recruiting new players. With rosters in the world's top-tier esports titles, G2 ensures each and every one of its players is bringing a unique talent, quality, and spark which allows them to always remain relevant and at the pulse of the community. At the core, this means focusing on their teams, the players, and their competitive success. The wider organization then incorporates its sponsors (called partners), creators, and merchandise into the brand and what G2 delivers to fans. G2 is an entertainment provider first, acting as a hybrid between a traditional sports club and an entertainment business with strong marketing capabilities.

Catering to the competitive side as well as acting as a marketing service provider makes for a great business model. This leads to the company focusing on 5 five separate revenue streams (Leagues, Prize Money, Consumer Products, Media, and Partnerships). (Fig. 5.2. – G2 Revenue Lines (G2 Esports, 2020)).

So how exactly does team management fit into this carefully crafted system?

G2 needs to ensure that its players can evolve to their best ability competitively but also to provide them the tools to market themselves as a core part of G2 efficiently, maintaining a good balance and a perfect traversal integration to settle across the three main pillars of the esports organization: Marketing, Commercial and Esports Performances, those three pillars are supported by a strong admin backbone (Fig. 5.1. – G2 Esports business verticals (G2 Esports, 2020)). G2's unique approach to this topic is broken down into those three areas and this chapter will cover the aspect of successful team management while highlighting the challenges in each sector along the way.

First, we will look at a snapshot of how and why G2 branding is key for player marketing. We will then talk about how players and partners work together and finally how player marketing fits into a team and how the team manager plays a key role in

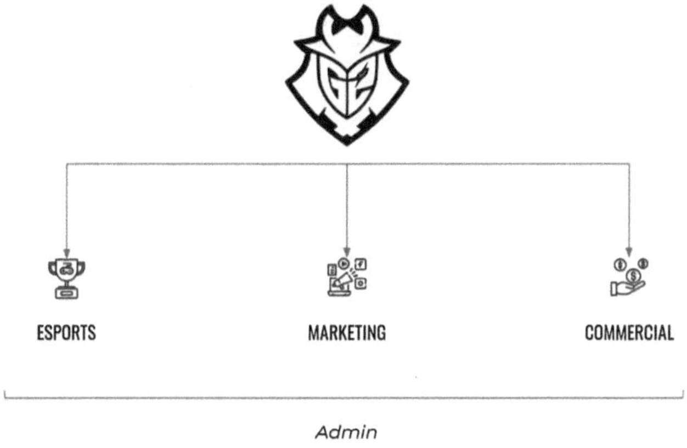

Fig. 5.1 G2 Esports business verticals (G2 Esports, 2020) – by kind permission of G2 Esports

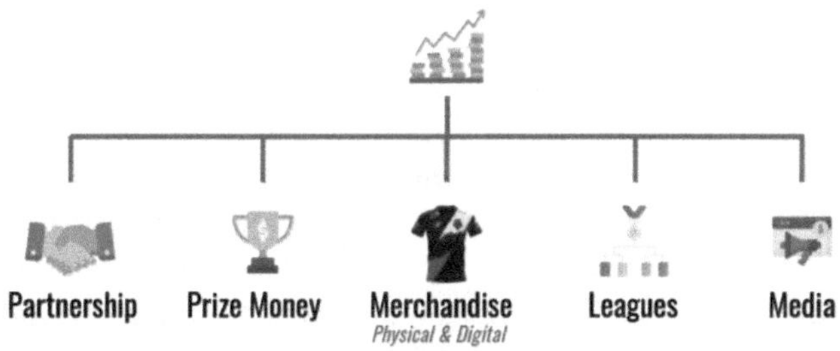

Fig. 5.2 – G2 Revenue Lines (G2 Esports, 2020) – by kind permission of G2 Esports

success. But before talking about the first pillars of the G2 organization, let's define what an esports organization considers a pro player.

G2, as in any sports business, defines a pro player as anyone who is exclusively contracted to the business and provides his or her full-time services in and around a specific game title.

We will not use this chapter to answer the eternal debate "can pro video game players be considered athletes". This question makes us deviate from the important point here: it doesn't matter how we define players in comparison to traditional sports structures. What matters for this discussion is the fact that players are assets to G2 and as such a fine line between the brand asset and the individual behind it has to be carefully considered.

A pro player can be an esports veteran who was bought in from another professional team or they can be new talent. Depending on their status, they will have a significant following behind their public player figure or might be relatively unknown to the public. By the nature of the esports industry, pro players will be in touch with the public at one point or another when contracted to a prominent organization. Their public engagement, while contracted to G2 as a pro player, in any shape or form, is therefore taking place under the G2 banner and thus needs to be carefully crafted into the brand and player marketing strategy.

5.2 Brand

G2, despite the obvious digital nature of the esports market, deeply believes in the value of human interactions. The global growing interconnectivity has paradoxically created a need for human relations. Naturally, for an esport organization, the first human point of interaction that you have with your fans is your players.

As depicted in Fig. 5.3 – Default engagement leverage for Esports company (G2 Esports, 2020), players are the most powerful brand assets that a club has when entering the esports scene Fig. 5.4.

As an organization grows, and with it the success and recognition of its players, there comes the question of fandom and where this fandom lies; with the player or with the organization. If a player is to part ways with an organization then where does the loyalty of the fan sit? Here the importance of building the org and players' brands strategically in line with one another is imperative.

Looking back on our first statement: Human interactions are key to growing sustainable entertainment business. G2 didn't make this assumption because they are humanist or because it sounds nice but the reason becomes clearer when you take a step back and consider the social tension that surrounds global companies: People consider today's brand

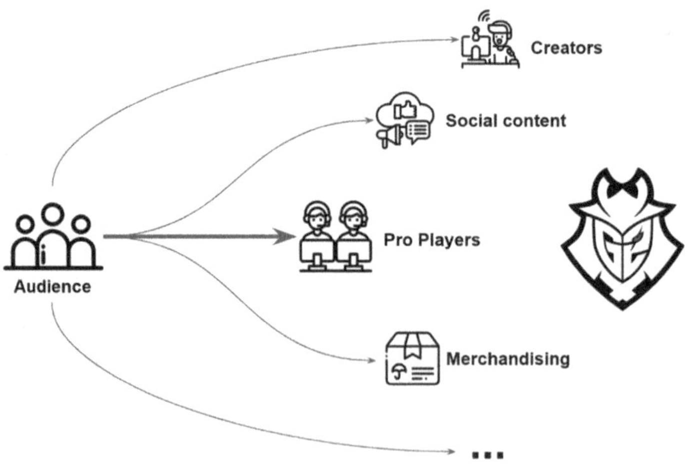

Fig. 5.3 Default engagement leverage for Esports company (G2 Esports, 2020) – by kind permission of G2 Esports

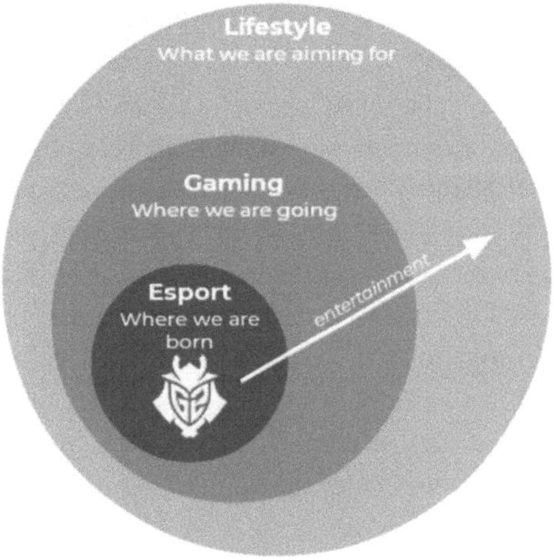

Fig. 5.4 G2 brand objectives (G2 Esports, 2020) – by kind permission of G2 Esports

appearances as a direct link to the company behavior (Edwards & Day, 2005). This sounds obvious when framed that way but it is key to always keep in mind when your company acts publicly. Therefore, the relationship between the brand and players needs to be iterative, allowing space for players where they can freely grow as a person and build their brand. Their success will translate into the brand's success in the long term, ultimately linking your brand with the human authenticity that your audience is striving for while remaining within the frame they know you for. This exercise is challenging and requires a closely managed balance between allowing enough space for people to develop and be themselves while setting parameters that safeguard the businesses' brand.

To understand how this balance needs to be managed, the concept of brand and what it means in the entertainment industry and for G2 specifically will be covered.

5.2.1 It's a matter of feeling

Defining a brand is a tricky exercise. Simply put: a brand is a mental representation that consumers have of your company and all the feelings that they have related to it (Edwards & Day, 2005). People may forget what you said – but they will never forget how you made them feel. If we look closer at the entertainment industry and specifically esports, this statement is even more crucial as the importance stems from the way people embody entertainment brands. In traditional markets, people tend to purchase before embodying (Binet & Carter, 2018). For example, you will buy several beer packs before claiming to be a Budweiser fan. On the opposite side, in entertainment, people embody before purchasing: in 99 % of cases, you will first be a fan of a rock band, before purchasing a t-shirt from them.

One of the explanations behind this shift is very simple: the main product, which is esports performance, is mostly free to access. However, because the need to belong is part of human behavior, we naturally tend to attach ourselves to a team. This paradigm explains why for an esports company, the brand structure is so important and the emotional aspect of it is key.

Let's have a look at G2 specifically. As mentioned during the introduction, they consider themselves first and foremost as entertainers. In what they do, how they act, and how they behave, they always aim to keep their fans entertained, no matter if it's during a competition, a casual gaming session, a livestream…

G2's identity is linked to the attributes of the esports sector while aiming to a broader/more mainstream audience through gaming and lifestyle. The challenge is to reach legitimacy when entering the gaming and lifestyle sector. Put simply: G2 is aiming to widen its scope of action.

This willingness comes from the very core identity of G2: entertainment. This gives to the company the ambition to expand its actions outside of its original cradle. And because G2 fans are not only into esport but also into music, movies, TV shows, anime, etc.… it gives to the company a wide panel of potential actions to explore.

But in order to achieve this expansion, there are three key points to be observed:

- **Distinctiveness:** The first success factor to reach their objective of expanding into wider markets is perhaps the most common: Distinctiveness. Distinctiveness refers to the quality of being easily recognizable. We need to make here a clear distinction between distinctiveness and differentiation. Simply put, differentiation refers to what you are doing and distinctiveness to the way you are doing it. G2 did not invent what they are doing, they invented and claim the way they are doing it. One of the biggest dangers of expanding is losing some of those distinctive factors along the way.

  It is a long road to building a distinctive brand identity, but as opposed to differentiation, it is a long-lasting strategic advantage (Binet & Carter, 2018). Other esports organizations will also speak about their competitive success and will create ways to entertain their audience, but G2 differentiates itself by creating its own tone of voice (TOV) (Fig. 5.5. – G2 Tone of Voice (G2 Esports, 2020)).

- **Consistency:** Having created a tone of voice, it is vital to ensure this tone is always used, in everything that G2 is doing as a company. This means carrying the same values along the way (based around entertainment for G2) to be recognized for who they are. Having to stay consistent while widening the funnel to a more casual audience comes with challenges. How do you remain consistent with your core audience while including new fans with less esports knowledge? Their tone of voice might have been born in the "hardcore" esports realm but is carefully crafted to transition into more

Where we play	Where we don't play
- Mature language (eg. fuck, shit, etc.) - Gamer, social, zoomer language - Informal, friendly and familiar language - 'In the know', aware of current events - Tease and banter - Self deprecating - Self praise - We talk about ourselves a lot - Provocative and evocative - Accountable, taking responsability	- Religion,Politics and societal topics - Individual or personal identities (eg. gender, orientation, etc.) - Discrimination, of any kind - Attack or offend individuals - Cynical, Spiteful and deceitful - Vanilla and boring - Tone deaf, 'out of trend' - Evergreen and irrelevant

Fig. 5.5 – G2 Esports Tone of Voice (G2 Esports, 2020) – by kind permission of G2 Esports

mainstream areas. Today, G2 can talk about esports competition or simply entertain around gaming – all in the same tone of voice.

- **Legitimacy:** Showing consistency with your brand in the esports market will in turn make it harder for you to branch out into more mainstream markets as your first actions in new sectors will be perceived as stemming from an "outsider" and therefore have a somewhat foreign ring to it. This does not mean that your ventures are bad or have a low chance of succeeding. Your audience is simply not ready to receive such a proposition from you, because they have put you in a box where you are not the relevant actors to deliver those actions to them. This scheme is something that all companies that have consolidated roots into their core audience and want to expand to a more mainstream audience will need to solve. When trying to expand out of your original box, you need to take into consideration not only your direct competitor but also the constellation of other companies that will be affected by you stepping into their area. This is one of the reasons justifying the importance of partnership when extending your business, but we will tackle this point in the next section.

Within G2, and to break those perceptions, team management is key, because, unlike brands, players are perceived by your audience as complex actors. Using your players in a more casual setting can be taken as the first step into a broader more mainstream audience.

For example, G2 created content around their players outside of their competitive game while doing something more casual and having a good time. (Fig. 5.6. – Example of content diversification (G2 Esports, 2020)).

We will revisit the players and how they can represent the brand in the esports section later. For now, we will focus on the values G2 is carrying within the entertainment core.

Fig. 5.6 Example of content diversification (G2 Esports, 2020) – by kind permission of G2 Esports

5.2.2 G2 brand structure

At the heart of the brand lay attributes: innovation, entertainment, ambition… All of those are keystones to building a brand but always be reminded that many brands have similar brand attributes. A brand can claim certain attributes but they are not exclusive to that brand alone, what a brand must do is stand out in the clutter and find uniqueness and relevance for its audience. A good example of uniqueness is Nespresso products. When launched they were different from the competition due to their capsule patents being private, but when it became public, the company was no longer different from its competitors in the product it offered. Yet, the company remains successful because of the brand that was built, a brand built on uniqueness. Their approach to advertising, packaging, the elevated retail experience, and, what we focus on here, brand ambassadors. Here they successfully changed the perception of their product in the eyes of the consumer, even though the product offering is not fundamentally different from what their competitors offer.

► The G2's brand attributes are not unique, what is unique is how they embody them in all that they do and how they use their brand assets to deliver their message.

For G2, the brand structure can be broken down into three different sections:

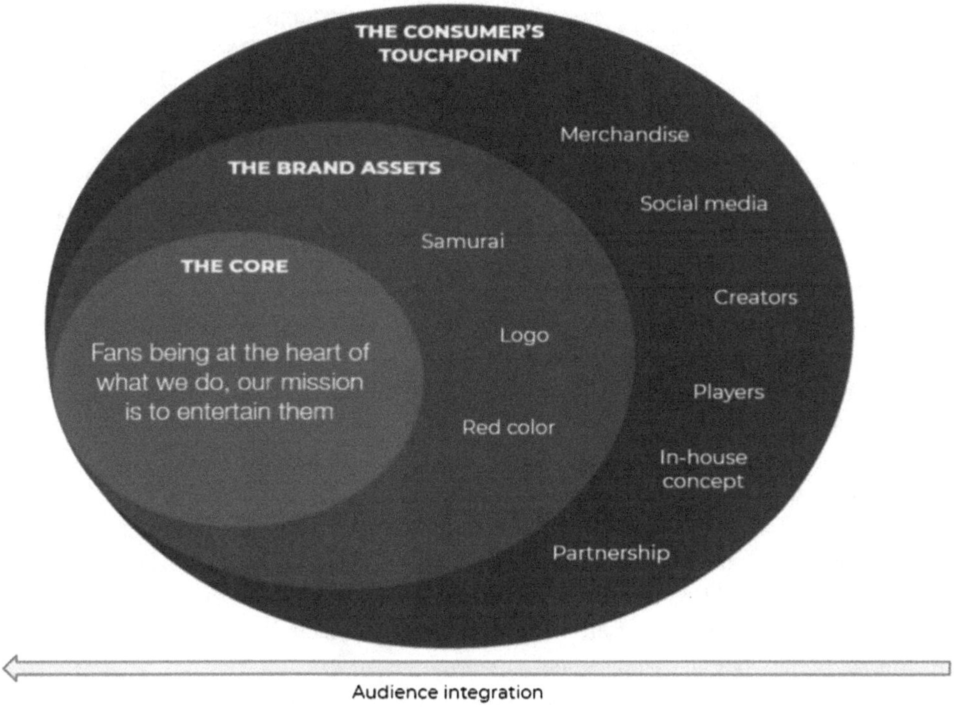

Fig. 5.7 G2 Brand Structure (G2 Esports, 2020) – by kind permission of G2 Esports

1. *The core, which is linked to your brand attributes*
2. *Brand assets, are the key elements that define you in consumers' minds.*
3. *The consumer's touchpoint, the touchpoints your brand has with your consumer/fan/ audience*

While breaking down those three points for G2, we rank them in terms of interaction with fans and difficulty to adapt to the market once they are created. (Fig. 5.7 – G2 *Brand Structure (G2 Esports, 2020)).*

5.2.2.1 The core - Low fan interaction - Hard to adapt

G2 is built on a simple principle: the fans are at the heart of everything they do. This in itself is not a new approach but an appreciation that without the fans (the G2 army) there is no brand. These people have an emotional link to the brand, initially through the performance of the various teams, but also because they consume G2 content, purchase G2 merchandise, etc. Following this belief, G2 acknowledges that fans need to be part of the development of the brand to continue to move forward successfully rather than lose existing fans on the way. This means that everything that the brand does, needs at one

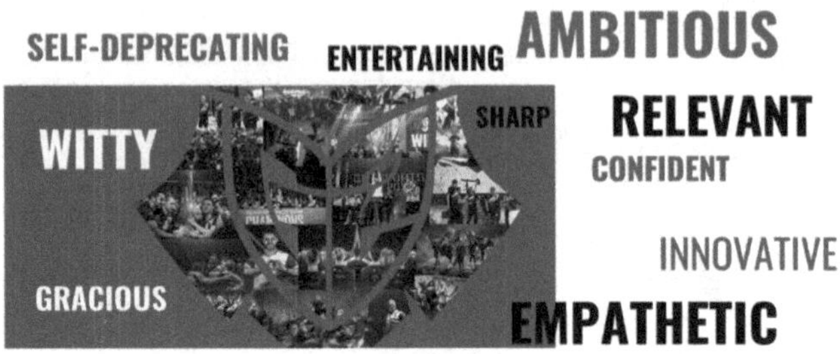

Fig. 5.8 G2 Brand attributes (G2 Esports, 2020) – by kind permission of G2 Esports

point to involve fans in the process. This belief is so intrinsic, that it can be observed in the company itself: all the employees are first and foremost G2 supporters, which is key for successful company growth (Esch et al., 2014).

This strategic brand positioning can be seen everywhere in today's society Companies' perception in people's minds is constantly evolving, especially over the past decade. Due to the ease of access to information, consumers track companies' actions to ensure that they are in line with their own beliefs, morals, and aspirations. Being neutral is not enough, you need to act positively for your brand to remain relevant. And as people tend to increasingly embody what they consume, you need to ensure that your brand values are in line with the people you are talking to/trying to reach, because they can be your greatest supporters but also your worst opposer.

G2 realized that what drives its fans, beyond competitive results, is how G2 can make fun of itself. (referring here to the Tone of Voice mentioned above). The thrill of competing is more important than winning and it is impossible to be taken seriously if you cannot admit your failure and be proud of your success. G2's content is relatable entertainment, a team that is successful and relevant but also funny and able to show self-depreciation in the right moments. Authenticity is key to remaining relevant for the G2 army (Fig. 5.8– G2 Brand attributes (G2 Esports, 2020)).(Fig. 5.9)

5.2.2.2 The assets – High fan interaction – Moderate difficulty to adapt

They allow fans to make the connection between your company and your actions. The most evident examples are of course logo, color scheme, jingle, mascot, and typography. There is one basic rule that needs to be followed when using those assets, which is consistency (here we go again) (Lehmann, 2012). Consistency isn't about making sure that your brand assets are used each time they are relevant. Each of them needs to have a purpose, and a context in which they will be used and consistency will then be created from the systematic use of those assets within this very precise context. You need to define clearly when you will use which asset and why to ensure recognisability for your brand.

Fig. 5.9 Red Bull Athlete Performance Center visit LOL Team 2020 Season Kick Off – Credit Red Bull Content Pool/Photographer Lukas Pilz)

As mentioned earlier G2's main objective is to expand and diversify its reach. Born from esports how the brand communicates must retain its esports DNA. Its motivations, its TOV, and its values are all directly influenced by the market G2 is born from.

5.2.2.3 The consumer touchpoint - High fan interaction - Easy to adapt

As G2 grows from being an esports organization to a gaming lifestyle and entertainment brand there naturally become more and more consumer touchpoints for the brand, whether this is an app, e-commerce, or content produced by G2 placed on platforms outside of the G2 network e.g. Making the Squad, a G2 reality show which in its 3rd season was taken from being digital-only (G2 YouTube) to being a TV show distributed on a global streaming platform Insight Tv. As the brand grows and its reach widens it becomes even more imperative to ensure the brand identity is consistently communicated, carried across all these touchpoints, and ultimately still makes sense to the consumer i.e. relevance.

Relevance is of utmost importance as a brand grows outward from its core function, as more consumer touchpoints are created. Having the best technological breakthrough doesn't make your product or your services relevant to customers. Sometimes the most successful product is just the same proposition with a different layer. The first iPhone is an excellent example of that. Steve Jobs during MacWorld 2007 explained to a 100 % engineer audience that research and development are nice but they should not be the starting point to create a new product or service, the starting point should be the consumer and his/her concern. That's why consumer touchpoint elaboration needs to be carefully crafted: they need to take their roots both from your consumers' needs but also from your brand core and in line with your brand assets so that your touchpoints are both relevant for your brand and your audience.

While widening their consumers' touchpoints and thus their proposition, G2 ensures to remain consistent so that they can create a one-stop-shop for their fans: a place where they can answer several different needs under the same umbrella: a brand ecosystem. Through the use of data, G2 can understand the fans' needs and requirements and then respond with relevant products and experiences. Lego, Disney, Apple – all of those brands do the same, obviously on a much wider level.

A brand strategy which is the evolution from a core product or service to a range of relatable products or services can be seen in brands such as Lego, Disney, Apple, or Red Bull. Each of these brands has created multiple touchpoints for their consumers, segmented where relevant e.g. by age or interest. Most companies tend to diversify their actions from a vertical standpoint which means having overall control of your production chain: from the beginning to the end so that you control each step of your product or service creation. What the companies mentioned above (Lego, Disney, Apple, and Red Bull) are aiming to do is diversify themselves on a horizontal level: not trying to control the overall production chain, but rather create other products or services, on a closely connected market to answer connected needs. G2 is following a similar path and is aiming to develop activities in esports-connected sectors: merch, music, art, traditional sports… And players are key to succeeding on this path: they are the familiar faces that fans will follow while exploring G2 new touchpoints. A very good example of that is the G2xBMW content series. While using very familiar faces for the G2 audience (their League of Legend team) G2 is building some legitimacy in the automotive area. Of course, this is just a first step and is massively helped by G2's SimRacing team but the connection has been done and now the company can build on it.

Now that we have a better understanding of how those interactions with players work on a brand level, let's see why and how partners are crucial actors to guarantee and amplify success.

5.3 Partnership

On the other side of establishing a great brand is the ability to commercialize it. A successful brand will set the groundwork to allow brand partners and third-party businesses to gain access to the G2 audience and brand profile. While G2 Esports was built from a foundation of esports with competitive success at the core, the business behind this is based on several revenue lines (*Fig. 5.2* – G2 *Revenue Lines (G2 Esports, 2020))* – the primary one being sponsorship.

Sponsorship is the exchange of cash or value in kind (VIK, e.g. company products or services) for marketing assets to build brand awareness within a targeted consumer base. It is a core pillar of Marketing across a number of industries. While sponsorship in esports can be compared to mainstream or traditional sports (Desbordes, 2012), several differences exist within esports and at G2:

G2 has several sponsorships with both endemic and non-endemic brands. An endemic brand is one germane to gaming, and a non-endemic brand is not natural to gaming but can benefit from its audience. G2 is proud to represent each and every brand partner or sponsor in its portfolio. Those partnerships do not happen by accident – a great deal of consideration goes into every partner, activation, and deliverable. This is why G2 refers to sponsors as "partners" instead of sponsors. Thanks to that, G2's partners know that they will not get their logo "slapped" on a jersey and that's it. G2 creates a connection to our fanbase and establishes a compelling narrative to provide our partners with an authentic and meaningful step into the esports ecosystem (Cornwell, 2005). When a brand partners with G2, they ensure their tone of voice is adapted to G2's TOV so the partnership can be authentic to fans and delivered in a way that enhances fans' experience. This is critical to ensure a partner's brand is embraced by G2's community and will deliver results for the partner.

All of these partnerships come with deliverables to be fulfilled on the side of G2, ranging from content pieces to players' and teams' appearances, to streaming activations. Ultimately, a brand will become a part of the G2 family and thus not only be present in bespoke content but be a part of every public appearance the brand, team, or player makes. Considering the relatively young nature of the esports industry, and the fact that some brands were part of it right from the start while others are only joining recently, every partner will have a different set of expectations, ways to go about activations, and goals to reach with their own brand, and the G2 sponsorship team helps connect these objectives to those of the broader business.

5.3.1 Partner identification

Before focusing on partner deliverables and how G2's internal process is set up, we will take a step back to look at the bigger picture and how identify relevant partners, and why this is especially important in esports. In order to understand this, we need to start with the nature of the esports market: young, fast-changing, with little established stereotypical thinking and a weak (outside of its own market) radiance (McKinsey 2019). Considering those characteristics, the ideal make-up of a new sponsor should include reach, public perception, and credibility. In well-established/traditional markets brand sponsorships are mainly about creating a dynamic between the two partners, but in the case of esports, this point is not yet reached, and thus, being realistic, the focus is more on creating first dynamics and connections than further improving existing ones. This is why identifying sponsors is key: ensuring that not only a monetary benefit is reached but also a constructive and meaningful brand connection and visibility is created.

However, this doesn't mean those esports organizations are in a weak position to negotiate with partners. On the contrary, when looking into more traditional markets: it is not only because of its good innovation capacity that Nike is top of mind today, it is also thanks to its partnership with young and dynamic companies. Due to this situation, we can see a standard profile of companies entering a systematically emerging market: energy drinks, payment facilitators, sportswear giants… All of these can be considered blue chip brands that want to be perceived as the first mover and trailblazer in a young and emerging market with access to a young core audience. However, the tendency among those blue chip brands is that a majority of organizations will have the same sponsors or direct competing sponsors of the same status (i.e. Nike/adidas). When considering that partnerships are brand assets in esports it tends to be problematic for a brand to have the same assets as its competitors in the same space.

G2 is experiencing this on a two-speed model: they naturally will not refuse a partnership with a blue chip company entering the market with a transversal approach just because some competitors might have the same brand in their portfolio. However, G2 has to then form this partnership to create a unique approach that distinguishes itself not only from its esports competition but also from the way the partnership is executed. Moreover, G2, thanks to its leading position on the market, has the legitimacy to bring in external actors that were at the beginning not considering investing in it. Thus, on top of having a privileged position to cherry-pick partners, G2 has a duty to energize the esports industry.

5.3.2 Partner Deliverables

All partnership contracts are established with a set of assets or marketing deliverables that have to be fulfilled for the partner by G2. On the one hand, and perhaps the most visible deliverable is the partner integration in assets. To clarify: G2 adds the logos of certain partners to their jerseys, website, and banners on social media, and within the content produced during the term of that partner's contract. These assets are the traditional approach to marketing and sponsorship that can be observed across many industries (Jakobs, 2009). However, if G2 were to stop here, they would not have intrinsically linked the partner to their brand and thus would have not created a meaningful connection for their fans to the partner brand or business.

Other deliverables exist behind the scenes as well. While clear definitions were established during the sales process, once signed, the deliverables all must be fulfilled, and outside of brand implementation, partners might want assets that many consumers don't see; executive expertise or consulting, unique experiences, engineering input by players, etc. Additionally, the details around how and when to integrate the sponsor's brand and which resources will be representing the brand have likely already been agreed on and eventually will need to be fulfilled.

Partner deliverables for G2 can include everything from an autograph session at an event to natural brand placement in their content. A very c asset is most often G2's players. They have the ability to authentically connect fans with the brand and are the most natural ambassadors for a brand in the eyes of the audience (Jakobs, 2009). To give a voice to the connection of the brand with G2 and to make it seem effortless, players tick all marketing boxes. No one likes forced advertisement content anymore, but utilizing the players offers brands a seamless and authentic avenue into esports.

Due to a demanding competitive schedule, and demand for their time by other partners, players' time is a limited asset which delivers high value to partners and is considered as such.

G2's partnership teams work tirelessly to find the right balance between player time as an asset and offering alternative valuable assets to partners. For example, having a partner booth at physical events can be a great alternative to bring brands to fans without needing to physically tie in the players while leveraging the audience that is already at the event.

Seeing that partnerships are one of the five main revenue streams in G2 Esports, the conflict of interest becomes apparent between the necessity of commercializing player time versus dedicated training time for players to focus on there and therefore G2's competitive success.

Managing the balance between a finite resource and a limited amount of available alternatives to partners is becoming increasingly important in the partnership narrative.

5.3.3 Example Partner Activation – Red Bull Performance Center

On the other hand, partnering with many brands does not only come with deliverables from us but also offers positive experiences for our players that otherwise would not be possible.

An example would be the work G2 has done with their partner, Red Bull, and the use of their Red Bull Performance Center. Thanks to this partnership G2's players were able to visit the Athlete Performance Center as the first esports team to ever visit this space which is typically used for Red Bull's traditional sports athletes. Both G2's CSGO and LOL teams have now benefitted from this experience. The visit enhanced the teams' typical Bootcamp plan, as their daily program consisted of cognitive function tests, mental training, physical training, education on nutrition and supplements as well as a full physical check-up with detailed planning and close supervision of specialists on-site.

Aside from G2's teams improving focus and well-being for the upcoming season through this experience, a second benefit can be derived from these types of initiatives:

Players attending the Red Bull center came in close contact with the partner's brand, having a natural introduction to their stakeholders and developing a better understanding of how they can interact with the brand in the future. Having a positive experience with the brand in their day-to-day routine significantly increased their willingness to participate in Red Bull activations moving forward. It connects the brand to the players allowing more authentic integrations moving forward.

5.3.4 Player Buy-in

When a partner collaborates with G2, the two brand values will be combined to tap into all available resources and audiences to ultimately elevate the success of the activation. While G2 as an esports company has bought into this process, as it is one of their core business principles, it can sometimes be challenging to link brands to players, who might not have had any interaction with the partner yet. Furthermore, this challenge continues when aiming for natural interactions between the player with the partner. Part of this exercise is to carefully choose brands that will fit the G2 image. Player buy-in ensures better and more authentic content where a player is comfortable associating his brand with the G2 and partner brand.

It becomes easier to have full player support in cases where players actively use the brand or have had touchpoints with the brand prior to them becoming an official partner. In the above-described example of G2's players interacting with Red Bull, it becomes apparent that player support is easier to come by with brands they know and value, than for brands they do not interact with. Unfortunately, not all partners have the same alluring products to players as Red Bull might (most are non-endemic partners), but are equally as important to G2 as a company.

The importance of the topic can seem small in comparison to other points, however, it cannot be disregarded. In the end, player marketing boils down to one variable: the player. However, while the player plays one of the biggest variables in the player marketing side, G2 offers further structural support from its organization to ensure the best possible support system for our players. In the G2 case, this is governed by the esports department, among other topics, and then delegated to the respective team managers.

5.3.5 Internal Communication

When ensuring the success of the G2 business model, communication between departments is especially important. How could the partnership department know how many hours a week players can give up for commercial activities? They cannot do without the help and close communication of the esports department and the respective team managers.

Partnership managers are tasked to educate our partners about the scarcity of player time while finding the right balance to hold activations and ultimately deliver best-in-class service to their partners. Scarcity in this example means increased value based on simple economic theory – the more in demand something is, and the less supply available the more that asset is worth (Veseth, 1981). It does not mean player content is impossible, it simply means that G2 carefully considers each and every piece that involves our players. This is where the role of partnership managers and fluid information processes become crucial. Partnership managers are therefore the link between the external partners at G2 and the internal esports department that feeds directly into the teams and player's time. But the role of partnership manager doesn't stop here: they also need to ensure that marketing and esport departments give their input on the partner request in advance of any partnership agreement, so that we ensure deliverables can be met and all are possible to execute for the organization. Once this is done, partnership managers need to coordinate the communication between partners and other relevant stakeholders so that no one misses any piece of information.

Business decisions have to be factored in. In the end, the question remains – is the derived deliverable more valuable than practice time for players to ensure continuous competitive success?

5.4 Esport and team management

When narrowing down on player management, the last point before the player itself is the department that acts as the narrator between the sports club side of the company and the marketing agency.

The esports department first and foremost ensures competitive success and the best possible setting for players to succeed. Following this priority is then the business success which, as outlined before, focuses on the delivery of partner content with the help of the players as well as the brand representation of G2 by its players. The expectations from G2 are set from not only the brand and required brand cohesiveness across players but also from sponsorships and their connected deliverables.

To understand the importance and omnipresence of this topic one has to look at the origins of esports as an industry first: Esports originated in a world where a player had to simply be good at one thing – the game. Where the traditional sports industry works with highly educated and trained athletes that do not only excel at the game but also at the other sides of their job, esports often deals with young and inexperienced players that have yet to fully understand the business behind their paychecks. Traditional sports can oftentimes rely on established and developed education programs that foster the growth of the athlete holistically in their development while, quite, on the contrary, esports players oftentimes become professional athletes in their childhood bedrooms without any expectations being managed around what being a professional gamer incorporates.

Educating players and shaping their development into professional athletes that the fans and public come to know and love is the organization's responsibility.

5.4.1 Player Management = Team Management?

But how does a successful esports organization ensure that all of their, oftentimes fluctuating, players are educated and introduced to the G2 brand? How can an esports company keep an overview over all player deliverables while performing on the highest competitive level?

Unsurprisingly, the answer to team- and player management is the individual team manager. In G2, every competitive roster has its own team manager that is directly responsible for the staff, players, competitive success, and deliverables of each roster. Different from some other, more "traditional" esports companies, G2 has recognized the importance of balance between the business and competitive interests and uses the team manager position to form the link from the company to the team, and therefore the players.

Simply put: every team manager is, with limitations, the CEO of their respective roster and communicates directly with the other stakeholders in the G2 departments to ensure success across all levels. As portrayed in the schema below, Team managers are the point of contact between teams and the rest of the organization (Fig. 5.10. – G2 internal process for campaign execution (G2 Esports, 2020)).

This means that the team manager will cater to all player needs and hear them out, but ultimately answers to the business and is tasked with finding the right balance between activations, deliverables, and education of the players of brand cohesiveness and competitive performance. Taking an even closer look at the team structures in G2 specifically, show that team managers have more than players to consider: support staff ranging from a coach to various analysts and in some cases even assistants to the team managers to help alleviate the day-to-day operations have to be factored in. The team manager position is often misunderstood as the "secretary" of the team, and while in the past this might have been the case or can still be the case in more amateur leagues, the high level of professionalism in the esports industry has expanded the role to a vital part of the success or failure of an esports organization.

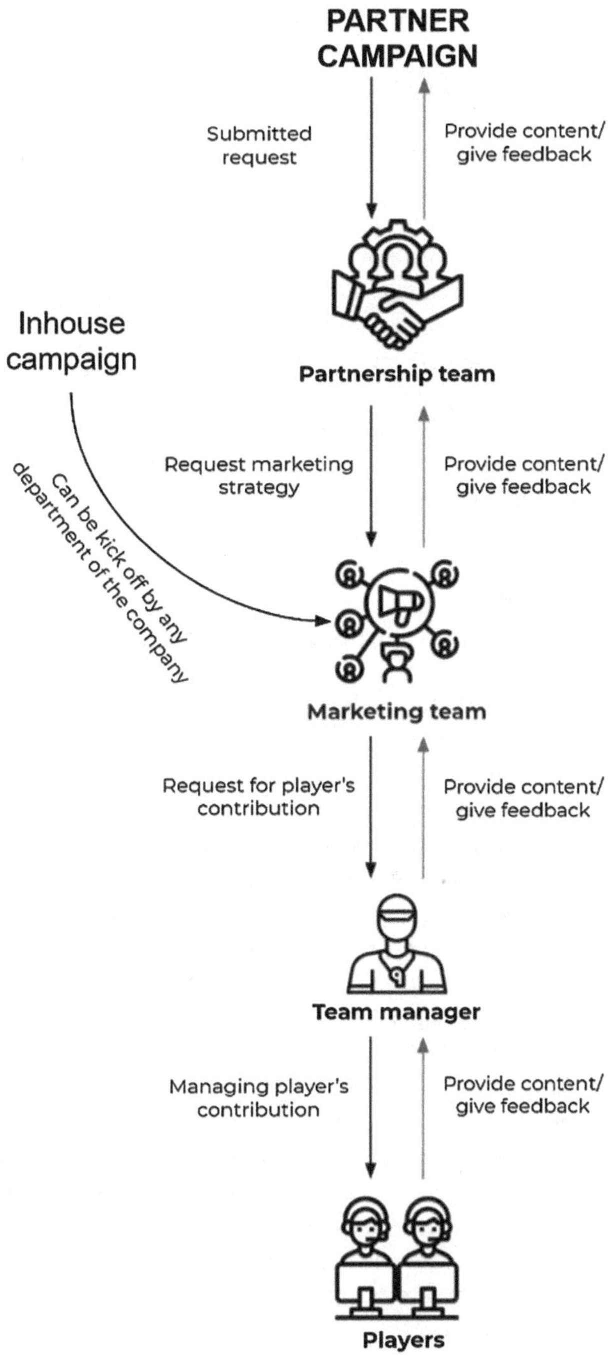

Fig. 5.10 G2 internal process for campaign execution (G2 Esports, 2020) – by kind permission of G2 Esports

5.4.2 Competitive Success vs Business Interests

Closing the circle on our journey around team management leads us to ask the question again – if competitive performance is the core goal of the esports teams and the players, how can business impact be factored in with enough weight?

Not every case is straightforward. While some rosters play to succeed in leagues and always deliver performance first over partner deliverables, other rosters are a conscious choice by G2 to cater to other needs: i.e. to alleviate partner requests on other tier1 teams and to deliver content to the fans as the league might not be as competitive as others but the entertainment aspects are higher. Furthermore, the game the players compete in influences the delivery of content. For example, some of the partners can only be associated with non-violent game titles, while other partners are specifically interested in our red-blood (shooter) categories.

Competitive success can be considered beneficial on two points for the organization: it will underline the competitive performance of the team, while the positive exposure will also create more reach and therefore visibility for the brand and its sponsors.

5.4.3 Connecting players to the G2 brand

As outlined above, the importance of successfully connecting your players to the brand, every time a new player enters the roster, is significant.

Depending on the case, some players may have had extensive experience in the professional esports industry and thus require less guidance, while others might have come without any prior knowledge or expectation management. The base for any future working relationship and establishing the importance of both player marketing with brand cohesiveness and the reality of representing the brand with any public appearance they might have has to be laid early in the process.

Onboarding is therefore a vital part of the first interactions of G2 with a new player. Once a player enters the new roster, their calendar will usually be filled with requests and tournaments from all sides. Esports is by no means a slow industry, and our players have to get used to long and busy schedules. It is within the first few days that G2 introduces its players to its brand, tone of voice, and partners. Players are educated in DO's and DONT's in all public appearances, including social media.

After the first weeks are completed, a solid understanding of all of these factors should be established with the player. The journey doesn't end here – it is an ongoing process to continue to educate the player, balance their interests, and introduce them to our partners in a way that fosters great player-brand relationships and fuels enthusiasm for the activities on the player side.

Having an autograph signed at an event from players might seem like a great experience to G2's fans, but is often extremely stressful for a player that moments before or after has to focus on competing on the highest level. Educating players to an extent of the necessity of these activations as well as teaching them how to remain calm and using these experiences as a positive impact to fuel their performance is on G2's daily agenda. Finding the right balance of player involvement also makes the activations more meaningful for both audience and the partner.

5.5 Conclusion

Fostering brand cohesiveness via team management will always revolve around the conflict of interest between competitive performance and commercial interests. Striking the right balance in assets is a continuous process that, if followed through, rewards all involved stakeholders. But this situation isn't endless like the chicken and eggs case and despite the balance that needs to be watched, a certain priority to players' competitive performance needs to be observed: competitive results being the main point of traction for partners to interact and thus for the brand to develop. The overall esport market stage as of today is giving this balance even more importance. Being still in a booming phase and note a phase of stabilization, every choices that players and thus organization are making have an exponential impact.

G2 Esports as an organization has several tools to utilize when walking the fine line between its tone of voice, partner expectations, and player interests. Moving forward, the task to find the right balance will continue to become more challenging, as they bring on more partners. However, at the same time, the organization grows more sophisticated in resources and alternative solutions where deliverables are met with new and inventive activations.

What started as a passion project in the early 2000 s with professional esports tournaments, has evolved into a professional industry that continues to grow and become more sophisticated every day. The same can be said for the challengers' esports organizations G2 has to face. However, it is without a doubt that, while more challenges may arise, solutions will be found and ensure a continuous growth across the industry.

Literatur

Aaker, D 1995, Building Strong Brands, The Free Press. Available from: Books.google.de [2 February 2021].

Binet, L & Carter, S 2018, How not to plan: 66 ways of screwing it up, APG Ltd, Leicester. Available from: Books.google.de [2 February 2021].

Cornwell, BT, & Amis, JM (eds) 2005, Global Sport Sponsorship, Bloomsbury Publishing, London. Available from: ProQuest Ebook Central. [2 February 2021].

Desbordes, M, & Richelieu, A (eds) 2012, Global Sport Marketing : Contemporary Issues and Practice, Taylor & Francis Group, London. Available from: ProQuest Ebook Central. [2 February 2021].

Edwards, H, & Day, D 2005, Creating Passion Brands : Getting to the heart of branding, Kogan Page, London. Available from: ProQuest Ebook Central. [2 February 2021].

Esch, F, Tomczak, T, Kernstock, J, Langner, T, & Redler, J (eds) 2014, Corporate Brand Management : Marken Als Anker Strategischer Führung Von Unternehmen, Springer Fachmedien Wiesbaden GmbH, Wiesbaden. Available from: ProQuest Ebook Central. [2 February 2021].

Jakobs, G 2009, Sportsponsoring als innovatives Instrument in der Markenkommunikation : Fokus Fussballsponsoring, Diplomica Verlag, Hamburg. Available from: ProQuest Ebook Central. [2 February 2021].

Lehmann, CF 2012, Strategy and Business Process Management: Techniques for Improving Execution, Adaptability, and Consistency, Auerbach Publishers, Incorporated, London. Available from: ProQuest Ebook Central. [2 February 2021].

Singer, D & Chi, J, 2019, The keys to esports marketing: Don't get 'ganked', McKinsey & Company. Available from: McKinsey.com [2 February 2021].

Veseth, M 1981, Introductory Economics, Elsevier Science & Technology, Saint Louis. Available from: ProQuest Ebook Central. [2 February 2021].

Pierre Sesmat joined G2 Esports in October 2020 as a marketing coordinator. He is today one of G2's brand managers, focusing mainly on brand equity strategy, partnership strategy, and music initiatives at G2.

Before joining G2, Pierre worked as a strategic planner at Fred & Farid Paris.

A special thanks to Anne Baschenbach, Lindsey Eckhouse, Sabrina Ratih, Mei Ling Rider, and Danny Engels for their support in writing this chapter.

Marketing-Management im E-Sports

6

Paul Mönnekes und Jakob Dötter

Inhaltsverzeichnis

6.1 Einführung ... 116
6.2 Zielgruppenorientierung im E-Sports-Marketing ... 117
6.3 Vorstellung SPORTFIVE ... 121
6.4 Vergleich der Zielgruppen im Sport vs. E-Sports – Eine CSIGHT Studie ... 122
6.5 Marketing der Prime League ... 123
6.6 Fazit ... 129
Literatur ... 129

Zusammenfassung

Immer mehr nicht endemische Unternehmen finden ihren Weg in die E-Sports Branche. Die Bedeutung von einer zielgruppengerechten Ansprache und die aufmerksame Auswahl von Sponsoren und Partnern ist im E-Sports entscheidend. Das Ziel des vorliegenden Beitrags ist es die besonderen Merkmale im Marketing-Management des E-Sport herauszuarbeiten und mithilfe eines Beispiels die Besonderheiten praxisnah darzulegen. An dieser Stelle ist hervorzuheben, dass im E-Sport das Wissen über die Branche und Authentizität die größte Bedeutung zugeschrieben werden kann. Weiterhin ist nicht von der Hand zu weisen, dass mit dem E-Sports schon früh eine Zielgruppe erreicht werden kann, die nur schwer über traditionelle Werbekanäle zu

P. Mönnekes (✉)
Hamburg, Deutschland
E-Mail: paul.moennekes@sportfive.com

J. Dötter
Berlin, Deutschland
E-Mail: dozent.Benjamin.Buchtala@edu.fham.de

© Der/die Autor(en), exklusiv lizenziert an Springer Fachmedien Wiesbaden GmbH, ein Teil von Springer Nature 2024

A. Löchner und E. Lindner (Hrsg.), *E-Sports-Management*,
https://doi.org/10.1007/978-3-658-43835-7_6

erreichen ist. Wichtig ist aber, dass die Zielgruppe äußerst fragmentiert ist und sich nach Genre unterscheidet und dies, um erfolgreiche Maßnahmen zu ergreifen beachtet werden muss.

6.1 Einführung

Das große Potenzial zur Vermarktung und Monetarisierung des E-Sports zieht zahlreiche endemische und nicht-endemische Unternehmen an. Die stetig wachsende E-Sports-Branche und deren Konsumenten werden jedoch durch distinkte Parameter charakterisiert, welche sich grundlegend von jeder anderen Zielgruppe unterscheiden (vgl. Gau, 2019; Leugen, 2017). Daraus resultiert die Notwendigkeit eines spezifischen, auf den E-Sports zugeschnittenen Marketing-Ansatzes, um besonders werthaltige Assets für Werbetreibende schaffen zu können. Marketing wird von der American Marketing Association, kurz AMA, wie folgt definiert: „Marketing is the activity, set of institutions, and processes for creating, communicating, delivering, and exchanging offerings that have value for customers, clients, partners, and society at large" (AMA, 2017). Diese Definition beruht auf dem strategischen Umgang mit den sogenannten vier Ps, nämlich product, place, price und promotion (vgl. Grönroos, 2006: 397). Komprimiert ausgedrückt müssen sich somit Fragen zu den Eigenschaften des Produkts, dessen Vertrieb und Preis sowie zu der Kommunikation zwischen dem Unternehmen und seinen Kunden, Mitarbeitern und weiteren Bezugsgruppen gestellt werden (vgl. Grönroos, 2006: 397; Kirchgeorg, 2018). Dies stellt eine stark aktivitätsbezogene Auffassung des Marketings dar, welches die Aufgabe hat, die absatzpolitischen Ziele eines Unternehmens zu erreichen (vgl. Grönroos, 2006: 397; Kirchgeorg, 2018). Eine zweite wichtige Perspektive hebt die starke Kundenorientierung des Marketing-Managements hervor. Besonders für Unternehmen, die gerade ihre ersten Schritte im E-Sports-Marketing wagen, kann sich die Identifizierung und Umsetzung des passenden Fittings zwischen Produkt und Zielgruppe als diffizil herausstellen.

> „Die Marketingmöglichkeiten im eSports sind nahezu grenzenlos. Kaum ein anderer Businesssektor bietet werbenden Unternehmen solch eine authentische Kommunikationsplattform voller kreativer Möglichkeiten, in der engagierte Brands gleichzeitig äußerst wohlwollend von den Fans wahrgenommen werden. Das ist einerseits etwas absolut positives, aber bringt – gerade auch für Neueinsteiger in den Markt – viele Herausforderungen mit sich, um zum Beispiel zu verstehen, welche Spieletitel, Aktionen oder Partnerschaften auf welche Weise welchen Teil der stark fragmentierten Zielgruppen nachhaltig ansprechen. Hier gibt es kein stumpfes Schema F oder keine ‚one fits all' Sponsoring-Schablone, sondern viele individuelle Wege, die dann der jeweiligen Brand je nach Zielsetzung auch die entsprechenden Erfolge bescheren. Aber ohne eine helfende Hand findet man sich gerade zu Beginn nur schwer in der schnellen und dynamischen eSports-Welt zurecht" (SPORTFIVE, 2021).

Die angesprochenen fragmentierten E-Sports-Communitys ähneln sich jedoch auch auf verschiedenen Ebenen und bilden damit branchenspezifische Charakteristika ab. Allem voraus muss die große online-Präsenz hervorgehoben werden, welche die zeit- und ortsunabhängige Nutzung von Produkten ermöglicht. Im Zuge der fortschreitenden Digitalisierung müssen sich folglich auch die traditionellen Werbemaßnahmen weiterentwickeln, da diese die junge, Gaming-affine Zielgruppe nicht mehr effektiv erreichen (vgl. Gutting, 2020: VIII/5; Weis 2011). Zu den traditionellen Werbemethoden gehören beispielsweise Flyer, Plakate, Fernseh- und Radiowerbung sowie Postsendungen oder Telefonanrufe (vgl. Marketing-studieren o. J.). Modern und der Zielgruppe entsprechend wären Maßnahmen im Rahmen des Online-Marketings wie: Social Media, Banner, Affiliate Marketing, Augmented Reality oder Influencer-Marketing. Die Verbindung dieser Maßnahmen über verschiedene Plattformen hinweg wird auch als Crossmedia-Marketing oder Multichannel-Marketing bezeichnet und ermöglicht „...Werbebotschaft[en] auf verschiedene Kanäle zu setzen, die sowohl online als auch offline [verfügbar sind]" (Marketing-studieren o. J.). Insbesondere zu beachten ist hierbei der große Einfluss von Werbemaßnahmen auf das Kaufverhalten jüngerer Generationen, welche über Social Media und Streaming-Dienste distribuiert werden (vgl. Immer, 2020). Diese werden in erster Linie über Smartphones genutzt (vgl. GlobalWebIndex, 2021; Newzoo, 2021). Die angesprochene junge Generation soll im Folgenden genauer beleuchtet werden sowie darauf aufbauend, wie deren Bedürfnisse adressiert und kultiviert werden können.

6.2 Zielgruppenorientierung im E-Sports-Marketing

Die Zielgruppe von Marketing-Maßnahmen im E-Sports ist, wie zuvor schon herausgestellt, insbesondere durch ihre digitale Affinität charakterisiert. Dies hat auch zur Folge, dass ein simples Generationslabel eine deutlich zu eindimensionale Abbildung der eigentlichen Zielgruppe deklariert. Häufig werden lediglich Bezeichnungen der Millennials (vgl. Winner, 2018) sowie der Generation Z (vgl. Niroumand, 2020) oder Digital Natives (vgl. Sadiku et al., 2017) verwendet, um Charakteristika einer jungen, digital aufgewachsenen Generation zu beschreiben.

> „Digital natives are children who have had a significant exposure to technology, which has molded the way they interact with digital tools. Early exposure to technology like the Internet, computers, and mobile devices fundamentally changes the way digital natives learn and operate. They are highly literate with ICT (information and communication technology) and they gather information through their gadgets" (Sadiku et al., 2017: 1).

Auch wenn es zwischen den verschiedenen Spieletiteln teilweise zu großen Abweichungen kommen kann, ist der durchschnittliche E-Sports-Enthusiast zu 73 % männlich und zwischen 18 und 29 Jahren alt (vgl. YouGov, 2020). Das Durchschnittsalter von rund 25 Jahren weist darauf hin, dass es sich in erster Linie um Studierende und junge Berufstätige handelt und weniger um Schüler (vgl. Nielsen Sports, 2019). Zu weiteren Kernattributen der technik-affinen Zielgruppe gehört neben ihrer hohen online-Präsenz außerdem ein hoher Bildungsgrad. Diese Zielgruppe akkurat zu erfassen und das eigene Produkt so zu vermarkten, dass für diese tatsächlich ein Mehrwert entsteht, ist besonders für Neueinsteiger im E-Sports-Sektor keinesfalls trivial. Generell handelt es sich zudem um „…eine sehr konsumaffine Zielgruppe, die nicht nur für technische Gadgets viel Geld ausgibt, sondern auch für Lifestyle, Mode oder Freizeitgestaltung…“ (Absatzwirtschaft, 2016). Der Ausdruck ‚Cancel Culture‘ weist hierbei auf eine weitere ernst zu nehmende Problematik hin. Die Passung von neuen Produkten und deren Schnittstellen mit der Zielgruppe wird nicht zuletzt über die sozialen Medien besonders kritisch beäugt. Die Anonymität des Internets sowie die Anfälligkeit der jüngeren Generationen, der ersten, lautesten Stimme zu folgen, lassen keinen großen Raum für halbherziges Marketing. Besonders in Chats der etablierten Streaming-Plattformen wie Twitch entsteht für gewöhnlich kein objektiver, konstruktiver Diskurs, vielmehr werden die ersten Gedanken ad-hoc kundgetan. Des Weiteren nehmen Influencer in besonderem Maße Einfluss auf die Perzeption der E-Sports-Communitys, da diese als besonders nahbar erachtet werden. Vor allem Authentizität und Wertstiftung sollten Säulen der Marketing-Strategie im E-Sports darstellen. Die Communitys der verschiedenen Spieletitel können unterschiedliche Gründe haben, aus denen sie den jeweiligen E-Sports-Content verfolgen. Diese zu identifizieren ist enorm wichtig, um eine authentische Integration des zu vermarktenden Produktes zu gewährleisten. Obwohl ein gewisser Grad der Anpassung der Marke an die Wert- und Zielvorstellungen der Zielgruppe immer notwendig ist, so sollte ein Teil der herkömmlichen Markenidentität beibehalten werden. Marketing-Agenturen helfen hierbei, den ‚sweet spot‘ zwischen Markenidentität und der Kompatibilität zum E-Sports im Rahmen des Sponsorings zu finden. Welche Rolle diese Services im E-Sports-Ökosystem einnehmen und wie sich vor allem das Sponsoring im E-Sports über die letzten Jahre entwickelt hat, soll im Folgenden kurz dargestellt werden.

Die Sponsoren nehmen im E-Sports-Ökosystem eine ganz zentrale Rolle ein, indem sie den ganzen Kreislauf mit ihren Ressourcen antreiben (vgl. Mittweg, 2019). Insbesondere für die einzelnen E-Sports-Teams fungieren sie als Haupteinnahmequelle und sind somit überlebenswichtig. Da Sponsorships essenziell für das Ausrichten von Turnieren und Ligen sowie für den Aufbau, das Fortbestehenden und die Expansion von E-Sports-Organisationen sind, bestimmen sie maßgeblich das Wachstumspotenzial des ganzen Ökosystems. Auch in den Bereich der Influencer fließen große Geldsummen bzw. werden über diese Produkte der eigenen Marke präsentiert. Durch die große mediale Präsenz der Persönlichkeiten sowie deren Ansehen innerhalb der E-Sports-Community erhoffen sich Sponsoren, langfristig eine neue, attraktive Zielgruppe zu erschließen. Der Individualisierungsgrad für Werbetreibende ist hierbei sehr hoch, weshalb die Markenintegration und -Platzierung kreativer gestaltet werden kann als lediglich ein gefeaturtes Logo auf einem Trikot (vgl. Sebek, 2020). Ein weiteres häufiges Ziel ist es, das Image der eigenen Marke zielgruppengetreu zu modifizieren (vgl. Grohs et al., 2004: 120). Das hier implizierte Brandfitting gelingt endemischen Unternehmen deutlich leichter, da diese bereits über direkte Überschneidungen mit der E-Sports-Branche verfügen. „Endemische

Unternehmen stellen Produkte oder Dienstleistungen her, die für die E-Sport-Branche wesentlich sind, etwa Spiele- und Hardwarehersteller wie Intel, HyperX oder [...] [Logitech]. Sie investieren direkt in den Erfolg des E-Sport" (Pwc, 2018). Eine größere Markenverwandtheit des Sponsors zur Zielgruppe geht klassischerweise auch mit einer positiveren Resonanz einher (vgl. Simmons/Becker-Olsen 2006: 165). Somit verwundert es nicht, dass das E-Sports-Publikum bekannten endemischen Marken einen gewissen Vertrauensvorschuss zollt. Jedoch zeichnet sich die Zielgruppe jüngst auch durch eine große Akzeptanz und Offenheit gegenüber nicht endemischen Unternehmen aus, solange eine authentische Schnittstelle zum E-Sports adressiert wird (vgl. Nielsen Sports, 2019).

Somit fassten zeitlich gesehen erst einmal endemische Unternehmen als Investoren im E-Sports-Sektor Fuß. Die erste von drei differenzierbaren Entwicklungsphasen (1999–2013) startete minimalistisch verglichen mit heutigen E-Sports-Metriken (vgl. SPORTFIVE, 2021).

> „Spiele-Publisher wie Blizzard (Starcraft II), Valve (DOTA2, CounterStrike) und RIOT Games (League of Legends) betreiben Turnier-Serien für ihre Titel und unabhängige Veranstalter wie Dreamhack oder ESL organisieren weltweit On- und Offline Events mit mehreren Games. [...] Das Dreamhack Summer Turnier 2012 erreichte z.B. über 4 Mio. Unique Viewer an einem Wochenende. Wer nicht live dabei sein kann, nutzt Aufzeichnungen der Matches als Video-on-Demand. Zunehmend populär wird auch das gemeinsame Ansehen von Turnier-Streams in Bars und Kneipen zusammen mit anderen eSports-Begeisterten" (Turtschan, 2013).

Endemische Unternehmen hatten den Vorteil, bereits Berührungspunkte mit der frühen E-Sports-Community gemacht zu haben und waren so in der Lage, das Potenzial des gesamten Sektors zu begreifen. Der Erwerb von Vermarktungsrechten war zudem anfänglich zu sehr günstigen Konditionen möglich. Aufgrund einer noch instabilen und undurchsichtigen betriebswirtschaftlichen Festigung der E-Sports-Unternehmen wurden jedoch kaum Investitionen von nicht endemischen Sponsoren getätigt (vgl. Scholz, 2019: 82). Frühe nicht endemische Sponsoren waren beispielsweise die Energydrink-Supplier Red Bull und Monster. Beide haben damals schon erste E-Sports-Teams und Turnierserien gesponsort und sind heute feste Größen im globalen E-Sports-Sponsoring (vgl. Scholz, 2019: 82). Klassische endemische Sponsoren dieser Entwicklungsphase waren unter anderem Intel (Intel Extreme Masters Turniere) oder BENQ als Hauptsponsor des Teams mousesports (vgl. Turtschan, 2013).

> „Aber auch für Marken, die nicht sofort mit der Königsdisziplin eines Team- oder Turniersponsoring einsteigen wollen, gibt es zahlreiche Möglichkeiten, sich auszuprobieren: angefangen von Display- und Bewegtbild-Advertising auf Team- und Community-Sites sowie Video-Plattformen bis zur Unterstützung von Content-Produzenten oder lokalen Events" (vgl. Turtschan, 2013).

Im Zuge der fortschreitenden Professionalisierung der E-Sports-Szene begannen zunehmend auch nicht endemische Unternehmen, den E-Sports-Sektor für sich zu entdecken und in diesen zu investieren. Besonders indikativ für den Beginn einer neuen, zweiten Phase des E-Sports-Sponsorings war der der Kauf der Streaming-Plattform ‚Twitch.tv' durch Amazon für ungefähr eine Milliarde US-Dollar (vgl. Postinett, 2016).

Die zweite Entwicklungsphase (2014–2017) ist vor allem durch den Eintritt zahlreicher nicht endemischer Sponsoren in den E-Sports gekennzeichnet, welche auch zunehmend kompetitiv auf dem Markt miteinander konkurrierten (vgl. SPORTFIVE, 2021). So sind mittlerweile bereits mehrere Marken einer Branchenkategorie wie BMW, Mercedes Benz und Audi aus der Automobilbranche oder Puma, Adidas und Intersport aus der Sportkleidungsbranche als Investoren auf dem E-Sports-Markt tätig (vgl. Sebek, 2020).

Mit wiederum gesteigerter Professionalisierung und ebenso größerem Interesse nicht endemischer Sponsoren – die nun eine Kernrolle auf dem E-Sports-Markt einnehmen – wurde die dritte und letzte Entwicklungsphase (2018-heute) eingeläutet (vgl. SPORTFIVE, 2021; Scholz, 2019: 82). Im Jahr 2018 konnte der ganze E-Sports-Sektor und der Sponsoring-Bereich im Speziellen einen weiteren Boom verzeichnen. „Im Jahr 2019 werden die Erlöse im globalen E-Sport laut dem Marktforscher Newzoo erstmals die Schwelle von einer Milliarde US-Dollar überschreiten. Dies entspricht einer Steigerung von 26,7 % gegenüber dem Jahr 2018" (SPONSORs, 2019).

Die Aufmerksamkeit und der Bekanntheitsgrad des E-Sports nahmen in der Gesellschaft in jeglicher Hinsicht zu. Sowohl die gesellschaftliche Akzeptanz als auch der stattfindende politische Diskurs beflügelten die Weiterentwicklung der gesamten Branche (vgl. SPORTFIVE, 2021). Im Hinblick auf die Akzeptanz von nicht endemischen Sponsoren lässt sich sagen, dass diese generell weniger akzeptiert werden als endemische Marken (63 % vs. 77 %) (vgl. Mediaplus Digital, 2020). Jedoch steigen die Akzeptanzratings auf 71 % an, wenn man die hoch interessierten E-Sports Fans isoliert betrachtet (vgl. Mediaplus Digital, 2020). Dies ist insbesondere auch auf die unterschiedliche Art der Kommunikation mit der Zielgruppe zurückzuführen, wobei endemische Unternehmen von ihrem langjährigen Know-how über die Zielgruppe und deren Erreichbarkeit profitieren. Branchenfremde Partner brauchen laut Expertenmeinungen mindestens ein Jahr, um die E-Sports-Community und deren Vertrauen für sich zu gewinnen (vgl. Eberhardt, 2020). Bei der Akquise von finanzstarken Partnerschaften muss sich zunehmend auch an den Bedürfnissen der Investoren orientiert werden, selbst wenn dafür Teile der eigenen Markenidentität abgewandelt werden müssen. So entschied die älteste E-Sports-Organisation Deutschlands SK Gaming im Jahr 2018, sich aus dem Counter-Strike-Bereich trotz einer langen und erfolgreichen Historie zurückzuziehen, um weiterhin zwei seiner wichtigsten Sponsoren (Mercedes Benz und Telekom) zu behalten (vgl. theScore esports 2019). Zur näheren Erklärung der hintergründigen Motive berichtete der CEO von SK Gaming, Alexander Müller, in einem Interview folgendes:

> „Counter-Strike is a more problematic title than some people think, especially when it comes down to the sponsorship market in central Europe in Germany. A lot of companies actually have a problem with the game, it's a 16+ title and we have no problem working with and around it, but for some partners it is a sacrifice and they might not want to do it [...] The big corporates, especially when the decision making process is based out of Germany, they want to have answers in eSports that are not 16+ titles, they need to be more friendly to them" (theScore esports 2019: 13:11-14:02).

Zusammenfassend sind die drei vorgestellten Entwicklungsphasen nicht eindeutig voneinander abgrenzbar. Sie gehen vielmehr fließend ineinander über und beschreiben chronologisch einen zunehmenden Einfluss nicht endemischer Sponsoren im E-Sports-Marketing. Da gerade nicht endemische Unternehmen häufig wenig Wissen über die komplexen Strukturen des E-Sports-Ökosystems mitbringen, werden häufig im Sport oder im besten Fall im E-Sports angesiedelte Marketing-Agenturen konsultiert. Für die beispielhafte Darstellung der Services einer solchen Agentur wurden zwei Experteninterviews anhand des konkreten Beispiels der Prime League mit Mitarbeitern von SPORTFIVE durchgeführt. Die im Folgenden dargestellten Erkenntnisse beruhen zusätzlich auf internen Dokumenten.

6.3 Vorstellung SPORTFIVE

SPORTFIVE ist eine der führenden globalen Sportbusiness-Agenturen mit über 1000 Mitarbeitern weltweit. Als Gesamtvermarktungspartner von 17 Profi-Fußballvereinen in Deutschland und Partner von über 70 europäischen Fußballclubs sind sie Marktführer in Europa. Neben Fußball gehören zahlreiche weitere Sportarten wie Handball, Basketball und Wintersport, aber auch Golf, American Football, Formel 1 und E-Sports zu ihrem Portfolio. Innerhalb des Sports kreieren sie durch authentische, individuelle Partnerschaften emotionale Kommunikationsplattformen für Marken. Mit ihrer jahrelangen Erfahrung im traditionellen Sport setzt sich SPORTFIVE aktiv für die Professionalisierung und Nachhaltigkeit des E-Sports-Ökosystems ein.

> „Mit der „Power of Five" - bestehend aus Unternehmen, Rechtehaltern, Medienplattformen, Fans und unseren Mitarbeitenden - ist unsere Leidenschaft für das Sportmarketing fest in unserer Marke verankert. Unser Anspruch ist es, die fortschrittlichste Agentur im Sportbusiness zu sein und die Zukunft des Sportmarketings mitzugestalten. Unser Leistungsspektrum umfasst alles, was mit Sportmarketing zu tun hat und reicht von Beratung, virtueller Banden- und Stadionwerbung, Trikotsponsoring, internationalen Medienrechten und Athletenvermarktung über Hospitality-Programme, Reiseservices und Incentives bis hin zu digitalen Lösungen wie Apps, Produktinnovationen und kreativen Sponsorenkampagnen und -aktivierungen. Damit bedienen wir individuell je nach Kundenzielsetzung die gesamte Wertschöpfungskette im Sportmarketing" (SPORTFIVE 2022).

Da die Agentur sowohl Rechtehalter im analogen Sport als auch im E-Sports vertritt, kann an ihrem Beispiel besonders gut auf Unterschiede zwischen beiden Märkten und deren Auswirkungen auf die Marketing-Strategie eingegangen werden.

6.4 Vergleich der Zielgruppen im Sport vs. E-Sports – Eine CSIGHT Studie

Eine Studie der CSIGHT GmbH vom Oktober 2020 hat die Zuschauer der League of Legends European Championship, kurz LEC, mit jenen von Großveranstaltungen von vier ausgewählten traditionellen Sportarten verglichen, nämlich Basketball, Fußball, Rugby und Tennis (vgl. CSIGHT, 2020). „[The study aims to] [p]rovide insights and key sales arguments based on reliable data, which support SPORTFIVE's sales teams in addressing and convincing potential brand partners of 3 selected focus industries to enter esports" (CSIGHT, 2020). Besonders von Interesse waren hierbei soziodemografische Variablen, wie zum Beispiel Alter, Geschlecht, Einkommen oder Beziehungsstatus und erhobene Viewership-Daten, gemessen an der Average Minute Audience (vgl. CSIGHT, 2020). Die Grundlage für die folgenden Analysen boten einerseits bereitgestellte Daten von Riot Games zur LEC-Viewership sowie demografische Daten zu E-Sports-Fans und spezifisch zu League of Legends-Fans und andererseits Daten von Nielsen Sports, welche detaillierte Zuschauerzahlen und Fanprofile von den interessierenden traditionellen Sportarten aufbereiteten (vgl. CSIGHT, 2020). Betrachtet man das Durchschnittsalter der LEC Fans, so kann man einen enormen Unterschied zu den Fans der traditionellen Sportarten feststellen. LEC-Fans sind durchschnittlich fast 20 Jahre jünger (vgl. CSIGHT, 2020).

Dies geht mit einem erheblich längeren „Kundenleben" einher und dieses wiederum mit der Möglichkeit, schon wesentlich früher an der jungen Zielgruppe Geld zu verdienen. Man muss jedoch anmerken, dass dies nicht auf die gesamte E-Sports-Fan-Szene generalisierbar ist. Aufgrund der großen Heterogenität der E-Sports-Fans ist deren Durchschnittsalter weitaus näher an dem der traditionellen Sportarten als an der LEC-Fanbase. Dies gilt darüber hinaus auch für weitere soziodemografische Variablen wie Beschäftigung, Einkommen und Personenstand, wobei hier kaum eine durchschnittliche Abweichung zwischen Sport- und E-Sports-Fans zu erkennen ist (vgl. CSIGHT, 2020).

Neben soziodemografischen Variablen wurden zudem drei ausgewählte Branchenfokusse gesetzt und hinsichtlich der Erreichbarkeit und Nachfrage in der LEC-Zielgruppe betrachtet (vgl. CSIGHT, 2020). Weiterhin wurde speziell die Zielgruppe der Generationen Y und Z ins Auge gefasst, die – gemessen an dem Anteil an allen Altersgruppen – mit Abstand am stärksten in der LEC-Fanbase anzutreffen ist (vgl. CSIGHT, 2020).

Die Branchenfokusse Food and Beverages, Clothing and Equipment sowie Subscription Services wiesen bezüglich der angesprochenen Zielgruppe der Generationen Y- und Z-LEC-Fans ein einheitliches Bild auf:

> „LEC / Team sponsorship is the qualitatively and quantitively [sic] most effective and efficient way to approach the unique target group of generations Y & Z and address potential costumers of [the F&B industry, Clothing & Equipment category and] Subscription Services category" (CSIGHT, 2020).

Zusammenfassend lässt sich den Studienergebnissen entnehmen, dass Sponsorships der LEC oder einzelner LEC-Teams den Zugang zu einer einzigartigen Zielgruppe ermöglichen (vgl. CSIGHT, 2020). Die Generationen Y und Z sind hierbei stark unter den LEC-Fans vertreten, wobei Fans von traditionellen Sportarten und deren Großereignissen deutlich heterogenerer aufgestellt sind. Marketing-Maßnahmen in den drei zuvor genannten Branchen, welche explizit auf die Generationen Y und Z ausgerichtet sind, versprechen also besonders treffsicher unter LEC-Fans zu Konsumenten-Engagement zu führen (vgl. CSIGHT, 2020).

6.5 Marketing der Prime League

Die Prime League ist die offizielle League of Legends-Liga in der DACH-Region. Sie stellt damit eine der vielen regionalen Ligen dar, welche eine Ebene unterhalb der kontinentalen LEC angesiedelt sind. Spielerinnen und Spieler aus Deutschland, Österreich und der Schweiz treten in zwei (nur Pro Division) bis drei Saisons pro Jahr innerhalb von insgesamt neun Divisionen gegeneinander an (Prime League o. J.a). In der höchsten Spielklasse, der sogenannten Pro Division, treffen die zehn besten Teams des deutschsprachigen Raums aufeinander. Die besten Teams qualifizieren sich wiederum für die European Masters, dem wichtigsten Turnier auf regionaler Ebene. In den restlichen Divisionen (Starter Division + Division 1–7) können sich Spielerinnen und Spieler jeglichen Niveaus miteinander messen und versuchen, immer weiter im Divisionsrang aufzusteigen. Teams der Divisionen 1 und 2 werden teilweise sogar schon im semi-pro Bereich angesiedelt und bieten ihren Spielern mit aufsteigender Spielklasse auch eine nennenswerte Gage. Somit stellt die Prime League einen fließenden Übergang vom Amateur- in den semi-pro-Bereich dar.

In Zusammenarbeit mit Spieleentwickler Riot Games und Ligaveranstalter Freaks 4U Gaming sollte SPORTFIVE (damals noch Lagardère Sports) eine neue, exklusive League of Legends Liga für den deutschsprachigen Raum schaffen. Mit welchen Überlegungen und welchem Vermarktungskonzept der Nachfolger, der bis 2020 stattfindenden Premier Tour konzipiert wurde, soll nun näher beleuchtet werden.

Im Raum standen einige Fragen: Wie muss die Prime League im Vergleich zu anderen Marken aussehen? Wie muss die Marke im Broadcast umgesetzt werden? Und an welchen Metriken kann die bisherige Premier Tour festgemacht werden und anschließend wie modifiziert verbessert werden? Ein intensiver dreitägiger Workshop sollte die Grundlage für Konzeption der Prime League liefern. Mithilfe einer SWOT-Analyse sollte eine Positionsbestimmung der damaligen Premier Tour vollzogen werden, insbesondere mit Bezug

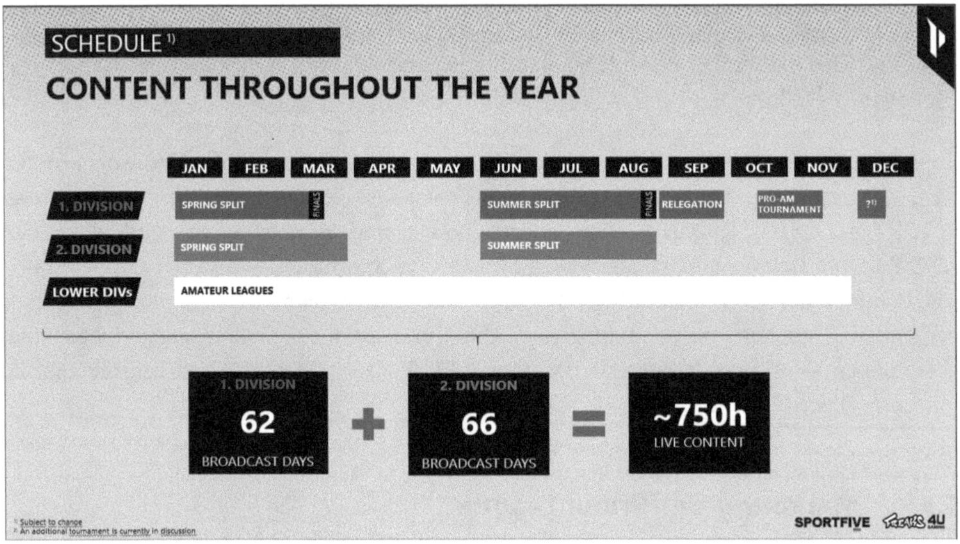

Abb. 6.1 Aufbau und zeitlicher Ablauf der Prime League; eigene Darstellung

zu parallel stattfindenden Ligen und Turnieren in der DACH-Region. Erhoben und analysiert wurden jegliche Daten zum Status quo der damaligen Viewership und Playerbase der Premier Tour sowie deren Markenstärke, Möglichkeiten zur Monetarisierung und vieles mehr. Die Prime League sollte im Kontrast zu anderen Ligaformaten einen längeren und exklusiveren Raum einnehmen, der für Marken deutlich attraktiver sein sollte. Die Prime League sollte also die eine go-to-Plattform für League of Legends-Zuschauer und Spieler der DACH-Region werden und in drei jährlichen Splits à drei Monaten stattfinden (vgl. Abb. 6.1).

Da der Live-Broadcast neben den Offline-Events das Herzstück des Marketingprogramms darstellt, war eine der wichtigsten Aufgaben, wie Partner authentisch und prominent in diese integriert werden können, ohne dabei die Viewerexperience zu stören und im Optimalfall Mehrwerte zu schaffen. Die Prime League bietet derzeit drei verschiedene Ebenen von Partnerschaften an, welche sich sowohl in der Rechtequalität als auch Quantität unterscheiden. Die oberste Ebene ist die des Presenting Partners. Die Rolle des Presenting Partners ist lediglich einer einzigen Marke vorbehalten und zeichnet sich durch ein maximales Rechteportfolio aus. Die zweitgrößten Partner der Prime League befinden sich auf der Main Partner-Ebene. Dazu gehören beispielsweise aktuell die DKB, Dr. Oetker mit ihrer Marke La Mia Grande oder Duplo. Dabei sind maximal vier Plätze für Main Partner der Prime League vorbehalten. Letztlich gibt es noch das Official Supplier-Level, welches bis zu acht Partner umfasst. Ungeachtet der Güteklasse der Partnerschaft geht mit dieser der Erwerb von IP-Rechten einher, also der Erlaubnis, sich offiziell als Partner der Prime League dazustellen und zu kommunizieren. Insbesondere nicht endemische E-Sports-Marken profitieren von vorerst standardisierten Rechtspaketen, die darauf aufbauend durch ein individuelles Paket ergänzt werden, je nach Brandfitting zur Prime League. Hierfür betreiben Key-Accounter im Markt aktive Akquise von Marken, bei denen passende Überlappungen zwischen der Zielgruppe, der Zielstellung und den Werten der Prime League bestehen. Weiterhin erhalten Partner Zugriff auf digital Items, welche an die Zielgruppe in Form von Gewinnspielen oder anderen Aktivierungsmaßnahmen verteilt werden können. Der Zugang zu digital Items, wie beispielsweise Ingame-Items (Skins o. Ä.), ist nur durch eine direkte Partnerschaft mit dem Publisher möglich und nicht über reine Team-Partnerschaften. Weitere wichtige Kanäle, über die direktes Zielgruppen-Engagement geschaffen wird, sind Social Media und offline Events. In beiden Fällen sollte den Fans ein möglichst direkter und authentischer Kontakt zu den Teams sowie zu den Castern und Influencern ermöglicht werden. In erster Linie wird dies über spezifische Content-Segmente realisiert, welche mit den Prime League-Castern aufgenommen werden. Um den qualitativen Mediawert und somit die Reichweite und den Erfolg des Engagements zu messen, arbeitetet die Prime League mit Shikenso Analytics und Nielsen Sports zusammen. Als Datengrundlage dient insbesondere das Ausmaß der Social Media Impressions sowie der Broadcast-Kontakte. Im kommenden Abschnitt soll nun anhand konkreter Beispiele von Partnern der Prime League auf Möglichkeiten der Markenintegration im E-Sports eingegangen werden.

6.5.1 Prime League Partner DKB

Die Deutsche Kreditbank Aktiengesellschaft (DKB) ist eine der aktuell drei Main Partner der Prime League (Stand September 2021). Die DKB ist besonders für Sponsorings im traditionellen Sport in Deutschland bekannt (Biathlon, Handball und Wintersport). Als Finanzdienstleisterin gehört die DKB nicht zu den endemischen Sponsorinnen im E-Sports. Die Verbindung aus einer jungen sowie digitalen Zielgruppe und sportlichem Wettkampf macht den E-Sports für die DKB attraktiv.

Die DKB und SPORTFIVE eruierten in gemeinsamen Workshops League of Legends als relevanten Spieltitel im E-Sports, speziell auf die Prime League, aufgrund der bereits vorhandenen professionellen Strukturen sowie der immensen Spieler- und Zuschauerbasis. Neben dem Zugang zu einer jungen Zielgruppe ist es das Ziel der DKB, ambitionierte Gamer auf dem Weg in die Professionalität zu begleiten und Vorbilder für die Breite zu erzeugen. Deshalb unterstützt die DKB das erste League of Legends Stipendium in Deutschland der esports player foundation (Prime League o. J.b).

> „Gemeinsam mit unserem Enabling Partner DKB bieten wir jährlich vier ausgewählten Talenten aus dem Titel League of Legends eine ganz besondere Betreuung an. Hier wird über die üblichen Leistungen hinausgegangen, die duale Karriere noch engmaschiger unterstützt und die Entwicklung des einzelnen Talentes individuell begleitet. Als Partner der Prime League

engagiert sich die DKB damit nachhaltig für die Entwicklung von League of Legends in Deutschland“ (esports player foundation o. J.).

Neben dem Stipendium setzt die DKB auf einen Mix aus Online- und Offline-Aktivierung und überträgt dabei ihre Kompetenz als Finanzdienstleisterin auf die Welt von League of Legends: Am bekanntesten ist das Content-Segment „Make the most of your Gold“ im Prime League Broadcast, bei dem Caster und Host Niklas „Bart“ Eigen den Zuschauern strategische Einblicke in das effiziente Management des im Spiel verdienten Goldes gibt (Prime League o. J.b). Als zweites präsentiert die DKB bei Spielen in der Pro Division den aktuellen Goldvergleich der beiden Teams, um ein aktuelles Kräfteverhältnis der Kontrahenten zu beschreiben. Um auch intern den Mitarbeitenden der DKB den E-Sports näher zu bringen, wurde bereits frühzeitig ein League of Legends-Mitarbeitenden-Turnier ausgerichtet, welches mit Blick auf Anmeldezahlen und Feedback der Teilnehmenden als positiv bewertet werden kann und seitdem mehrmals jährlich wiederholt wird.

Eine zweite erfolgreiche Partnerschaft der Prime League, die auf gezielten Überlegungen bezüglich Zielgruppenorientierung und Brandfitting beruht, ist jene mit Dr. Oetker und ihrem Pizza-Produkt La Mia Grande.

6.5.2 Prime League Partner Dr. Oetker

Auch Dr. Oetker erkannte früh eine Schnittstelle zwischen ihrer Pizza-Marke La Mia Grande und der E-Sports-Community. Seit August 2019 sponsort der deutsche Tiefkühl- und Backwarenhersteller die damalige Premier Tour und ist bis heute als erster und längster Main Sponsor der Prime League verblieben (vgl. Summoner’s Inn 2021a). Die Überschneidung der Tiefkühl-Pizza, welche eher im Premium-Segment angesiedelt ist, und der Zielgruppe war in diesem Fall deutlich augenscheinlicher als bei der DKB zuvor. Das Zubereiten einer Pizza während oder nach dem Spielen sowie dem Verzehr beim Zuschauen von E-Sports-Übertragungen sind bereits üblich unter Gaming- und E-Sports-Enthusiasten. Es musste sich jedoch erneut die Frage gestellt werden, wie das Produkt La Mia Grande authentisch erlebbar gemacht werden kann und dabei gleichzeitig ein Mehrwert für die Zielgruppe entsteht. Wie das Logo aller Partner der Prime League wird auch jenes der La Mia Grande-Pizza während der laufenden Prime League Matches gezeigt. Dies dient der generellen Steigerung der Product Awareness sowie Product Consideration. Als einer der Main Partner der Liga präsentiert die Pizza-Marke den Zuschauern außerdem noch tiefere Einblicke in das Liga- und Spielgeschehen über zwei sich wöchentlich abwechselnde Broadcast-Segmente. Im ‚La Mia Grande Team Spotlight‘ wird jedes Team der Pro Division einmal im Split ins Rampenlicht gestellt. Dabei wird das Team als Ganzes mit seinem Spielstil sowie Stärken und Schwächen vorgestellt, aber auch einzelne Spieler oder die aktuelle Position in der Liga werden betrachtet. Hierfür werden einzelne Spieler der Teams interviewt und Spielszenen aus bereits abgeschlossenen

Matches aufbereitet. Über das Team Spotlight-Format ermöglicht Dr. Oetker den Teams und den Zuschauern, sich besser kennenzulernen und somit eine stärkere Verbindung zueinander aufzubauen. Dies führt wiederum zu einer stärkeren Emotionalisierung der Ligageschehnisse.

Das zweite Broadcast-Segment, welches Dr. Oetkers La Mia Grande präsentiert, heißt „Eine Pizza mit…" und zeigt Caster und Moderatoren der Prime League zusammen mit Influencern der deutschen League of Legends-Szene. In einem gemütlichen Loft-Szenario unterhalten sich die Broadcast-Talente der Prime League und die Influencer bei einer zubereiteten La Mia Grande-Pizza nicht nur über die aktuelle Ligasituation, sondern auch über Themen fernab des LoL-Kosmos. Diese exklusiven Einblicke in das Spielwissen, aber auch in das Privatleben der prominenten Gäste und Caster stellen einen authentischen Mehrwert für die Zuschauer dar, welchen es ohne dieses Format nicht gäbe.

Wie essenziell das Influencer Marketing im E-Sports ist, soll im Folgenden am Beispiel ausgewählter Prime League-Influencer weiter vertieft werden.

6.5.3 Influencer-Management im E-Sports

Im E-Sports- und Gaming-Bereich besteht eine besonders enge Bindung zwischen Influencern und der Community, was Influencer zu perfekten Markenbotschaftern mit großem Engagement-Potenzial macht.

> „Einen Influencer definiert die Fähigkeit, durch seine Autorität bzw. Beliebtheit Meinungen und/ oder Verhalten anderer zu beeinflussen. Influencer sind Multiplikatoren, die Produkte, Marken und ihre Werbebotschaften über diverse Kommunikationskanäle, vor allem aber über das Internet, weiterverbreiten. Deshalb ist Influencer-Marketing auch ein schmaler Grat [sic] zwischen Werbung und authentischer Berichterstattung im journalistischen Sinn" (Jahnke, 2018: 4).

Unternehmen oder zuständige Marketing-Agenturen arbeiten mit jenen Persönlichkeiten zusammen zur gezielten Verfolgung und Erreichung von spezifischen Business-Zielen (vgl. WOMMA, 2013: 6). In der E-Sports-Community genießen vor allem Streamer, Caster, Profispieler, Coaches und diverse andere Content-Creator ein hohes Ansehen. Der Kontakt zur digital affinen Zielgruppe findet hierbei insbesondere über soziale Netzwerke und Streaming-Plattformen wie YouTube, Facebook, Instagram, Twitter, TikTok oder Twitch statt. Je nach Reichweite des Influencers unterscheidet sich auch der Preis der Zusammenarbeit mit diesem. Weitere Einflussfaktoren auf das aufzuwendende Budget sind beispielsweise Leistungsaufwand, Plattform, Marke oder Status des Influencers in der Community (vgl. Jahnke, 2018: 7). Die Auswahl eines geeigneten Influencers für die eigene Marke und die dahinterstehende Kampagne gestaltet sich also recht komplex und wird durch das bestehende Influencer-Überangebot noch weiter erschwert (vgl. Jahnke, 2018: 3).

Im Hinblick auf die Prime League sind es vor allem die im Broadcast gezeigten Caster, welche die Marke nach außen hin repräsentieren. Dabei geht ihr Einfluss weit über das reine Kommentieren der Matches hinaus. Sie kreieren Narrative um die Spieler und Teams herum, erstellen Content-Segmente in Zusammenarbeit mit den Liga-Partnern und werben mit der Reichweite ihrer Eigenmarke für das Gesamtprodukt der Prime League. Somit gilt es, die On-Air-Talente möglichst authentisch in Szene zu setzen. Für eine positive Perzeption des Broadcasts und der Liga an sich ist die angesprochene Authentizität der Influencer der wichtigste Faktor. Die Caster müssen darüber hinaus eine gewisse Affinität für den LoL-Kosmos aufweisen und permanent on top of the game sein. Umfragen von Riot Games haben ergeben, dass sich 70–80 % der Zuschauer von League of Legends E-Sports-Content durch das Anschauen selbst verbessern wollen und gewonnene Insights in ihr eigenes Spiel implementieren wollen (top 3 Faktor). Hierbei ist das Feedback der Zielgruppe über Streaming-Plattformen und Social Media stets sehr dynamisch und steht im starken Zusammenhang mit den aktuellen Zuschauerzahlen.

Die Caster der Prime League besitzen Festanstellungen bei Freaks 4U Gaming und gehören dort zu einem Influencer-Team, welches zusammen über zwei Millionen YouTube-Follower und 1,5 Mio. Follower auf Twitch zählt (Freaks 4U Gaming, 2021). Um schon frühzeitig junge Caster-Talente zu fördern, hat die Berliner 360 Grad Marketing Agentur im Jahr 2018 das Summoner's Inn Junior Caster Programm ins Leben gerufen.

> „Um unser Kommentatorenteam zu erweitern, benötigen wir tatkräftige und verlässliche Unterstützung. Da noch kein Meister vom Himmel gefallen ist, haben wir uns dazu entschieden, dass wir die Möglichkeit bieten wollen, Erfahrungen zu sammeln und gemeinsam mit uns an deinen Fähigkeiten zu arbeiten. Das Junior Caster Programm wird folglich ein dauerhaftes Trainingslager, in dem wir Hand in Hand daran arbeiten, dich zukünftig als Kommentatoren auch in größere Produktionen, wie die LCS oder den King of Spandau zu integrieren" (Summoner's Inn, 2018).

Das Programm hat unter anderem Anika „Ryxcales" Wolter hervorgebracht, die aktuell eine feste Größe als Analystin im Prime League Broadcast darstellt (vgl. Prime League, 2020: 1:20–1:28). Als eins von wenigen weiblichen Gesichtern in ihrem Bereich bereichert sie den Broadcast auch insbesondere um ein Vorbild für die weiblichen Zuschauer, was zu einem größeren Community-Engagement führt. Das Scouting und die frühe Förderung von jungen Influencer-Talenten über entsprechende Programme sind somit äußerst effektive Maßnahmen, um aus der stetig steigenden Anzahl an aufstrebenden Persönlichkeiten auszusieben.

6.6 Fazit

Das Marketing-Management im E-Sports orientiert sich an einer attraktiven Zielgruppe, die über traditionelle Werbekanäle nur schwer erreicht werden kann. Generell zeichnet sich die Zielgruppe durch eine hohe digitale Affinität aus. Jedoch findet man bei genauerer Betrachtung eine äußerst fragmentierte Community vor, welche sich je nach Spieltitel merklich unterscheidet. Unternehmen, die das große Potenzial der Monetarisierung des E-Sports-Sektors nutzen wollen, müssen somit eine authentische Schnittstelle der eigenen Markenidentität und der Zielgruppe adressieren. Auch wenn dies endemischen Marken häufig leichter fällt, kann generell auch jede nicht endemische Marke mit einer passenden Marketingstrategie ihre Nische im E-Sports finden und einen Mehrwert für die Zielgruppe schaffen. Hierfür eignet sich insbesondere die Zusammenarbeit mit Marketing-Agenturen, die bereits über fundiertes Wissen über den dynamischen E-Sports-Sektor verfügen. Weiterhin empfiehlt sich die Zusammenarbeit mit Influencern, welche bereits ein gewisses Vertrauen der Zielgruppe genießen. Auch bei der Auswahl von geeigneten Influencern als Markenbotschafter der eigenen Kampagne ist stets auf ein authentisches Brandfitting zu achten. Somit erfordert erfolgreiches E-Sports-Marketing letztlich ein dynamisches Mindset, welches der gleichzeitigen Volatilität und Attraktivität des Sektors gerecht werden.

Literatur

Absatzwirtschaft (2016): Zielgruppe Gamer: Wie man die Spieler mit Werbung füttert, [online] https://www.absatzwirtschaft.de/zielgruppe-gamer-wie-man-die-spieler-mit-werbung-fuettert-75953/. Zugegriffen: 19. Aug. 2021.

AMA (2017): Definition of Marketing, [online] https://www.ama.org/the-definition-of-marketing-what-is-marketing/. Zugegriffen: 16. Aug. 2021.

CSIGHT (2020): Brand Attractiveness of Esports. Internes Dokument.

Eberhardt, Henning (2020): Esports-Sponsoring: „Partner brauchen mindestens ein Jahr“, [online] https://www.absatzwirtschaft.de/interview-sportfive-esports-173002/. Zugegriffen: 23. Aug. 2021.

esports player foundation (o. J.): Wie wird gefördert, [online] https://esportsplayerfoundation.org/services/. Zugegriffen: 28. Aug. 2021.

Freaks 4U Gaming (2021): Gaming And Esports Influencers, [online] https://www.freaks4u.de/gaming-and-esports-influencers/ . Zugegriffen: 01. Aug. 2021.

Gau, Toni (2019): ESports Marketing als Schlüssel zu neuen Zielgruppen, [online] https://onlinemarketing.de/technologie/esports-marketing-schluessel-zu-neuen-zielgruppen. Zugegriffen: 16. Aug. 2021.

GlobalWebIndex (2021): The gaming playbook, [online] https://www.gwi.com/reports/the-gaming-playbook. Zugegriffen: 25. Aug. 2021.

Grohs, Reinhard/Udo Wagner/Sabine Vsetecka (2004): Assessing the effectiveness of sport sponsorships—An empirical examination, in: *Schmalenbach Business Review,* Bd. 56, Nr. 2, S. 119–138, [online] https://citeseerx.ist.psu.edu/viewdoc/download?doi=10.1.1.509.4749&rep=rep1&type=pdf. Zugegriffen: 20. Aug. 2021.

Grönroos, Christian (2006): On defining marketing: Finding a new roadmap for marketing, in: *Marketing Theory,* Bd.6, Nr.4, S. 395–417, [online] https://doi.org/10.1177/1470593106069930.

Gutting, D. (2020). *Interkulturelles Marketing im digitalen Zeitalter.* Springer Gabler.

Immer, Caroline (2020): Studie zum Influencer Marketing: So wichtig sind Authentizität und Inklusion, [online] https://onlinemarketing.de/social-media-marketing/studie-influencer-marketing-authentizitat-inklusion. Zugegriffen: 17.Aug.2021.

Jahnke, M. (2018). *Influencer Marketing.* Springer Gabler.

Kirchgeorg, Manfred (2018): Marketing, [online] https://wirtschaftslexikon.gabler.de/definition/marketing-39435#references. Zugegriffen: 16. Aug. 2021.

Leugen, Diamond (2017): Why The NFL Is Using Esports To Engage A New Generation Of Fans, [online] https://www.sporttechie.com/nfl-esports-engage-new-generation-fans/. Zugegriffen: 16. Aug. 2021.

Marketing-studieren (o. J.): Was ist Marketing?, [online] https://www.marketing-studieren.de/infos/was-ist-marketing/#newsletter. Zugegriffen: 17. Aug. 2021.

Mediaplus Digital (2020): Mediaplus-Studie: Wie branchenfremde Marken ihre Akzeptanz im Esport und Gaming steigern, [online] https://www.mediaplus.com/de/news/studie-esport.html. Zugegriffen: 23. Aug. 2021.

Mittweg, Christian (2019): Sponsoren im eSport - mehr als nur ein Spiel, [online] https://www.kicker.de/sponsoren-im-esport---mehr-als-nur-ein-spiel-747213/artikel. Zugegriffen 20. Aug. 2021.

Newzoo (2021): Newzoo's Global Esports & Live Streaming Market Report 2021, [online] https://newzoo.com/insights/trend-reports/newzoos-global-esports-live-streaming-market-report-2021-free-version/ . Zugegriffen: 25. Aug. 2021.

Nielsen Sports (2019): „E-Sport-Sponsoring ist oftmals innovativer als im traditionellen Sport", [online] https://nielsensports.com/e-sport-sponsoring-ist-oftmals-innovativer-als-im-traditionellen-sport/. Zugegriffen: 18. Aug. 2021.

Niroumand, Ramin (2020): Wer ist die Generation Z - und was will sie?, [online] https://www.capital.de/wirtschaft-politik/wer-ist-die-generation-z-und-was-will-sie. Zugegriffen: 17. Aug. 2021.

Postinett, Axel (2016): Das Silicon Valley spielt verrückt, [online] https://www.wiwo.de/unternehmen/it/esports-das-silicon-valley-spielt-verrueckt/14739634.html. Zugegriffen: 22. Aug. 2021.

Prime League (o.J.a): FAQ, [online] https://www.primeleague.gg/statics/faq. Zugegriffen: 26. Aug .2021.

Prime League (o.J.b): Partners, [online] https://www.primeleague.gg/partners. Zugegriffen: 27. Aug. 2021.

Prime League (2020): Eine Pizza mit Anika „RYXCALES" und JUST JOHNNY | Prime League [YouTube], https://www.youtube.com/watch?v=JplvV8jC-Bs.

Pwc (2018): Sponsoring im E-Sport-Markt, [online] https://www.pwc.de/de/technologie-medien-und-telekommunikation/digital-trend-outlook-2018-esport/sponsoring-im-esport-markt.html . Zugegriffen: 20. Aug. 2021.

Sadiku, Matthew N.O./Adebowale E. Shadare/Sarhan M. Musa (2017): Digital Natives, in: *International Journals of Advanced Research in Computer Science and Software Engineering,* Bd.7, Nr.7, S. 124–125, [online] https://www.researchgate.net/profile/Adebowale-Shadare/publication/326071415_Digital_Natives/links/5bcd7904a6fdcc03c79ad42c/Digital-Natives.pdf. Zugegriffen:17. Aug. 2021.

Scholz, Tobias M. (2019): ESports is Business: Management in the World of Competitive Gaming, Palgrave macmillan, Cham.

Sebek, Markus (2020): Warum Esport-Sponsoring gerade jetzt so reizvoll ist, [online] https://www.ispo.com/maerkte/esports-darum-ist-der-markt-fuer-sponsoren-interessant. Zugegriffen: 20. Aug. 2021.

Simmons, Carolyn J./Karen L. Becker-Olsen (2006): Achieving marketing objectives through social sponsorships, in: *Journal of Marketing,* Bd.70, Nr.4, S. 154–169, [online] https://journals.sagepub.com/doi/pdf/https://doi.org/10.1509/jmkg.70.4.154?casa_token=ck8BiUAi-N4AAAAA:HvwIs1yaMO1tWyNhs3b0UEfnMwlSrRybqZjhusxk1ArwDXBIMg8l6YN95XjiaLEEUAhpqvHv2g-z. Zugegriffen: 20. Aug. 2021.

SPONSORs (2019): ESport: So funktioniert das Ecosystem, [online] https://www.sponsors.de/news/themen/esport-so-funktioniert-das-ecosystem. Zugegriffen: 22. Aug. 2021.

SPORTFIVE (2021): State of the industry. Brands strategy in esports. Internes Dokument.

Summoner's Inn (o. J.): Anika „Ryxcales" Wolter, [online] https://www.summoners-inn.de/casters/ryxcales . Zugegriffen: 01. Sept. 2021.

Summoner's Inn (2018): Bewirb dich jetzt! SINN Junior Caster, [online] https://www.summoners-inn.de/news/68166-bewirb-dich-jetzt-sinn-junior-caster . Zugegriffen:01. Sept. 2021.

Summoner's Inn (2021a): Dr. Oetker La Mia Grande wird Broadcast-Partner für EU-Masters-Playoffs, [online] https://www.summoners-inn.de/news/103478-dr-oetker-la-mia-grande-wird-broadcast-partner-fr-eu-masters-playoffs . Zugegriffen: 30. Aug. 2021.

Summoner's Inn (2021b): Anzeige - Eine Pizza mit Rulfchen: Prime-League-Aufsteiger im Interview, [online] https://www.summoners-inn.de/news/101276-anzeige-eine-pizza-mit-rulfchen-prime-league-aufsteiger-im-interview. Zugegriffen: 30. Aug. 2021.

theScore esports (2019): SK Gaming Managing Director on why the org left CS:GO and their big bet on the League of Legends [YouTube], https://www.youtube.com/watch?v=PmtCsed4b3c.

Turtschan, Alexander (2013): ESports – ein spannendes Werbe- und Sponsoring-Umfeld für Marken, [online] https://serviceplan.blog/de/2013/08/esports/. Zugegriffen: 21. Aug. 2021.

Weiss, Thomas (2011): Fulfilling the Needs of eSports Consumers: A Uses and Gratifications Perspective, in: *Proceedings of the 24th Bled eConference,* S. 572–580, [online] https://citeseerx.ist.psu.edu/viewdoc/download?doi=10.1.1.461.1090&rep=rep1&type=pdf. Zugegriffen: 17. Aug. 2021.

Winner, Michelle (2018): Millennials sind endlich definiert – doch gleichzeitig ist ihr Zeitalter beendet, [online] https://onlinemarketing.de/cases/definition-millennials-zeitalter-beendet. Zugegriffen: 17. Aug. 2021.

WOMMA (2013): Womma influencer guidebook 2013, [online] https://de.slideshare.net/svenmulfinger/womma-influencer-guidebook-2013-pdf . Zugegriffen: 01. Sept. 2021.

YouGov (2020): E-Sport – Jeder elfte Deutsche hat Interesse an der digitalen Sportart, [online] https://yougov.de/news/2020/03/20/e-sport-ein-immer-grosser-werdendes-phanomen/ . Zugegriffen: 18. Sept. 2021.

Paul Mönnekes hat bereits mehr als 5 Jahre Erfahrung im E-Sports und Gaming Bereich. Er hält Webinare in verschiedenen Institutionen zum Thema Brand und Marketingmanagement im E-Sports. Ursprünglich hat er Sportmanagement im Bachelor an der Universität in Potsdam studiert. Seit 3 Jahren arbeitet er bei SPORTFIVE im E-Sports Bereich, zuletzt als Senior Director EMEA E-Sports.

Jakob Dötter ist ehemals Werkstudent an der Hochschule für angewandtes Management im E-Sports und hat in dem Fachbereich E-Sports bereits Lehre gehalten zum Thema Entwicklungsszenarien im E-Sports. Ebenso hat einige Module aus dem Bereich aufgebaut. Er hat im Bachelor Jakob Dötter ist Vorsitzender des Berlin Brandenburg eSports e. V. Im Moment studiert im Master Psychologie an der Humboldt-Universität Berlin.

7 Die erfolgreiche Produktdiversifikation als Teil des Marketingmix am Beispiel eines Performance-Drinks für den E-Sport und Gaming Sektor

Lukas Birnbaum

Inhaltsverzeichnis

7.1 Grundlagen 134
7.2 Aufgaben, Zielgruppe und Eigenschaften 135
7.3 Leistungsdruck im E-Sports 138
7.4 Produktdiversifikation am Beispiel der Produkte des Start-up-Unternehmens Summacum 141
Literatur 148

Zusammenfassung

Der E-Sports entwickelt sich kontinuierlich weiter und demnach auch die Relevanz und die Bedeutung hinsichtlich des Marketings quer durch alle Branchen hinweg. Daher ist das Ziel dieses Beitrags einen Überblick zu geben über den Marketing-Mix und die Platzierung des E-Sports. Es wird das Produktmanagement im E-Sports dargelegt und anhand eines Beispiels aus dem E-Sports Sektor verständlich erläutert. Grundlegend wird zunächst darüber Verständnis aufgebaut, dass im E-Sports beispielsweise die Interaktion auf Social-Media einen höheren Stellenwert hat als in anderen Bereichen des Sports, ebenso wie, dass die Kenntnisse und das Verwenden einer speziellen Gamer-Sprache und das Einfühlungsvermögen im E-Sports eine große Rolle spielen. Darüber hinaus wird übergeleitet zum Thema Leistungsdruck im E-Sports und die Berechtigung des Produktes der Firma Summacum, welches als Beispiel des Produktmanagements vorgestellt wird. Es werden vor allem die Besonderheiten, die es im Gaming und E-Sports zu beachten gilt, herausgearbeitet. Es fällt darunter zum Beispiel die Zusammenarbeit mit Partnern, die Entwicklung der corporate identity für das

L. Birnbaum (✉)
München, Deutschland

© Der/die Autor(en), exklusiv lizenziert an Springer Fachmedien Wiesbaden GmbH, ein Teil von Springer Nature 2024

A. Löchner und E. Lindner (Hrsg.), *E-Sports-Management*,
https://doi.org/10.1007/978-3-658-43835-7_7

Produkt von Summacum und die effektive Platzierung von Produktwerbung in den entsprechenden Medien. Es wird praxisnah erläutert wie das Produkt von Summacum aufgewertet und angepasst worden ist und letztlich im E-Sports und Gaming erfolgreich platziert werden kann.

7.1 Grundlagen

Das Produktmanagement umfasst die Planung, Steuerung und Kontrolle der zu vermarktenden Produkte und Dienstleistungen. Es ist die Koordinationsstelle zwischen dem Marketing, dem Vertrieb und der Forschung & Entwicklung innerhalb des Unternehmens. Dabei orientiert es sich stets an den Bedürfnissen der Kunden und bezieht diese maßgeblich bei den Anforderungen an das Produkt mit ein. (vgl. Absolventa, 2020) Produktmanager dienen zudem als Schnittstelle zwischen den Kunden (außerhalb des Unternehmens) und den Unternehmen selbst. Durch die Funktion als Schnittstelle sind die Aufgaben eines Produktmanagers häufig koordinativer und organisatorischer Natur. (vgl. Matys, 2018) Sie leiten das Feedback der Kunden an das Unternehmen weiter und setzen sich dafür ein, dass ein optimales Produkt hergestellt wird. Durch diese Arbeit können die Produkte stetig verbessert werden und die Kunden sind zufriedener. (vgl. Rehkopf, 2019) Besonders im schnell wachsenden und wandelbaren E-Sports-Sektor ist es von großer Bedeutung, die Produkte schnell zu verbessern, um sie den Kunden präsentieren zu können.

Damit das Produktmanagement erfolgreich arbeiten kann, ist eine umfangreiche Informationsbasis die Voraussetzung. Alle Abteilungen, mit denen das Produktmanagement zusammenarbeitet, müssen ausreichende Transparenz über Daten und Fakten gewähren. (vgl. Saxoprint, 2014).

Es gibt nicht die eine perfekte Lösung. Alle Produkte haben ihren eigenen Zweck und bergen ihre eigenen Herausforderungen. Deshalb muss das Produktmanagement immer individuell an das Produkt angepasst werden. (vgl. Rehkopf, 2019).

Das Produktmanagement ist nicht in allen Unternehmen richtig positioniert. Daher kann es dazu kommen, dass sich die Mitarbeiter im Produktmanagement als „Mädchen für alles“ fühlen. Der Produktmanager bekommt dann die Aufgaben, die keinem anderen Funktionsbereich im Unternehmen zugeordnet werden können. Ist dies der Fall, sollte das Produktmanagement klar neu positioniert werden. (vgl. Frese, 2018).

7.2 Aufgaben, Zielgruppe und Eigenschaften

Zu den Kernaufgaben im Marketing gehören die Planung des Produktlebenszyklus und die Vermarktung des Angebots. Zudem führt der Produktmanager detaillierte Marktanalysen durch und beobachtet die Entwicklungen des Markts. (vgl. Absolventa, 2020) Darüber hinaus fällt es Produktmanagern leichter, Produkte anzubieten, mit denen sich ihre Kunden identifizieren können, wenn sie die Grundlagen der Marketing- und Positionierungskonzepte nachvollziehen können. Zudem sollte die Wettbewerbslandschaft genau untersucht werden, um Lücken auszumachen und sich abheben zu können. (vgl. Rehkopf, 2019) Der Produktmanager erstellt Konzepte und Positionierungen unter Beachtung der Unternehmensziele für sein Produkt. Die Erfüllung eines Kundennutzens und ein Alleinstellungsmerkmal gegenüber der Konkurrenz sollten Bestandteile des Konzepts sein. Zur Zeit der Produkteinführung arbeitet der Produktmanager besonders eng mit dem Marketing-Team zusammen und erstellt einen passenden Marketing-Mix mit ihnen. (vgl. Saxoprint, 2014).

Der Marketing-Mix (4 P's) besteht aus den Komponenten Product (Produkt), Price (Preis), Place (Platzierung, Distribution) und Promotion (Kommunikation). Die vier P's beim Anbieter entsprechen den 4 K's beim Kaufinteressenten (vgl. Kotler et al., 2016, 129). Dabei stehen dem Produkt die Käuferbedürfnisse und Käuferwünsche gegenüber. Bei dem Preis handelt es sich um die Kosten für den Käufer, sowohl Anschaffungs-, als auch Folgekosten. Der Komfort, wie leicht ein Produkt für den Käufer zu erwerben ist, lässt sich der Platzierung zuordnen. Der Aspekt der Promotion stellt den Kommunikationsbedarf des Käufers über das Produkt dar.

Das Produktmanagement analysiert die Innen- und Außenbereiche der unternehmerischen Tätigkeiten. Dabei werden die inneren Unternehmensprozesse auf Stärken und Schwächen untersucht. Daraus soll eine stetige Optimierung der Arbeitsprozesse folgen. Auch der Marketing-Mix des Unternehmens wird analysiert und bewertet. Bei der externen Analyse wird die vorherrschende Marktsituation auf Chancen und Risiken geprüft. Darunter fällt auch die Tätigkeit der Konkurrenz. (vgl. Saxoprint, 2014).

Um den aktuellen Marketing-Mix des Unternehmens bewerten und einen zielgruppengerechten Marketing-Mix für neue Produkte erstellen zu können, benötigt der Produktmanager einen Überblick über die Zielgruppe. Nach Betrachtung verschiedener Analysen, Studien und Expertenmeinungen (vgl. Deloitte, 2020, Newzoo, 2020, Nielsen Sports, 2018 & 2019) lässt sich die Zielgruppe im E-Sports wie folgt zusammenfassen:

Ein Großteil der Zielgruppe ist zwischen 16 und 40 Jahren alt. Zur engeren Hauptzielgruppe gehören dabei die 18–30-Jährigen. Insgesamt kann die Zielgruppe als jung beschrieben werden. Neben der Hauptzielgruppe gehören jedoch auch Kinder ab 12 Jahren und Erwachsene, die älter als 40 Jahre sind, durchaus mit zur Zielgruppe im deutschen E-Sports-Markt. Es sind grundsätzlich Personen aus allen Altersschichten vertreten.

Die Zielgruppe ist zudem mit ca. 70 % stark männlich dominiert. Dies ist allerdings von Spiel zu Spiel unterschiedlich. Es gibt Spiele, bei denen die Männerquote sogar bei

80 % liegt. Andererseits gibt es Spiele, bei denen die Frauenquote bei fast 50 % liegt. Hierbei muss auch unterschieden werden zwischen Personen, die selbst im E-Sports aktiv sind und Personen, die den E-Sports nur aus Zuschauersicht verfolgen. Bei den aktiven E-Sportlern liegt der Männeranteil deutlich höher als bei den E-Sports-Zuschauern, wo fast 40 % Frauen vertreten sind.

Darüber hinaus hat die Zielgruppe eine überdurchschnittlich hohe Bildung. Dies ist insbesondere darauf zurückzuführen, dass viele Studenten sich für E-Sports interessieren.

Außerdem sind eine hohe Kaufkraft und ausgeprägte Konsumfreudigkeit weitere Merkmale der Zielgruppe.

Die Zielgruppe ist viel in den sozialen Netzwerken unterwegs und allgemein sehr Internet-affin. Twitter und Youtube sind dabei die sozialen Netzwerke, die von den E-Sports-Fans am meisten genutzt werden. Neben den sozialen Netzwerken konsumiert die Zielgruppe viele Inhalte auf der Livestreaming-Plattform Twitch. Zudem ist sie an Technik interessiert und in der Anwendung versiert. Die E-Sports-Interessierten sind im Allgemeinen viel digitaler unterwegs. Einige von ihnen besuchen auch regelmäßig die Homepages von E-Sports-Teams. Discord und Reddit sind E-Sports-spezifische Applikationen, die von zahlreichen E-Sports-Fans genutzt werden.

Außerdem erstellt der Produktmanager im Vertriebs-Bereich Reportings, die für den wirtschaftlichen Erfolg eines Produkts relevant sind. Des Weiteren übernimmt er die Aufgabe das Produkt bei Kunden zu präsentieren und schult den Kundenservice. Im Development beteiligt er sich an der Produktentwicklung und trägt zur technischen Weiterentwicklung des Produkts bei. (vgl. Absolventa, 2020).

Eins der primären Zeile im Produktmanagement ist die Kundezufriedenheit. Nach dem Eintreffen des Produkts im Markt führt ein guter Produktmanager regelmäßige Analysen zur Kundezufriedenheit durch und wertet diese aus. Die Befragungen können zum Beispiel über Fragebögen oder per E-Mail erfolgen. Falls die Zufriedenheit der Kunden unter den Zielen des Unternehmens liegt, leitet er Optimierungsschritte ein. (vgl. Saxoprint, 2014) Im E-Sports ist die Interaktion zwischen den Kunden und den Organisationen deutlich stärker als in den meisten anderen Branchen. Die E-Sports-Enthusiasten schreiben zum Beispiel viele Kommentare unter Posts auf Social-Media-Plattformen und beteiligen sich aktiv am Chat während eines Live-Streams. Somit stehen dem Produktmanager mehr Informationen von der Kundenseite zur Verfügung, ohne selbst aktiv danach zu fragen. Dies vereinfacht die Arbeit des Produktmanagers einerseits, aber andererseits ist es entscheidend, dass er diese Menge an Informationen zielgerecht verarbeiten kann.

Außerdem trägt der Produktmanager die Verantwortung über die gesamte Koordination in Bezug auf die Produktumsetzung. Er überwacht zudem die Produktrealisierung. Darunter fallen zum einen die äußerlichen Merkmale wie Design und Verpackung und zum anderen auch die Preispositionierung. (vgl. Saxoprint, 2014).

Bei der Marktanalyse stets aufmerksam zu sein zeichnet ein erfolgsorientiertes Produktmanagement aus. So können potenzielle Verbesserungen frühzeitig erkannt und umgesetzt werden. Auch die Konkurrenzanalysen werden regelmäßig durchgeführt. Falls dabei starke Änderungen zum Beispiel im Preis zu erkennen sind, sollte die eigene Positionierung nochmals geprüft und bei Bedarf angepasst werden. Die ist notwendig, um sich dauerhaft gegen konkurrierende Produkte durchzusetzen und sich langfristig im Markt zu behaupten. (vgl. Saxoprint, 2014).

Ein Produktmanager ist ein „Unternehmer für sein Produkt“. Er ist verantwortlich für den Erfolg dieses Produkts. Um dieses Produkt erfolgreich machen zu können, sollte er eine gute Kommunikationsfähigkeit besitzen und sich Marketing-Know-how angeeignet haben. (vgl. Frese, 2018).

Zudem benötigt jeder Produktmanager folgende Kompetenzen: Redegewandtheit, Marketing-Kompetenz und Einfühlungsvermögen. (vgl. Rehkopf, 2019).

Das Team durch die Sprache zu inspirieren, sollte eine Fähigkeit des Produktleiters sein. Speziell in Kundeninterviews und in der Marktforschung sollte die Redegewandtheit eines Produktmanagers zum Ausdruck kommen. Er hat viel Kundenkontakt und teilt die Eindrücke der Kunden innerhalb des Unternehmens durch seine ausgeprägte Redegewandtheit überzeugend mit. (vgl. Rehkopf, 2019).

Im Produktmanagement liegt der Fokus auf den Kunden. So werden die Marketingaktivitäten kundenorientiert ausgerichtet. Die Sprache der Kunden wird häufig in die Produktbotschaft miteinbezogen. Es ist wichtig mit der Zielgruppe über ihre Sprache zu kommunizieren und dies bezieht sich auf alle Produkte. (vgl. Rehkopf, 2019) Besonders im E-Sports-Markt ist es wichtig, die „Gamersprache“ zu sprechen. Gamer und E-Sports-Fans haben ihre eigene Sprache. Die Firmen haben einen großen Vorteil, wenn sie diese Sprache beherrschen. Sie ist essenziell, um die E-Sports-Enthusiasten zu erreichen. Die „Gamersprache“ verwendet viele Anglizismen und enthält zahlreiche Fachbegriffe aus den entsprechenden Spielen. Für Unternehmen ist es wichtig, diese Sprache nicht nur vollständig zu beherrschen, sondern auch anwenden zu können.

Das Einfühlungsvermögen eines Produktmanagers sollte ausgeprägt sein. Dies bezieht sich unter anderem auf das Einfühlungsvermögen in die Entwickler und das obere Management. Sie sollten sich in die Probleme und Arbeitsweisen der Entwickler sowie in die ehrgeizigen Ziele und die Zeitpläne des Managements einfühlen können. Dafür sollten die Produktmanager sich tief mit ihnen auseinandersetzen, um sie möglichst genau verstehen zu können. (vgl. Rehkopf, 2019).

Insgesamt muss der Produktmanager sowohl die heutigen als auch die zukünftigen Kundenbedürfnisse identifizieren und für eine reibungslose Zusammenarbeit der Abteilungen sorgen. (vgl. Frese, 2018).

Jedoch bringt das abteilungsübergreifende Arbeiten Herausforderungen mit sich. Innerhalb der einzelnen Abteilungen herrscht teilweise ein sogenanntes Abteilungsdenken. Dabei denkt die Abteilung in erster Linie an sich und kümmert sich nur zweitrangig um die Zusammenarbeit mit anderen Abteilungen. Daher muss der Produktmanager die Ansichten der verschiedenen Abteilungen zusammenführen und dafür sorgen, dass die Zusammenarbeit funktioniert. (vgl. Frese, 2018).

7.2.1 Ansatz des Produktmanagements nach Martin Eriksson

Martin Eriksson hat eine etwas andere Definition des Produktmanagements aufgestellt. Laut ihm ist das Produktmanagement „der Schnittpunkt von Business, User Experience und Technologie". (Eriksson, 2011) Die einzelnen Bereiche lassen sich wie folgt erklären:

Business: Zwischen Entwicklung, Design, Kunden und dem Geschäftsbereich herrscht eine Kommunikationslücke. Das Produktmanagement hilft beim Überbrücken dieser Lücke und unterstützt somit beim Erreichen der Geschäftsziele. (vgl. Eriksson, 2011).

User Experience: Das Produktmanagement ist die Stellvertretung der Kunden innerhalb des Unternehmens. Es fokussiert sich auf die User Experience und setzt sich für die Meinung der Kunden ein. (vgl. Eriksson, 2011).

Technologie: Das Produktmanagement ist ein ständiger Begleiter in der Entwicklungsabteilung. Dabei sind umfangreiche Informatikkenntnisse unverzichtbar. (vgl. Eriksson, 2011).

7.3 Leistungsdruck im E-Sports

Im nachfolgenden Abschnitt wird das Thema Leistungsdruck im E-Sports näher erläutert, um mehr Verständnis über die Relevanz des Produktes, welches im nächsten Teil vorgestellt wird zu erhalten.

Schon seit einiger Zeit haben professionelle E-Sportler mit ähnlichen Problemen zu kämpfen, wie es auch bei Profi-Sportlern in rein physischen Sportarten der Fall ist. Große E-Sports-Organisationen sind sich dem Leistungsdruck der Spieler bewusst und stellen daher Mentalcoaches und Psychologen für die Spieler ein. Es ist wichtig, dass die Spieler sowohl körperlich als auch mental in bester Verfassung sind. (vgl. Merz & Froböse 2021a) Die mentale Gesundheit ist im E-Sports genauso wichtig, wenn nicht sogar wichtiger als die physische Fitness. (vgl. IGM, 2021) Den Leistungsdruck spüren nicht nur Anfänger, sondern auch erfahrene Spieler, Stars und Weltmeister sind davon betroffen. Dies nimmt in einer Phase mit wenig Erfolg nochmal zu und erhöht den Druck weiter. (vgl. Merz/Froböse 2021a).

Im E-Sports verursacht ein Fehler eine komplette Veränderung der gesamten Spielsituation. Im Fußball ist dies nicht der Fall. Dadurch ist der Druck riesig, denn selbst der kleinste Fehler kann fatale Folgen haben. Außerdem sind individuelle Fehler schwer zu kompensieren. Falls sie zu kompensieren sind, muss das ganze Team den Fehler wiedergutmachen. Somit lastet ein enormer Druck auf jedem einzelnen Spieler. (vgl. Merz & Froböse 2021a).

Außerdem fehlen Erfahrungswerte und klare Strukturen im E-Sports, die im traditionellen Sport bereits seit Jahrzenten etabliert sind. Auch das junge Alter der E-Sportler spielt eine Rolle. Ein sehr großer Teil der Gamer fängt bereits in einem sehr jungen Alter an, Videospiele kompetitiv und professionell zu spielen. Ihnen sollte eine Leitfigur gegeben werden. Diese sollte den Spielern im E-Sports selbst und in der Realität zur Seite stehen. (vgl. Merz & Froböse 2021a).

Die Stresssituationen, in welchen sich E-Sportler in Finalen von großen Turnieren befinden, sind mit denen zu vergleichen, wenn Fußballspieler einen Elfmeter in einem wichtigen Spiel schießen. Daher ist es wichtig, dass die E-Sportler ihren eigenen Körper kennen und wissen, wie er sich in solchen Situationen verhält und reagiert. Diese Erkenntnisse sind Voraussetzung dafür, dass die Spieler auch unter enormem Druck ihr volles Potenzial ausschöpfen können. (vgl. Merz & Froböse 2021b).

Um das Stresslevel unter Kontrolle zu bekommen, gibt es verschiedene Möglichkeiten. Durch die richtige Atmung kann dort schon ein Vorteil geschaffen werden. Durch das Trainieren der Atmung können die Spieler in jeder Situation ihre Atmung aktiv steuern und diese somit kontrollieren. Des Weiteren haben E-Sportler häufig nur kurze Pausen und müssen ihre Leistung in geringen Abständen abrufen. Umso wichtiger ist das mentale Abschalten zwischen den Spielen. Die E-Sportler sollten sich in diesen Phasen aktiv ablenken. (vgl. Merz & Froböse 2021b).

Es muss beachtet werden, dass ein E-Sportler seine Höchstleistungen nur dann erzielen kann, wenn sein Körper und sein Geist gesund sind. Durch den enormen Leistungsdruck, das viele Training und das viele Reisen können Zusammenbrüche und Burn-outs entstehen. Um dagegen vorzubeugen, müssen ausreichende Ruhe- und Entspannungsphasen in den Alltag eingebaut werden. (vgl. IGM, 2021).

„E-Sportler müssen über einen langen Zeitraum überdurchschnittlich hohe kognitive Leistungen erbringen.“ - Änne Wetzel. (IGM, 2021).

Damit die E-Sportler ihr Niveau halten und verbessern können, investieren sie täglich mehr als zehn Stunden in das Training. Sie legen ihren vollen Fokus auf den E-Sports, da sie nur eine sehr begrenze Zeit auf dem höchsten Niveau spielen können. Der E-Sports ist sehr schnelllebig und der begrenzte Zeitraum, in denen E-Sportler ihre Höchstleistung erbringen können, erhöht den Leistungs- und Konkurrenzdruck. Zudem werden andere Bereiche im Leben durch das lange Training vernachlässigt. Durch die steigende Bekanntheit des E-Sports steigt auch die Konkurrenz. Aufgrund dessen sind E-Sportler ständig davon angetrieben ihre Höchstleistung zu erbringen und lösen sich dafür von anderen Verpflichtungen wie zum Beispiel der Schule. Professionelle E-Sportler richten ihr gesamtes Leben auf den E-Sports aus, um ihre Leistung zu steigern. Zusätzlich zu den Trainings mit dem Team üben sie auch allein. Es ist wichtig, auch seinen individuellen Rang zu steigern. Somit verbringen die Profis noch mehr Zeit mit dem E-Sports. Außerdem gehört neben der Analyse der Handlungen des eigenen Teams auch eine Analyse des gegnerischen Teams zu den Aufgaben dazu. (vgl. Lamsfuß, 2018).

Die E-Sportler ordnen ihre eigenen Bedürfnisse den Zielen des Teams, wie dem Besserwerden und dem Gewinnen häufig unter. Obwohl sie sich zum Beispiel gerne mit ihren Freunden treffen würden, trainieren sie eine weitere Einheit mit ihrem Team. Hinzu kommt, dass ein vermehrtes Training dazu führt, soziale Kontakte innerhalb der E-Sports-Szene zu knüpfen und auszubauen. Dadurch erhalten sie zum Beispiel Angebote von anderen E-Sports-Teams oder Einladungen, als Experte bei einen Live-Übertragung in Erscheinung zu treten. Somit ist es für die Spieler schwer, Zeit für soziale Kontakte außerhalb des E-Sports aufzubringen. Der Kontakt zur Familie und bereits bestehenden Freundschaften vor der E-Sports-Zeit wird immer weniger. Zugleich zählen viele Spieler ihre Teammitglieder zu ihren Freunden und ihr soziales Umfeld besteht zunehmend mehr aus Leuten innerhalb der E-Sports-Szene. Auch der Aspekt der Anerkennung spielt eine Rolle. Die Spieler streben nach Anerkennung und erreichen diese vermehrt durch eine bessere Leistung im Spiel. Hier geht es vor Allem um Anerkennung innerhalb der E-Sports-Szene. Dies ist ein weiterer Grund für den enormen Zeitaufwand für das Training. (vgl. Lamsfuß, 2018).

E-Sportler müssen mental gefestigt sein, damit der Leistungsdruck in Kombination mit dem Erwartungsdruck des Arbeitgebers und der Fans nicht dazu führt, dass „beeinträchtigende Emotionen" die Kontrolle gewinnen. Der Schritt Mentaltrainer einzustellen ist richtig, da diese mit einer realistischen Einschätzung der Situation und dem Aufzeigen von Methoden und Techniken zum Druckabbau gut helfen können. Es können außerdem viele Erkenntnisse aus der Sportpsychologie auf den E-Sports übertragen werden. Sowohl im E-Sports als auch beim traditionellen Sport ist es das Ziel, seine Leistung zu einem bestimmten Zeitpunkt optimal abrufen zu können. (vgl. IGM, 2021).

Sportpsychologische Coachings sollten im E-Sports sowohl Themen rund um das Spiel als auch Themen außerhalb des Spiels umfassen. Dazu gehört zum Beispiel ein geregelter Tagesablauf, die Pflege des sozialen Umfelds und das Schaffen von Routinen. Die Sportpsychologie hat schon mehr an Bedeutung gewonnen, aber „perspektivisch ist es notwendig, das Thema mentale Gesundheit mehr in den Fokus zu rücken und als selbstverständlich anzusehen", so Änne Wetzel. (IGM, 2021).

Die Spieler können ihre Leistung nur dann erbringen, wenn sie Fit im Kopf sind und dort keine großen Probleme haben. Jedoch wird häufig erst dann gehandelt, wenn bereits Probleme auftreten. Allerdings sollte in diesem Bereich durch die Förderung der mentalen Gesundheit viel mehr vorgebeugt werden. (vgl. IGM, 2021).

Die Motorik ist die am meisten geforderte körperliche Aufgabe im E-Sports. Besonders die Hand-Augen-Koordination ist dabei sehr relevant und entscheidend. Jedoch sind im E-Sports die kognitiven und mentalen Fähigkeiten dominant. Einige Beispiel hierfür sind das räumliche Vorstellungsvermögen, eine gute Spielübersicht sowie ein gutes Spielverständnis, die taktische Ausrichtung und ein vorausschauendes Denken. Damit diese Anforderungen von den Spielern abgerufen werden können, müssen sie konzentriert sein. Die Konzentrationsfähigkeit stellt also die Grundlage dar. Um diese zu fördern und unterstützen eignet sich der Wirkstoff L-Theanin. Er sorgt sowohl für einen ruhigen als auch aufmerksamen und konzentrierten geistigen Zustand. Diese Aminosäure sorgt außerdem für einen Anstieg von Alpha-Wellen im Gehirn. Wenn ein E-Sportler konzentriert, aufmerksam und zugleich entspannt ist, befindet er sich im Alpha-Zustand. Somit können die Profi-Spieler ihre Leistung vor allem in stressigen Situationen besser abrufen. (vgl. Summacum, 2019).

Den Inhaltsstoff L-Theanin verarbeitet z. B. das Unternehmen Summacum in ihren Produkten. Durch den enormen Leistungsdruck im E-Sports erhöht sich das Interesse und die Nachfrage nach diversen Konzentrationsboostern.

7.4 Produktdiversifikation am Beispiel der Produkte des Start-up-Unternehmens Summacum

Der nachfolgende Teil ist durch Informationen von Patrick Schmuck, Franz Witte und Anna Lamsfuß entstanden.

7.4.1 Vorstellung des Unternehmens Summacum

Das Start-up-Unternehmen Summacum wurde im April 2017 gegründet und angemeldet und bietet Performance-Drinks zum selbstmischen an. Bis zur Gründung hat Patrick Schmuck die Projekte alleine verwaltet und gestaltet. Seit der Eintragung ist der Mitgründer Andreas Reitzle mit im Unternehmen tätig. Die Zielgruppen für die Produkte des Unternehmens sind Studenten und der Gamer-Markt.

Der Gründer Patrick Schmuck hatte während seines Studiums mit Konzentrationsschwächen zu kämpfen, besonders als es in die intensiven Lernphasen ging. Nach seiner Recherche stellte er fest, dass noch keine Konzentrationsbooster auf pflanzlicher Basis und mit wenig Zucker hergestellt werden. Daraufhin hat er sich entschieden, einen Konzentrationsbooster zu entwickeln, der auf natürlicher Basis existiert, direkt einzunehmen ist und nur sehr wenig Zucker enthält.

Andere Produkte gab es nur in flüssiger Form, wie zum Beispiel Energy Drinks. Bei diesen Getränken besteht immer die Gefahr des Auslaufens. Dies kann besonders am PC größere Schäden verursachen. Dieses Risiko sollte vermieden werden.

Gestartet hat das Unternehmen daher mit Konzentrationsboostern in Form kleiner Sticks. Diese Sticks enthielten ein Pulver zur direkten Einnahme.

Seit der Gründung und Anmeldung konnte ein starkes Wachstum verbucht werden, wodurch das Produktportfolio ausgeweitet wurde. Zudem konnte Summacum durch effiziente Marketingmaßnahmen ihre Umsatzzahlen und Markenbekanntheit steigern. Ziel des Unternehmens ist es, die Marke Summacum und deren Produkte zunächst in ganz Deutschland und dann in ganz Europa zu verkaufen und zu einem der Marktführer zu machen.

Der Name Summacum ist dadurch entstanden, dass „summa cum laude" die höchste Auszeichnung für eine Dissertation ist. Summacum soll genau diesen Weg begleiten und mit diesem Namen zum erfolgreichsten Abschluss kommen. Das Unternehmen baut auf eine stark emotionale Marke mit international einheitlicher Namensbedeutung und einem hohen Wiedererkennungswert durch ihr markantes Eulenlogo.

Schon bei den ersten entwickelten Produkten wurde das Thema Doping und Abhängigkeit berücksichtigt und darauf geachtet, keine ungesunden Stoffe mit in das Produkt einzumischen, die abhängig machen und als Doping-Mittel gelten könnten. Daher hat sich das Unternehmen auf die Kölner Liste setzten lassen, in der Produkte auf Stoffe, die bei Sportlern als Doping gelten würden, getestet werden. Durch die Aufnahme des Produkts in die Liste, können Sportler das Produkt bedenkenlos einnehmen.

Inzwischen ist Summacum nicht mehr auf der Kölner Liste aufgeführt, da mit Blick auf die Zielgruppe kein besonderer Fokus mehr auf Sportler gelegt wird und die Kosten, um auf der Liste zu bleiben nicht rentabel waren für das Unternehmen. Die Produkte erfüllen dennoch weiterhin die Anforderungen, um auf die Kölner Liste zu kommen.

Kooperation mit der Hochschule für angewandtes Management

Nach der Gründung des Start-ups haben die Gründer eine Kooperation mit der Hochschule für angewandtes Management begonnen. Zu diesem Zeitpunkt war das Start-up noch ziemlich unbekannt und es war unklar, was sich hinter dem Namen Summacum verbirgt. Nach mehreren Gesprächen wurde entschieden, mit dem zweiten Semester der Studierenden in Ismaning eine Testreihe zu starten. Dort wurde das Start-up zunächst vorgestellt.

Die Studierendengruppe sollte das Produkt der Sticks testen und bewerten. Die Studierenden wurden dafür mit einem Fragebogen und offenen Fragen zum bisher produzierten Produkt und zum Layout befragt. Dabei hat sich gezeigt, dass der Geschmack sehr gewöhnungsbedürftig sei. Der Geschmack wurde dabei häufig beschrieben, als hätte man einen starken Kaffee mit sehr viel Zitrone kombiniert und es war sehr bitter. Der Geschmack hat insgesamt in der Testphase bei den Studierenden sehr schlecht abgeschnitten und es wurde häufig angemerkt, den Geschmack definitiv ändern zu müssen. Allerdings haben das Logo mit der Eule sowie das Layout gut abgeschnitten, da es zur Zielgruppe passen würde. Aufgrund dieses Feedbacks hat das Unternehmen anschließend den Geschmack überarbeitet.

7.4.2 Produktentwicklung

Aus dem ersten Stick sind daraufhin erstmals verschiedene Geschmacksrichtungen entstanden. Da zu dieser Zeit Eistee sehr beliebt war, wurden die Sticks mit ihrem Pulver als Performance Ice Tea mit dem jeweiligen Geschmack angeboten. Aktuell gibt es sechs Geschmäcker (Kaktusfeige, Kokos Blaubeere, Maracuja, Pfirsich, Wassermelone und Wildkirsche). Dabei wurden Kaktusfeige, Maracuja und Kokos zuerst entwickelt. Die anderen drei Geschmäcker Wassermelone, Wildkirsche und Pfirsich wurden erst später entwickelt. Das Layout wurde dabei immer an die entsprechende Geschmacksrichtung angepasst.

Da aufgefallen ist, dass die Produkte nicht nur die Zielgruppe der Studierenden ansprechen, sondern auch den Gaming- und E-Sports-Bereich, wurde dies im Marketing berücksichtigt. Nach verschiedensten Engagements erhielten die Gründer erneut das Feedback, dass das ursprüngliche Konzentrat keinen guten Geschmack hat, sodass sie sich komplett auf die Performance Ice Tea's konzentriert haben.

Zudem wurde festgestellt, dass der Markt sich für nachhaltige Booster, gesunde Ernährung, Vitamine und Mineralstoffe interessiert und wächst. Daraufhin haben sich die Gründer Gedanken darüber gemacht, was am besten hilft, um das Produkt im Körper zu unterstützen. Dabei ist aufgefallen, dass Koffein und Vitamin C in Kombination sehr gut wirken. Also wurden entsprechende Vitamin C Booster sowie Immun-Booster produziert, die durch verschiedene Vitamine und Mineralstoffe den alltäglichen Haushaltsbedarf nachhaltig und gesund unterstützen.

Neben dem Fokus auf den Gaming- und E-Sports-Bereich wurde festgestellt, dass viele Personen, die mit Migräne zu kämpfen haben, den Immun-Booster nutzen und dieser ihnen bei der Bekämpfung der Symptome hilft. Einige Personen haben den Immun-Booster fast als Ersatz für Medikamente wie zum Beispiel Aspirin genutzt, da der Booster keine chemischen Inhaltsstoffe enthält. Dies hat auch aufgrund von verstärktem Home-Office zu einem kleinen Boom geführt. Denn durch das lange vor dem PC-Sitzen haben sich mehr Personen darüber informiert, wie sie sich länger konzentrieren können. Die Corona-Phase hat für ein Anstieg der Verkäufe und der Bekanntheit gesorgt. Allerdings gab es auch Probleme mit dem Lieferanten, welcher die Dosen herstellt.

Insgesamt haben sich die Produkte von ihrem ersten Stick mit dem Geschmack „Koffein-Zitrone“, hin zum Eistee mit ursprünglich drei Sorten und anschließender Entwicklung drei weiterer Sorten und den Vitamin C- und Immun-Boostern entwickelt.

Parallel zur Entwicklung der Performance Ice Tea's wurden Shaker entwickelt. Denn den Gründer Patrick Schmuck hat es gestört, dass bei vielen Konkurrenzprodukten nach dem Mischen des Pulvers mit Wasser noch Klümpchen enthalten waren. Daraufhin wurde ein Shaker mit einem eingebauten Sieb oben im Shaker mit in das Produktportfolio aufgenommen.

7.4.3 Zusammenarbeit mit Influencer

Das Unternehmen konzentriert sich vor allem auf die Zusammenarbeit mit Influencern und nicht auf die Zusammenarbeit mit Groß-Sponsoren für die Vermarktung der Produkte. Zu Beginn wurde mit vielen E-Sports-Organisationen wie Vuptrox, und Entropy Gaming zusammengearbeitet, was sich aber in Hinsicht auf den Umsatz nicht gelohnt hat. Daher wurde diese Herangehensweise geändert, stattdessen wird nun mit einigen „mittelgroßen“ Influencern zusammengearbeitet. Die Influencer bekommen dabei Produkte von Summacum und erhalten eine Beteiligung an ihren Verkäufen. Dies läuft über einen Code, sodass der Verkauf dem entsprechenden Influencer zugeordnet werden kann.

Außerdem wurden einzelne kleinere deutschsprachige Turniere in Counter Strike und Call of Duty gesponsert. Es wurde auch mit Let's Cast und C-Play zusammengearbeitet. Dies waren alles kurzfristige Projekte. Es wurde viel getestet, was sich für das Unternehmen tatsächlich rentiert. Da das Unternehmen Level Up im E-Sports jedoch sehr stark vertreten ist, war der Markt bereits ziemlich gedeckt. Nach diversen Tests im E-Sports- und Gaming-Markt wurde der Entschluss gefasst, sich nicht zu sehr auf diesen Markt allein zu versteifen, sondern flächendeckender zu verkaufen.

Aktuell arbeitet Summacum mit unterschiedlichsten Streamern zusammen, zum Beispiel mit „Renemastermix", der Poker-Streams macht, „HighScore Heroes" aus dem Overwatch Bereich, „Acid Fire" mit Escape from Tarkov und „JimPanse". Diese Streamer gehören alle zu der Kategorie „mittelgroß". Größere Streamer fordern häufig ein recht hohes Festgehalt und dieser Aspekt macht es schwerer zu planen. Denn es ist schwer abzuschätzen, wie viele Produkte die Streamer verkaufen. Es gibt aus diesem Grund ein kleineres Risiko und eine bessere Planungssicherheit, wenn mit mehreren Kleineren anstatt mit wenigen großen Streamern kooperiert wird. Die Entscheidung mit mehreren kleineren Streamern zusammenzuarbeiten hat den Hintergrund, dass die Zusammenarbeit mit größeren Streamern aufgrund ihres Festgehalts und deren Return Investment nicht lukrativ waren. Zu Beginn wurde jeder Partner, der auf Summacum zugekommen ist, angenommen. Aufgrund vieler Kooperationsanfragen fiel es schwer den Überblick zu behalten. Es kam hinzu, dass das Unternehmen Kooperationen einging mit Streamern, die nicht mit den ethischen Werten des Unternehmens zusammenpassten und in der Außenwahrnehmung nicht mit dem Namen Summacum in Verbindung gebracht werden sollten.

Die Zusammenarbeit zwischen Summacum und den Influencern entsteht aus zwei verschiedenen Richtungen. Zum einen kommen aktive Anfragen von Influencern, die Interesse an den Produkten haben. Das birgt den Vorteil, dass Summacum sich sicher sein kann, dass diese Influencer ein tatsächliches Interesse an den Produkten haben und es authentisch verkaufen können. Zudem können diese Influencer ehrlich an ihre Community weitergeben, dass sie von dem Produkt überzeugt sind. Bei Anfragen von Influencern wird darauf geachtet, in welchem Spiel sie am Aktivsten sind. Wenn zum Beispiel ein „Escape from Tarkov" Streamer auf Summacum zukommt, wird er wahrscheinlich kein Angebot bekommen, wenn schon viele „Escape from Tarkov" Streamer mit dem Unternehmen zusammenarbeiten. Der Markt ist dann schon durch die vorhandenen Streamer gesättigt. Zum anderen gibt es eine externe Person, die passende Streamer für das Unternehmer suchen und als Influencer anwerben.

Die Zielgruppe, welche Summacum ansprechen möchte liegt beim Alter zwischen 18 und 40. Das Durchschnittsalter der Gamer:Innen in Deutschlang liegt bei 37,5 Jahren. (game, 2022) Neben Studenten und Gamern gehört die breite arbeitende Gesellschaft ebenfalls zur Zielgruppe dazu. Damit vollständige Transparenz und Autonomie garantiert werden kann, haben die Influencer beim Bewerben der Produkte bei ihrer Zielgruppe nahezu eine komplette Gestaltungsfreiheit. Neben steigendem Absatz generiert Summacum so kostengünstig Reichweite, welche Markenbekanntheit und zukünftige Einnahmen sichert.

7.4.4 Zusammenarbeit mit Investoren

Zu Beginn hat Summacum immer wieder nach Investoren gesucht. Diese Suche gestaltete sich allerdings aufgrund des nicht überzeugenden Geschmacks des ersten Produkts als schwierig. Mit den neuen Produkten und dem verbesserten Geschmack konnten jedoch, Partner gewonnen werden. Einer dieser Partner ist Sport1. Sport1 hat einen eigenen E-Sports-Sender, der eine ähnliche Zielgruppe anspricht, wie die Produkte von Summacum. Außerdem ist Sport1 zugleich auch der größte Investor und hat entsprechend ihrer Investition Anteile am Unternehmen erworben. Weitere Investoren sind kleinere Privat-Investoren, welche sich an dem Unternehmen beteiligen. Sport1 ist bis heute noch Partner und es wurden zusammen viele Projekte umgesetzt. Ein wichtige Beteiligung war die TV-Werbung während der Darts-Weltmeisterschaft auf Sport 1. Über den Zeitraum der Ausstrahlung konnte Summacum den Umsatz stark erhöhen, wobei ein Großteil der Darts-Neukunden zu Bestandskunden im Shop wurden. Hier setzt Summacum mit gezielter Werbung und idealer Landingpage auf ein authentisches Erlebnis für Neukunden, sodass sie diese an sich binden.

7.4.5 Alleinstellungsmerkmale des Unternehmens

Ein sehr wichtiger Aspekt für Summacum ist zum einen die Preispolitik, wobei sie sich stets an den Konkurrenzprodukten orientieren. Aktuell befindet sich ihr Tub bei 29,90 € (regulär – ohne Aktionen) mit 30 Portionen. Das entspricht also unter einem Euro pro Drink. Der Kunde erhält also für unter einem Euro ein 0,5 L Getränk, was in Vergleichen zur Konkurrenz und Energy Drinks aus Supermärkten sehr günstig ist.

Summacum möchte zum anderen ein faires Produkt mit gesünderen Inhaltsstoffen anbieten. Um sich von der Konkurrenz im Bereich der „Gaming-Booster" abzugrenzen, legt das Unternehmen Wert darauf, eine gesunde Alternative zu den klassischen Energy Drinks und den bereits vorhandenen Boostern anzubieten. Daher waren die anfänglichen Sticks so gesund wie möglich. Bei der Produktion wurde auf Zucker verzichtet wurde, dies hatte zur Folge, dass es geschmacklich nicht überzeugte. Bei der Entwicklung der Booster bzw. Performance Ice Tea's wurde der Zuckerwert leicht angehoben, es wurde jedoch Wert daraufgelegt, dass die Sticks immer noch deutlich gesünder als die Konkurrenzprodukte sind. Dadurch wurde der Geschmack deutlich verbessert. Es wurde zudem festgestellt, dass es den Kunden wichtig war, dass der Geschmack gut ist, auch wenn es dies bedeutete, dass die Sticks nicht mehr zu 100 % gesund sind. Dennoch wurde weiter auf hochwertige Inhaltsstoffe gesetzt und der Zuckeranteil wurde niedrig gehalten.

Zusammengefasst zählen die hochwertigen Inhaltsstoffe und ein fairer Preis zu den Hauptalleinstellungsmerkmale des Unternehmens.

7.4.6 Besonderheiten im E-Sports-/Gaming-Markt und bei Summacum

Speziell im E-Sports haben die Produkte von Summacum das Ziel, dafür zu sorgen, dass die Spieler ihre Konzentration länger aufrechterhalten können. Professionelle E-Sportler trainieren 12 bis 14 h am Tag. Das umfasst nicht nur das reine Training am PC oder der Konsole, sondern auch die Analysen und Taktikbesprechungen. Die gesamte Zeit ist dabei mental anstrengend für die E-Sports-Profis.

Die Zielgruppe im E-Sports ist jung, konsumfreudig und interessiert sich für nachhaltige und gesunde Produkte. Somit war und ist dies eine optimale Zielgruppe. (Statista Consumer Insights, 2023).

Gaming Booster sollen dafür sorgen, dass sich Spielende länger und besser konzentrieren können und es soll die Reaktionsschnelligkeit gefördert werden. In der Regel sind die Booster vom Geschmack süß. In der Regel beinhalten die Gaming Booster Koffein, Taurin, Aminosäuren, Pflanzenextrakte aus Rosenwurz, Zucker oder Süßungsmittel sowie natürliche und/ oder künstliche Aromen. Allgemein ist festzuhalten, dass neben Zucker und Süßungsmittel Inhaltsstoffe enthalten sind, die sich positiv auf das Nerven- und Kreislaufsystem auswirken sollen. Während bei Koffein die Wachsamkeit bzw. die das Müdigkeitsgefühl wissenschaftlich nachgewiesen ist, ist die Wirkung von Taurin als auch die Wirkung von Aminosäuren noch nicht wissenschaftlich belegt. (Barmer, 2022) Beim Gaming ist die Wachsamkeit ein entscheidender Faktor demnach enthalten viele der Produkte eine hohen Koffein-Anteil. Die maximal empfohlene Einzeldosis von bis zu 200 mg darf nicht überschritten werden (bei einer erwachsenen Person). (Barmer, 2022) Summacum bietet aufgrund des Effekts durch den Koffein Produkte mit der Maximal-Dosis an. Sie versprechen Gamer:innen mehr Fokus, Anti-Müdigkeit und eine hohe Qualität. (Summacum, 2023) Der Vorteil, welches das Produkt bietet ist, dass Kunden sich ihre Getränke selbst zubereiten können und somit selbst entscheiden können, wie sie ihr Getränk dosieren und somit Geschmack und Koffeingehalt variabel ist.

Bei Betrachtung des Layouts bzw. des Branding der Konkurrenzprodukte fällt auf, dass diese ausgefallene Namen für die jeweiligen Geschmäcker auswählen wie zum Beispiel „Tropical Rain". Durch diese Namen kommen die Produkte im Gaming-Markt besonders bei jüngeren Personen besser an und es wird eine rechtliche Grauzone ausgenutzt. Denn wenn das Produkt einen deutschen Namen für den Geschmack hat, so wie die Geschmäcker bei Summacum, muss das Wort „Geschmack" hinter die Bezeichnung gesetzt werden. Demnach würde die Sorte Maracuja „Maracuja-Geschmack" heißen. Das

Unternehmen Summacum hat den Weg der deutschen Bezeichnung gewählt, da nicht ausschließlich der Gaming-Markt angesprochen werden soll.

Beim Design ist ein möglichst auffälliges und farbenfrohes Design im Gaming-Markt von Vorteil. Viele Konkurrenzunternehmen designen die Produkte besonders farbenfroh, um diese auf den Gaming-Markt zuzuschneiden. Summacum hat sich aktiv gegen viele Farben entschieden und hält das Design eher klassisch, um verschiedene Zielgruppen anzusprechen. Diese vielfältig definierte Zielgruppe legt somit nicht nur Wert auf das Design, sondern ermöglicht dem Unternehmen Summacum auch mit ihren Produkten zu überzeugen.

Der beste Weg die Zielgruppe im E-Sports zu erreichen ist es über Influencer Werbung zu machen. Summacum konnte einige Ansätze aus dem Marketing testen, das erfolgreichste Resultat erzielten sie über Influencer Marketing. Des Weiteren ist Social-Media Werbung im klassischen Sinn als auch E-Mail-Marketing in Form von Newslettern bedeutungsvoll, um Bestandskunden zu informieren und anzusprechen. Enge Kooperationen mit Influencern, Streamern und Social-Media Marketing zu betreiben sind die Hauptmarketing-Maßnahmen, welche für E-Sports und Gaming einen hohen Stellenwert haben. Summacum hat in der Anfangszeit vereinzelt Turnier-Sponsoring betrieben, dies wurde langfristig eingestellt, da die Zusammenarbeit mit Influencern sich als erfolgreicher erwies.

Für Summacum ergeben sich aufgrund der vielfältigen Zielgruppe verschiedene Besonderheiten im Marketing. Social-Media-Werbung ist ein wichtiger Teil. Es stellt sich jedoch heraus, dass der Stellenwert der einzelnen Social-Media-Plattformen eine andere, wie wenn nur der Gaming-Markt angesprochen werden soll. So hat die Plattform Facebook bei Summacum eine höhere Bedeutung. In der Regel sind die Plattformen Twitch, Discord und Roblox für den Gaming Bereich sehr wichtig. (Swat.io GmbH, 2022).

Außerdem wählt Summacum ihre Streamer danach aus, dass ihre Zielgruppe tendenziell etwas älter als die durchschnittliche Zielgruppe im Streaming-Bereich ist. Viele der kooperierenden Streamer sind selbst auch älter als der durchschnittliche Streamer. Einige ihrer Streamer haben bereits eigene Kinder und sind häufig um die 30 Jahre alt. Bei Anfragen von Streamern zu einer Zusammenarbeit mit Summacum achten sie darauf, wen diese Streamer ansprechen, sodass es zu Summacum passt. Es werden aber auch jüngere Streamer, die zum Beispiel 19 oder 20 Jahre alt sind, angenommen, wenn ihr Content zum Unternehmen passt. Entscheidend ist, dass das Unternehmen Summacum zum Streamer bzw. zum kooperierenden Streamer passt.

7.4.7 Ausblick für das Unternehmen Summacum

In der Zukunft plant das Unternehmen die Produkte weiterzuentwickeln und neue Produkte sowie neue Geschmäcker zu kreieren. Bei den neuen Geschmacksrichtungen werden das Layout und das Design auch an die entsprechenden geschmacksgebenden Komponenten angepasst. Außerdem sollen zukünftig auch Drinks ohne Koffein angeboten werden. Diese Produkte fallen dann unter die „Lifestyle“ Kategorie. Ein entscheidender Grund dafür ist, dass Kunden bei den aktuellen Getränken nicht mehrere hintereinander trinken können bzw. sollen. Durch weitersteigende Umsatzzahlen erhofft sich das Unternehmen in naher Zukunft mehr Personal einstellen zu können und somit langfristig erfolgreich zu sein.

Neben dem E-Commerce ist es ein großes, langfristiges Ziel Deutschlands Supermärkte mit den Produkten zu beliefern und den stationären Handel soweit zu vergrößern, dass die Produkte in verschiedensten Supermarktketten in Deutschland und später auch in ganz Europa erworben werden können. Supermärkte stellen eine sichere Einnahmequelle dar und geben dem Unternehmen die Möglichkeit möglichst schnell, viele Personen zu erreichen und an die Marke zu binden. Die Wechselwirkung aus On- und Offlineverkaufskanälen bietet eine ideale Grundlage für die zukünftige Entwicklung.

Literatur

Absolventa (2020). Infos im Bereich Produktmanagement. www.absolventa.de/jobs/channel/produktmanagement/thema/beruf (28.07.2021).

Barmer (2022). Gaming Booster: Alles über die Nahrungsergänzungsmittel. https://www.barmer.de/gesundheit-verstehen/sport/e-sport/gaming-booster-1134794#Sind_Gaming_Booster_die_gesu00FCnderen_Energy_Drinks-1134794 (23.03.2023).

Deloitte (2020). ESports-Studie: Let’s Play! www2.deloitte.com/de/de/pages/technology-media-and-telecommunications/articles/esports-studie-2020.html (27.07.2021).

Eriksson, M (2011). What exactly is a Product Manager? www.mindtheproduct.com/what-exactly-is-a-product-manager (28.07.2021).

Frese, B (2018). Produktmanagement im Unternehmen richtig positionieren. www.mtec-akademie.de/fachbeitraege/marketing-vertrieb-kommunikation-selbstmanagement/produktmanagement-im-unternehmen-richtig-positionieren (28.07.2021).

Game – Verband der deutschen Games-Branche e.V. (2022): Zahl der Gamerinnen und Gamer in Deutschland wächst weiter. https://www.game.de/zahl-der-gamerinnen-und-gamer-in-deutschland-waechst-weiter/#game-image-2/0/game_Grafik_Spielende_Geschlecht_Durchschnittsalter.png (23.03.2023).

IGM (2021). ESports und Gesundheit, Teil 4: Mentale Fitness. www.igmonline.de/story/igm-07-21-esports-und-gesundheit-teil-4-mentale-fitness (28.07.2021).

Kotler, P/Armstrong, G/Harris, L/Piercy, N (2016). Grundlagen des Marketing. 6.aktualisierte Auflage. München.

Lamsfuß, A (2018). Wie der eSport die Biographie verändert. Jena.

Rehkopf, M (2019). Was ist Produktmanagement? www.atlassian.com/de/agile/product-management (28.07.2021).

Matys, E (2018). Produktmanager Aufgaben. www.hs-schmalkalden.de/studium/studienangebot-hs-schmalkalden/berufsbegleitende-zertifikatsstudien/produktmanager-fh/welche-aufgaben-hat-ein-produktmanager (28.07.2021).

Saxoprint (2014). Produktmanagement. www.b2bmanager.saxoprint.de/ glossar/ produktmanagement/ (28.07.2021).
Merz, F./Froböse, I (2021a). ESports: Druck größer als im Fußball. www.sport1.de/news/esports/2018/2/esports-so-krass-ist-der-leistungsdruck-fuer-die-profispieler (28.07.2021).
Merz, F./Froböse, I (2021b). Fitness-Tipps für eSportler. www.sport1.de/ news/esports/2018/2/esports-leistungsdruck-das-hilft-aktiv-gegen-hohe-anforderungen (28.07.2021).
Nielsen Sports (2019). ESports playbook for brands. www.nielsen.com/us/en/insights/ report/2019/esports-playbook-for-brands/ (27.07.2021).
Newzoo (2020). Global eSports Market Report 2020. Amsterdam.
Nielsen Sports (2018). ESports-Report. Köln.
Statista Consumer Insights (2023). Zielgruppe: Fans von eSports & Gaming in Deutschland. https://de.statista.com/statistik/studie/id/120448/dokument/fans-von-esports-und-gaming-in-deutschland/?locale=de (23.03.2023)
Summacum (2019). Leistungsdruck und Stress im E-Sport. www.summacum.works/blogs/news/leistungsdruck-und-stress-im-esport (28.07.2021).
Summacum (2023). Energielos war gestern. https://summacum.works/ (23.03.2023).
Swat.io Gmbh (2022). Social Media und Gaming: Warum Spieleplattformen die sozialen Netzwerke von morgen sein könnten. https://swat.io/de/lernen/social-media-und-gaming/#2-wichtige-plattformen-im-ueberblick (23.03.2023).

Lukas Birnbaum hat 2022 seinen Bachelor of Arts in Esports Management an der Hochschule für angewandtes Management absolviert. Während seines Studiums hat er u. a. bei den Freaks 4U gearbeitet. Seit 2022 arbeitet er als Sales Manager im E-Sports bei Sportfive.

E-Sports-Zielgruppen im Free-TV? 8

Auf der Suche nach E-Sports-Zielgruppen im Massenmedium Free-TV anhand SPORT1-TV-Ausstrahlungen

Florian Backhaus und Andreas Gerhardt

Inhaltsverzeichnis

8.1 Einordnung TV ... 152
8.2 Zuschauermessung ... 153
8.3 Mediale Auswertung von Sportevents ... 154
8.4 SPORT1 und E-Sports ... 155
8.5 E-Sports-Zielgruppe allgemein ... 156
8.6 Resümee ... 160
Literatur ... 161

Zusammenfassung

Dieser Beitrag zielt darauf die Bedeutung von TV-Ausstrahlung von E-Sports Events darzulegen. Zunächst wird daher die Wichtigkeit der Medienaustragung über TV bzw. die Diversität der Medien und die Nutzung vorgetragen. Mithilfe eines Beispiels aus dem Unternehmen Sport1 wird die Relevanz vom Eintritt in den E-Sport Markt und die damit einhergehende Anpassung der Sender beschrieben. Dazu soll ein erster Einblick gegeben werden, was die Zielgruppe im E-Sports ausmacht und wie sich diese eingruppieren lässt. Es zeigt sich auf Grundlage der Daten von Sport1, dass Free-TV als auch PayTV im E-Sport möglich sind und verschiedene Ausstrahlungswege sinnvoll sind.

F. Backhaus (✉) · A. Gerhardt
München, Deutschland
E-Mail: Florian.Backhaus@sport1.de

A. Gerhardt
E-Mail: Andreas.Gerhardt@sport1.de

© Der/die Autor(en), exklusiv lizenziert an Springer Fachmedien Wiesbaden GmbH, ein Teil von Springer Nature 2024

A. Löchner und E. Lindner (Hrsg.), *E-Sports-Management*,
https://doi.org/10.1007/978-3-658-43835-7_8

8.1 Einordnung TV

Fernsehen dominiert immer noch die Mediennutzung über alle Generationen hinweg. Im weitesten Seherkreis schauen 89,1 % der Deutschen fern, es gibt über 440 Fernsehsender und die durchschnittliche Fernsehnutzung lag im Jahr 2022 bei 308 min (vgl. VAUNET – Verband Privater Medien e. V. 2023: S. 12–27).

Neben dem Pay-TV Markt dominiert kommerziell insbesondere der Free-TV Markt in Deutschland. Während 2021 die Umsätze im PayTV in Deutschland 2,2 Mrd. € betrugen, waren es im Free-TV 4,3 Mrd € Werbeerlöse. Das sind von den 12,5 Mrd. € Bewegtbildumsätze in 2021 der größte Anteil. Die Instream-Videowerbung ist hier mit 1,1 Mrd. € vergleichbar ein kleiner Anteil (vgl. VAUNET – Verband Privater Medien e. V. 2022: S. 10).

Die TV Nutzung ist ebenso über die Jahre stabil und 2020 im Bevölkerungsschnitt mit 238 min mit sehr großem Abstand führend bei der Bewegtbildnutzung von insgesamt 11 h und 6 min am Tag (Vgl. Seven.One Media GmbH 2020: S. 6 ff.). Natürlich sieht es hier in den unterschiedlichen Altersgruppen etwas differenzierter aus. Blickt man hier in die Altersgruppe von 14–19 macht die VoD-Nutzung 63 % und die klassische TV Nutzung nur 20 % aus. Das Bild dreht sich Schritt für Schritt, sodass die letzte noch werberelevante Altersgruppe von 40–49 30 % VoD und 51 % klassische Fernsehnutzung hat. Für den Werbemarkt ist vornehmlich und für breite Kampagnen die Zielgruppe von 14–49 relevant. Der Livestreaming-Anteil ist mit 10 % bei der jungen Gruppe von 14–19 und 9 % bei der älteren Gruppe 40–49 nahezu gleich. (Vgl. die medienanstalten – ALMGbR 2020).

Mit Blick auf die Umsätze und auch die Nutzungszeit ist die TV-Nutzung also noch sehr relevant für kommerzielle Geschäftsmodelle. TV-Formate schaffen es weiterhin sehr große Reichweiten zu erzielen und in Bezug auf die Kommerzialisierung und Zuschauergewöhnung kann dort auch ein sehr großes Volumen an Werbung an die Nutzer gebracht werden. Der Rundfunk unterliegt in Bezug auf die Werbeintegration den Vorschriften des Medienstaatsvertrags (MStV). Nach diesem können in Unterschiedlichen Zeitfenstern jeweils 20 % der Sendezeit Werbung gezeigt werden. Dies stellt eine Flexibilisierung gegenüber dem vor 2020 geltenden Rundfunkstaatsvertrag dar, der die 20 % (12 min) starr pro Stunde bemessen hat. Für den Bewegtbildmarkt stellt dies ein sehr hohes Maß an Werbepenetration dar, dass insbesondere im Bereich der VoD-Ausspielung bei weitem nicht erreicht wird. Auch wenn das Maß an TV-Werbung nicht jedem Konsumenten liegt, so muss festgehalten werden, dass durch das Modell Fernsehen ein extrem hohes Maß an Kommerzialisierung möglich ist. Die Folgeeffekte daraus sind freilich auch, dass dadurch viel Geld für den Erwerb von Rechten und Redaktionen vorhanden ist, um hochwertige Formate zu produzieren und auszuspielen. Der Free-TV-Markt in Deutschland ist im internationalen Vergleich besonders, da es eine sehr große Anzahl an frei empfangbaren Sendern gibt. Dazu kommt ein sehr vielfältiges und starkes Angebot der öffentlich-rechtlichen Rundfunkanstalten, die sich durch Gebühren finanzieren. Das führt zwar zu einem großen Wettbewerb zwischen den Sendern, aber trotzdem auch zu einer sehr großen Nutzung. Die Bereitschaft für Pay-TV ist auch dadurch in Deutschland im internationalen Vergleich gering.

Natürlich gibt es in Deutschland auch Pay-TV, das aber auch eher eine Hybridform ist, denn reichweitenstarke Formate sind keineswegs werbefrei, sondern eher werbereduziert. Der Pay-TV-Markt in Deutschland ist noch stark geprägt von SKY, die mit ca. 5 Mio. Abonnenten eine in Deutschland herausragende Anzahl an Pay-TV-Kunden haben. Streaming-Plattformen wie Amazon und Netflix haben jeweils weit höhere Nutzerzahlen (die allerdings nicht veröffentlicht werden), sind jedoch für das Modell mit klassischen Sendern, derzeit noch nicht dominierend.

8.2 Zuschauermessung

Die Zuschauermessung und damit letztendlich die Erhebung der Kontakte von Formaten und der Werbung erfolgt im Fernsehen indirekt. Die Fernsehforschungs GmbH, ein sogenanntes Joint Industry Committe bei der die relevanten Rundfunkanbieter Gesellschafter sind, erhebt in Deutschland die Nutzungsdaten des Fernsehens und zunehmend weiterer Bewegtbildnutzung. Dabei wird über eine Stichprobe in ca. 5.400 TV-Haushalten mit ca. 11.000 Personen die Nutzung der 38,6 Mio. privaten TV-Haushalte in Deutschland mit 75,5 Mio. Personen ab 3 Jahren ermittelt. (agf.de) Zwar ist das Verfahren damit nur eine Hochrechnung, jedoch ergibt sich durch genaue Daten der Probanden bei der Hochrechnung eine sehr große Datentiefe mit soziodemografischen Details. Letztendlich wird auf Basis dieser Messung der oben genannte Werbe-Umsatz von über 4 Mrd. Euro „verteilt". Die Kritik an diesem System ist alt und es gibt immer mehr Systeme die über Rückkanäle direkte Daten erheben, jedoch ist bis jetzt noch nichts Vergleichbares im Markt, das die AGF Messung ablöst und insbesondere die buchenden Werbeagenturen haben sich auf das System eingestellt. Die Messung der AGF kann sehr genaue Nutzerzahlen hochrechnen, die auf ganz genaue Sendeminuten zurückzuführen sind. So ist nicht nur eine genaue Zahl der Kontakte einer Sendung, sondern auch Verläufe innerhalb einer Sendung möglich. Um dem Werbemarkt gerecht zu werden, wird auch die Werbeunterbrechung selbst genau erhoben, sodass die Kontakte der einzelnen Werbespots zu ermitteln sind, was letztendlich die Basis für die Bepreisung von Werbespots ist. Wie oben dargestellt, ist dann auch eine Differenzierung zwischen bestimmten Zielgruppen möglich.

Durch die Zielgruppenauswertung können insbesondere bestimmte Altersgruppen adressiert werden. Im Fernsehwerbemarkt hat dabei insbesondere eine Fokussierung auf die Altersklasse zwischen 14–49 Jahren herauskristallisiert. Auch wenn viel genauere Daten möglich wären bis hin zu regionalen Auswertungen, so hat sich für das bundesweite Fernsehen, die Altersgruppe 14–49 als die relevante Werbezielgruppe etabliert. Aller etwaiger Kritik zum Trotz wird vom Markt akzeptiert, dass es sich dabei aus Marketingsicht um eine Zielgruppe handelt, die noch beeinflussbar ist und Kaufkraft hat. Sich dieses

Faktors der Zielgruppe 14–49 bewusst, erklärt die inhaltliche Ausrichtung der großen werbefinanzierten Fernsehangebote in Deutschland. Auch wenn es Spartenangebote gibt, wird diese Altersgruppe stets eine hohe Relevanz bei der Programmgestaltung haben. Für Unternehmen wie RTL und PRO7SAT1 ist diese Zielgruppe die entscheidende Kennzahl für ihre Angebote und für die Bewertung über Erfolg / Misserfolg einzelner Formate und Sendungen.

Im Rahmen der TV-Zuschauermessung werden neben den Free-TV-Sendern auch relevanten Pay-TV-Sender gemessen. Die Messung beschränkt sich dann auch nicht auf die klassischen Verbreitungswege Satellit und Kabel, da auch OTT Dienste, die Fernsehsender enthalten zunehmend gemessen werden. Zur genaueren Messung werden zunehmend auch Rückkanaldaten über den Router erhoben(IPTV). Eine direkte Einbindung von Plattformen wie YouTube ist bisher mangels Einigung der AGF mit Google über einen einheitlichen Messtandard nicht gelungen. Während es im Kosmos von YouTube durchaus Daten gibt, die jedoch der Datentiefe der Fernsehmessung in keinem Fall entsprechen, bestehen für Dienste wie Netflix und DAZN keinerlei zugängliche Daten.

Die weiterhin sehr hohe Nutzung im Free-TV in Deutschland und der hohe Grad der Kommerzialisierung führt aber in diesem Bereich zu einer sehr starken Mainstream-Orientierung. Das zeigt sich in den TOP-TV-Events. So waren es 2020 in der durchschnittlichen Sehbeteiligung aller Zuschauer zwei Tatort Ausstrahlungen mit 13,8 und 13,2 Mio. Zuschauern, das Champions League Finale mit 12,8 Mio. Zuschauern, ein Heute Journal und eine Tagesschau mit jeweils 12,4 Mio. Zuschauern. Im Bereich der werberelevanten Zielgruppe 14–49 waren es im Jahr 2020 das Champions League Finale mit 4,3 Mio., ein Heute Journal mit 4,1, eine Tagesschau mit 3,6, ein Tatort mit 3,4 sowie eine Folge Masked Singer mit 3,4 Mio. Zuschauer in der betreffenden Altersgruppe (Vgl. AGF Videoforschung 2020). Das zeigt, dass insbesondere mainstreamartige Formate top Reichweiten erzielen, die dann jeweils auch den höchsten Grad der Kommerzialisierung ermöglichen insbesondere bei den werbefinanzierten Angeboten. Jedoch können auch Angebote für besondere Zielgruppen hohe Reichweiten erzielen und so schaffen bestimmte Sportevents in den letzten Jahren regelmäßig über 1 Million Zuschauer. Abseits des Fußballes waren dies auf SPORT1 beispielsweise Spiele mit Deutscher Beteiligung bei der Eishockey WM oder auch das Darts WM Finale.

8.3 Mediale Auswertung von Sportevents

Betrachtet man nun die Auswertung von Sportevents, gibt es in Deutschland vielfältige Auswertungsmöglichkeiten. Neben einer möglichen werbefinanzierten Free-TV-Ausstrahlung werden Events auch gebührenfinanziert von den öffentlich-rechtlichen Anstalten verbreitet sowie über Pay-Angebote mit klassischen Sendern wie SKY oder aber via OTT mit DAZN sowie AMAZON verwertet. Natürlich gibt es insbesondere im E-Sport auch digitale Plattformen, die Events streamen, wie TWITCH, YouTube oder

Anbieterseiten selbst. Im Pay-Bereich werden dabei insbesondere top Sportrechte wie Fußball exklusiv verwertet. Zahlreiche nicht so populäre Sportarten wählen den Weg über einen frei zugänglichen Stream im Internet. Dafür sind Anlauf- und Grundkosten sehr gering, aber relevante Reichweite auch nicht garantiert. Insbesondere für kommerzielle Auswertungen ist TV (und dabei insbesondere das Free-TV) aktuell noch von sehr hoher Relevanz für Sportevents.

8.4 SPORT1 und E-Sports

SPORT1 refinanziert sich als langjähriges klassisches Sportmedienhaus vor0wiegend im Free-TV, betreibt aber mit sport1.de & App auch ein Digitalangebot sowie Pay-TV-Sender, die über Distributionspartner wie unter anderem Vodafone, die Deutsche Telekom, Sky oder Amazon verbreitet werden.

E-Sports auf der Sport1-Plattform hat inzwischen bereits eine gute fünfjährige Geschichte. Bereits 2015 wurde auf der Sport1-Website eine eigene „Subpage" für das Thema E-Sports geschaffen und damit auf eine Ebene mit diversen anderen Sportarten wie Fußball, Eishockey oder Motorsport gestellt.

Ein Jahr später folgten die ersten Live-Übertragungen im Free-TV. Hier wurden u. a. mit „League of Legends" erste Gehversuche getan und Pionierarbeit geleistet. Mitte 2017 wurde mit der Gründung einer eigenen E-Sports-Redaktionseinheit der nächste wichtige Schritt in der E-Sports-Evolution von Sport1 getan. Dieser Aufbau von internen (Experten-) Ressourcen sind bis heute von fundamentaler Bedeutung für die diversen Produkte und Dienstleistungen- die Sport1 eine führende Position im Wettbewerb ermöglicht haben.

Nach weiteren E-Sports Live Übertragungen im Free TV, der Gründung einer zweiwöchentlich stattfindenden E-Sports Highlightmagazins („inside eSports") sowie umfangreicher Berichterstattung wurde Anfang 2019 ein weiterer Meilenstein erreicht: Mit der Gründung von „eSports1" brachte Sport1 den ersten linearen 24/7 E-Sports-Sender im deutschsprachigen Markt an den Start. Der Sender bietet mehr als 1.200 h Live-Content pro Jahr von den größten globalen E-Sports-Events und wird über Distributionspartner wie Vodafone, Sky, Deutsche Telekom oder Amazon Channels verbreitet. Mit Start dieses Senders wurde ein neues und dediziertes Angebot geschaffen, das zum Zentrum des internen E-Sports-Kosmos wurde. Die diversen anderen E-Sports-Angebote und Produkte der Sport1-Plattformen werden durch den Sender quasi verknüpft und bieten diverse Möglichkeiten der Cross-Promotion.

Im November 2020 wurde auf Basis des „Proof of Concepts" für dieses Produkt im deutschsprachigen Raum der nächste Schritt getan: Erstmals verbreitet Sport1 mit dem Sender „eSportsONE" ein Produkt pan-europäisch. Inhaltlich orientiert sich das Angebot stark am deutschen E-Sports-Sender und wird per Satellit in diverse europäische Territorien verbreitet. Hiermit setzt die Plattformen konsequent seinen Weg im E-Sports fort und nutzt die internen Erfahrungswerte, um in diesem dynamischen Marktumfeld weiter zu wachsen.

Da wie oben beschrieben die Zuschauermessung im Pay-TV nur sehr selten gegeben und bei eSPORTS1 nicht vorhanden ist, wird sich für einen Zielgruppenmatch zwischen E-Sports und TV auf die Free-TV-Aktivitäten von SPORT1 konzentriert.

8.5 E-Sports-Zielgruppe allgemein

Aus dem Bericht von Newzoo aus dem Jahr 2022 geht hervor, dass die Zuschauer im E-Sports um 8,7 % gestiegen sind im Vergleich zum Vorjahr. Es sind mittlerweile 532 Mio. Zuschauer. 261 Mio. davon sind E-Sports Enthusiasten und 271 Mio. sind gelegentliche Zuschauer. Es ist anzunehmen, dass die Zuschauerzahlen weiterhin steigen werden. (Vgl. Newzoo, 2022).

Anfang 2020 führte Sport1 gemeinsam mit der Group M eine umfangreiche Studie durch, um die deutsche E-Sports Zielgruppe genauer zu untersuchen und besser zu verstehen (Vgl. Sport 1 & mScience 2020). Hierfür wurde sowohl eine qualitativer als auch ein quantitativer Studienteil durchgeführt.

Dabei wurde bestätigt, dass der typische E-Sports-Zuschauer männlich ist und zwischen 16 und 29 Jahre alt ist. Während das Einkommen dem Durchschnitt entspricht, liegt das Bildungsniveau über dem Durchschnitt.

Grundsätzlich wird bei der Betrachtung des E-Sports-Markts unterschieden zwischen E-Sports-Zuschauer und Gamern, d. h. Personen, die mindestens einmal pro Monat ein Videospiel spielen. Wenig überraschend herrscht hier eine erhebliche Korrelation zwischen den beiden Gruppen: 94 % der E-Sports-Zuschauer in Deutschland sind der Studie zu Folge auch Gamer. Wichtig ist hierbei die Erkenntnis, dass fast alle E-Sports-Zuschauer Gamer sind, aber nicht alle Gamer auch E-Sports Zuschauer. Diese Unterscheidung ist grundlegend für das Verständnis dieser beiden „Welten“, die sich sehr nah sind und viele Überschneidungen haben.

In der Folge findet sich ein Schaubild aus der „eSports Insights 2020“ Studie, die einige Charakteristika der E-Sports-Community offenlegt, sowie mit einigen Klischees aufräumt, siehe Abb. 8.1.

Innerhalb der Gruppe der E-Sports-Zuschauer gibt es signifikante Unterschiede bei dem Interesse für bestimmte Genres innerhalb des E-Sports – insbesondere mit Blick auf die Altersstruktur. So haben Sport- und Rennsimulationen die älteste Zuseherschaft, gefolgt von Echtzeitstrategie-Titeln. MOBA-Games (MOBA = Mass Online Battle Arena, d. h. Strategiespiele wie “League of Legends” oder “Dota2”) hingegen haben eine sehr homogene Altersstruktur.

Die Motivation zum Konsum von E-Sports-Inhalten ist sehr vielfältig und reicht vom „Austausch mit Gleichgesinnten“, über „Tricks von den Profis lernen“ bis hin zu „dem Alltag entfliehen“.

Abb. 8.1 Hauptmerkmale der E-Sports Community (in Anlehnung an Sport 1 & mScience 2020: S. 8)

8.5.1 E-Sports-Zielgruppe TV

Die TV-Angebote von Sport1 fokussieren sich allerdings nicht zwingend auf die E-Sports-„Kernzielgruppe", sondern viel mehr auf die Peripherie von dieser. Es werden folglich Gruppen angesprochen, die Berührungspunkte mit dem Thema E-Sports haben, aber aus unterschiedlichen Gründen (noch) nicht „heavy User" sind. Diese Gruppen lassen sich in vier Kategorien clustern:

1. **„Midaged Gamers":** Sind älter als 30 Jahre, spielen regelmäßig Videogames haben aber kein Interesse an Livestreams auf Plattformen wie Twitch oder Youtube, weil ihnen die Präsentation und Kommentierung der Streams auf diesen Plattformen zu „jung" und zu „nerdy" sind.
2. **„Very young Gamers":** Sind unter 14 Jahren alt, spielen regelmäßig und wollen mehr über „die große Welt des E-Sports" erfahren. Durch das Medium TV mit seinen hohen Ansprüchen an verantwortungsvollen Jugendschutz bietet sich den Eltern eine sicherere Alternative für den E-Sports-Konsum der Kinder.
3. **„Parents"**: Haben oftmals keinerlei Zugang zum Thema E-Sports bzw. Gaming und wollen mehr über die Szene und die Wettkämpfe lernen, um die Interessen der Kinder besser verstehen zu können. Die Präsentation der Inhalte im TV bietet hierbei einen weit leichteren Einstieg als über die gängigen Streaming-Plattformen.

4. **„Non Gamers“:** gibt es in allen demografischen Gruppen, aber insbesondere Männer, die älter als 40 sind. Sie hatten bisher keine Berührungspunkte mit E-Sports, erhalten aber durch die mediale Berichterstattung (in Massenmedien) über Zuschauerzahlen, Preisgelder, etc. nun Interesse an E-Sports.

Die TV-Berichterstattung muss folglich zum einen, auf inhaltlicher Ebene, niedrigere Einstiegshürden als die Streaming-Plattformen wie Twitch oder Youtube bieten. Zum anderen müssen die Übertragungen auch in der Kernzielgruppe eine gewisse Glaubwürdigkeit haben, da sonst ein reines „Erklär-Angebot“ entstehen würde, das langfristig keine Nutzer binden könnte.

8.5.2 Zielgruppenmatch anhand Free-TV-Ausstrahlungen auf SPORT1

Im Rahmen der TV-Ausstrahlungen auf SPORT1 von relevanten E-Sports-Events in den Jahren 2018 bis 2020 wurden insbesondere ESL Events mit CS:GO, DOTA2, Leage of Legends, der FIFA eWorldcup und die BuLi home Challenge betrachtet.

Die Gesamtreichweiten der Sendungen waren wie folgt:

Die meist gesehene Sendung war das FIFA eWorld Cup Grand Final am 03.08.2018 mit 885.000 Nettokontakten (Seher die mindestens 1 min das Format eingeschaltet haben) und 88.000 Zuschauern im Schnitt für die gesamte Sendung ab 3 Jahren gefolgt von dem League of Legends Summer Split Finale 2016 am 20.08.2016 mit 774.000 Nettokontakten und 115.000 Zuschauern im Schnitt für die gesamte Sendung ab 3 Jahren und ESL dem ESL Pro League Finale CS:GO am 14.02.2020 mit 726.000 Nettokontakten und 84.000 Zuschauern im Schnitt für die gesamte Sendung ab 3 Jahre. Die auffallend große Differenz zwischen den Nettokontakten und der Sehbeteiligung ist für das Fernsehen nicht ungewöhnlich, zeigt aber auch die Genauigkeit des Messsystemsystems Fernsehen bei dem Sehdauer, aber auch minutengenaue Nutzung auswertbar ist. In diesem Punkt unterscheidet sich die Fernsehmessung auch erheblich von Werten im Internet, bei dem es bis jetzt noch keine Formatreichweiten gibt und kaum Sehdauererhebung.

Da alle Sendungen zu einer sehr intensiven Fernsehzeit in der Prime oder Accessprime ausgestrahlt wurden, war der Marktanteil zur Gesamtnutzung in derselben Zeit dabei trotzdem jeweils unter 1 %. Alle diese Sendungen weisen in der Zielgruppenstruktur keine sehr hohen Matches auf, die Strukturanteil der genannten Zielgruppen können also nicht gänzlich erfüllt werden. Natürlich zeigt sich hierbei, dass E-Sports im TV im Vergleich zu sonstigen Events in Deutschland und auf SPORT1 sehr geringe Reichweiten erzielt. Nichtsdestotrotz konnte mit den genannten Events eine TV-Kommerzialisierung erreicht werden. Im Folgenden werden basierend auf weiteren Sendungen der Zielgruppenmatch aufgeführt.

Besonders hohe Strukturanteile der jeweiligen E-Sports-Zielgruppen konnten die folgenden Sendungen erreichen:

1. Virtuelle Bundesliga Finale Deutsche Meisterschaft am 01.04.2018 mit 544.000 Nettokontakten und 83.000 Gesamtreichweite auf das Format gesehen für alle Zuschauer ab 3 Jahren.
2. FIFA Xbox Playoffs 2019 am 06.07.2019 mit 392.000 Nettokontakten und 58.000 Zuschauern Formatreichweite.
3. ESL One Road to Rio CS:GO am 26.04.2020 mit 474.000 Nettokontakten und 25.000 Zuschauern Formatreichweite.
4. BuLi Home Challenge am 18.04.2020 mit 344.000 Nettokontakten und 24.000 Zuschauern Formatreichweite.
5. ESL One Hamburg DOTA2 am 28.10.2018 mit 416.000 Nettokontakten und 23.000 Zuschauern Formatreichweite.
6. BuLi Home Challenge am 11.04.2020 mit 489.000 Nettokontakten 22.000 Zuschauern Formatreichweite.
7. FIFA eWorld Cup Grand Final 2018 am 04.08.2018 mit 189.000 Nettokontakten und 21.000 Zuschauern Formatreichweite.
8. FIFA eClub World Cup 2020 am 08.02.2020 mit 411.000 Nettokontakten und 18.000 Zuschauern Formatreichweite.

Im Folgenden werden basierend auf diese Sendungen der Zielgruppenmatch aufgeführt. Der Strukturanteil bedeutet letztendlich, wie hoch der Anteil der jeweiligen E-Sports-Zielgruppe an den gemessenen Zuschauern des Formats ist. Je höher die Struktur vertreten ist, desto zielgruppenaffiner ist das Format.

„Midaged Gamers“: Klassische E-Sport-Live-Events ESL und League of Legends

- ESL Event, ESL One Road to Rio, CS:GO vom 26.04.2020 mit 97,1 % Strukturanteil oder E-Sports Live – ESL Event, ESL One Hamburg, Dota 2 vom 28.10.2018 mit 96,8 % Strukturanteil
- Es zeigt sich, dass vor allem Midaged Gamer klassische E-Sports-Titel auf dem Sender finden und auch konsumieren und dabei einen extrem hohen Strukturanteil aufweisen.

„Very young Gamers“: E-Sports Live – BuLi Home Challenge / „Bundesliga-Surrogat während Lockdown“

- Bei den Kindern 6–13 sind die BuLi Home Challenge 3 (11.04.2020) und BuLi Home Challenge 4 (18.04.2020) ganz oben mit 11 % bzw. 22 % Strukturanteil.
- Der Zuschaueranteil von Kindern ist auf dem Sender SPORT1 sehr gering. Den höchsten Strukturanteil konnte man hier bei FIFA Corona Lockdown Serien erzielen bei dem zu beachten ist, dass sonstiger Live-Sport kaum vorhanden war.

„Parents“: Hoher Anteil bei E-Sports Live – EA Sports FIFA Global Series, FIFA Xbox Playoffs 2019

- EA Sports FIFA Global Series, FIFA Xbox Playoffs 2019 vom 06.07.2019 mit bis zu 25 % Strukturanteil oder E-Sports-Live, Virtuelle Bundesliga, Finale Deutsche Meisterschaft vom 01.04.2018 mit 26,3 % Strukturanteil.
- Im Rahmen der Fernsehzuschauermessung kann man sich dem Merkmal Eltern nur annähern. Deren höchster aber immer noch relativ geringer Strukturanteil konnte bei den großen FIFA Events festgestellt werden.

„Non Gamers“: Hoher Anteil im TV generell

- E40 + ist die EA Sports FIFA Global Series FIFA eWorld Cup Grand Final 2018 vom 04.08.2018 mit 95 % Strukturanteil auf Platz 1. FIFA eClub World Cup 2020 vom 08.02.2020 ist auf Platz 3 mit 87 % Strukturanteil.
- Die Zielgruppe über 40 ist im TV sehr hoch verbreitet und insbesondere auch bei SPORT1. Demnach kann hier ein sehr hoher Strukturanteil erzielt werden insbesondere bei den großen FIFA Events.

8.6 Resümee

Der vielfach ersten Reaktion, dass E-Sports nicht zum Free-TV passt, kann nicht ganz gefolgt werden. Durchaus können stabile Reichweiten und insbesondere sehr hohe Nettokontakte erzielt werden. Natürlich ist im Massenmedium TV der Trend eher die Mainstream-Unterhaltung, wo E-Sports noch nicht ganz angekommen ist. Auch wenn Teile der Zielgruppen nur sehr partiell in den Formatreichweiten wiedergefunden werden, können andere eher breitere E-Sports-Zielgruppen sehr wohl über Free-TV erreicht werden. Steigt die Relevanz von E-Sports insgesamt, werden auch die Zielgruppenreichweiten mit steigen. Insgesamt sind es dann auch die eher mainstreamigen E-Sports Titel die am besten im TV funktionieren, also am meisten gesehen werden. Das liegt sicher an Sehgewohnheiten und dem Medium TV. Die sehr hohe kommerzielle Kraft des Fernsehens macht diese Verbreitung aber auch weiterhin attraktiv für den E-Sports, um dort ebenso eine breite Masse zu erreichen und auch die Möglichkeit zu erhalten, an den dortigen Refinanzierungsmöglichkeiten zu partizipieren. Sicher wird TV im E-Sports digitale Verbreitungsformen nicht substituieren, aber weiterhin ergänzen. Bei steigender Popularität ist auch mit einer größeren Präsenz im Massenmedium TV zu rechnen. Während Free-TV eher die Reichweite bedienen kann, ist daneben für zielgerichtete Angebote auch Pay-TV eine Möglichkeit, wie es E-SPORTS1 beweist. So ist es möglich, dass E-Sports Inhalte umfassend und 24/7 auch auf den relevanten TV-Plattformen in Deutschland am Fernseher stattfinden können. Hier geht es nicht um eine zwingende Entscheidung für eine der beiden Formen, sondern um eine ergänzende Verbreitungswege.

Literatur

Digitalisierungsbericht Video – die medienanstalten. (2020, Oktober). die medienanstalten – ALM GbR. Zugegriffen: 11. Apr. 2023, von https://www.die-medienanstalten.de/publikationen/digitalisierungsbericht-video/digitalisierungsbericht-2020.

Media activity Guide 2020. (2021, Oktober). Seven.One Media GmbH. Zugegriffen: 03. Apr. 2023, von https://www.seven.one/documents/20182/6085232/Media+Activity+Guide+2020.pdf/f5d31769-e7f0-97a4-1f7e-254d56000e59?t=1637948730453.

Newzoo. (2022, 21. Juli). Newzoo Global Esports & Live Streaming Market Report. Zugegriffen: 11. Apr. 2023, von https://newzoo.com/products/reports/global-esports-live-streaming-market-report.

Sport1 Kommunikation & mscience. (2020, April). eSports Insights 2020. business.sport1. Zugegriffen: 11. März. 2023, von https://business.sport1.de/fileadmin/relaunch2019.sport1media.de/pictures/12_Research/_m_SCIENCE_eSports_Insights_2020_Kurzversion.pdf.

Studien. (o. D.). AGF. Zugegriffen: 11. Apr. 2023, von https://www.agf.de/bewegtbildforschung/studien.

Umsätze Audiovisueller Medien in Deutschland 2021–2022. (2022, Oktober). VAUNET – Verband Privater Medien e.V. Zugegriffen: 11. Apr. 2023, von https://vau.net/wp-content/uploads/2022/10/VAUNET-Publikation_Umsaetze-audiovisueller-Medien-in-Deutschland-2021-2022.pdf.

VAUNET-Mediennutzungsanalyse / 2022. (2023, Februar). VAUNET – Verband Privater Medien e.V. Zugegriffen: 11. Apr. 2023, von https://vau.net/wp-content/uploads/2023/02/VAUNET-Publikation_Mediennutzungsanalyse-2022.pdf.

Florian Backhaus Florian Backhaus hat einen Master in Sportmanagement und hat nach Beendigung seines Studiums als Business Development Manager gearbeitet und u. a. bei Sport1 neue Business Modelle erkannt und was Teil des Projektteams für eSports1 (24/7 eSports Pay-TV channel).

Andreas Gerhardt Andreas Gerhardt ist Rechtsanwalt in München/ Ismaning. Seit über 7 Jahren arbeitet er bei Sport1 zuletzt als Chief Distribution Officer. Dort ist er für die Verteilung der verschiedenen Sport1 Channels verantwortlich und hatte eine leitende Funktion bei der Implementierung des eSports1 Channels.

9 Eine Einführung in das Influencer-Management mit Betrachtung der Besonderheiten im E-Sport Markt

Benjamin Buchtala

Inhaltsverzeichnis

9.1 Einleitung . . . 164
9.2 Die Interviewpartner und Experten . . . 165
9.3 Definition . . . 166
9.4 Warum Influencer-Marketing? Vorteile, Nachteile und Risiken . . . 169
9.5 Der Influencer-Marketing Markt: Stakeholder und Interessen . . . 176
9.6 Umsatzkanäle: wie verdient ein Influencer Geld? . . . 178
9.7 Aufgaben eines Influencer-Marketing-Managers . . . 180
9.8 Verknüpfung zwischen Strategie und operativem Geschehen: das Briefing . . . 189
9.9 Operative Aufgaben . . . 191
9.10 Besonderheiten des Influencer Marketings im E-Sport . . . 205
9.11 Ausblick . . . 209
Literatur . . . 212

Zusammenfassung

Unter Influencer-Marketing versteht man die Planung, Steuerung und Kontrolle des gezielten Einsatzes von Social-Media Meinungsführern und Multiplikatoren, die sich vor allem durch eine parasoziale Beziehung zu ihren Followern gepaart mit einer hohen Glaubwürdigkeit und Authentizität auszeichnen, um durch deren Handlungen und Empfehlungen die Wertigkeit von Markenbotschaften zu steigern und das Kaufverhalten der Zielgruppe positiv zu beeinflussen. In diesem Kapitel werden neben der Definition, der Einsatz, die Vorteile und Nachteile, sowie die Aufgaben im

B. Buchtala (✉)
Windberg, Deutschland
E-Mail: dozent.Benjamin.Buchtala@edu.fham.de

© Der/die Autor(en), exklusiv lizenziert an Springer Fachmedien Wiesbaden GmbH, ein Teil von Springer Nature 2024

A. Löchner und E. Lindner (Hrsg.), *E-Sports-Management*,
https://doi.org/10.1007/978-3-658-43835-7_9

Bereich Influencer Management diskutiert. Ferner wird die Theorie in jedem Kapitel Expertenaussagen aus der aktuellen Wirtschaft gegenübergestellt.

Die Vorteile des Influencer Marketings liegen vor allem in seiner Vielseitigkeit, Kreativität und hohen Authentizität. Die Risiken fallen in die gleichen Bereiche und äußern sich vor allem durch augenscheinliche Einfachheit, Verfälschung von Zahlen durch unlautere Mittel sowie der Ehrlichkeit von Influencern, die nicht immer zu kontrollieren ist.

Um Influencer-Management zielgerichtet durchführen zu können, benötigt es eingehende Vorarbeit, die sich mit Zielsetzung, Zielgruppen, Formen der Zusammenarbeit sowie der Kontrolle befassen.

Diese Themenbereiche finden sich im Berufsbild des Influencer-Managers wieder, der für das Design der Engagements von der Auswahl des Influencers über die Erstellung der Inhalte bis hin zur Abnahme und dem Report zuständig sein kann.

Influencer-Marketing spielt im E-Sport eine zunehmend größere Rolle. Aktuell sind die größten E-Sport Influencer ehemalige oder aktive Profispieler. Um sich herum scharen sie die Communities der jeweiligen Games und können großen Einfluss auf das Meinungsbild über das entsprechende Spiel haben. Die Community schätzt ihre Meinung, was sie zu sehr guten und authentischen Werbemedien macht – es ist jedoch auch Vorsicht geboten, da im E-Sport der Publisher des Spiels immer ein Wörtchen mitzureden hat.

9.1 Einleitung

Der Begriff ‚Influencer-Marketing' führt heutzutage kein Nischendasein mehr. ‚Influencer' sind auch schon längst keine Menschen mehr, die sich lediglich nur in bestimmten Bereichen im Internet bewegen – sie gehören zum Alltag, zum Alltag von Menschen verschiedenen Alters, mit unterschiedlichen Lebens-Realitäten und aus allen Schichten:

Auf die Frage „Was möchtest du später einmal werden?" antwortet Leon, 12 Jahre, ein Schüler aus Niederbayern, ohne lange zu zögern: „YouTuber und Influencer" und damit ist er nicht allein. Wie die Vogue im November 2019 herausfand, wollen „86 % der jungen AmerikanerInnen Influencer werden" (Pryce, 2019). Die Messe Köln sucht Mitarbeiter, zu deren Aufgabenfeld „Konzeption, Steuerung und ggf. Krisenmanagement integrierter Social-Media- und Influencer-Marketing-Kampagnen" (Messe Köln, 2021) gehört. Und RTL strahlte kürzlich eine Sendung mit dem Namen „Pocher vs. Influencer" aus (Stern.de, 2021). Von den größten Marken, über traditionelles Fernsehen bis hin zu den Schulhöfen der Nation – Influencer und Influencer-Marketing sind in aller Munde.

Vermeintlich ist Influencer-Marketing eine noch sehr junge Marketing-Gattung, doch ist das korrekt? Was meint der Begriff Influencer-Marketing eigentlich und was ist denn überhaupt ein Influencer? Diese Fragen sind häufig unter den ersten, die man sich in Zusammenhang mit dem Themenkomplex stellt. Doch nicht nur diese Fragen sollen im Rahmen des vorliegenden Artikels geklärt werden. ‚Eine Einführung in das Influencer-Management mit Betrachtung der Besonderheiten im E-Sport Markt' soll nämlich vorrangig einen Zweck erfüllen: Fragen beantworten. Fragen rund um die Theorie des Influencer-Marketing mit Blick auf die gängige Praxis. Hierbei wird auf alle Aspekte rund um das Management und die Durchführung von Influencer-Marketing Maßnahmen eingegangen und anhand von Praxisbeispielen werden Anforderungsprofile für Arbeitsfelder in diesem Themenkomplex erarbeitet.

Hauptfokus des Artikels soll demnach sein, ein Grundverständnis für das Themengebiet ‚Influencer-Marketing' zu erzeugen und dabei helfen, Besonderheiten der Thematik im E-Sport Kontext zu verstehen. Ferner soll der Leser sich dazu im Stande fühlen, entsprechende Aufgaben im Bereich des Influencer-Marketings direkt übernehmen zu können. Zu guter Letzt soll dieser Artikel einen Einstieg in die Thematik bieten, bei dem die aktuelle Forschungslage diskutiert wird und entsprechend Anknüpfungspunkte zur weiteren Recherche und Fortbildung bereitstellen – gleichermaßen wird daher natürlich kein Anspruch auf erschöpfende Vollständigkeit erhoben. Die Praxisnähe wird mit Experteninterviews hergestellt, welche explizit zur Erstellung dieses Artikels geführt wurden.

9.2 Die Interviewpartner und Experten

INSTINCT3 ist eine deutsche Influencer-Agentur. Sie wurde von einigen der bekanntesten Influencern Deutschlands und ihrer Manager gegründet, die großen Wert auf Authentizität, moralische Werte, ein familiäres Umfeld, sowie Professionalität im Umgang mit ihrer Berufung, den Mitarbeitern und den Kunden legen. Im Zentrum ihres Tätigkeitsfeldes steht die ‚Contentproduktion', also die Erstellung von Inhalten für diverse Plattformen. Um dies möglich zu machen, stützt sich INSTICT3 auf mehrere Teilbereiche (vgl. INSTINCT3, 2021):

- Kreatives Arbeiten im Bereich Kampagnen
- Konzeptentwicklung
- Projektmanagement
- Partnerbetreuung
- Artist Management
- Beratung
- Kampagnenmanagement
- Interessenvertretung

Zur Erstellung dieses Artikels über Influencer-Management wurden Mitarbeiter in verschiedener Position und Funktion innerhalb des Unternehmens in schriftlichen Interviews befragt.

Kasten 1: Interviewpartner

Constanze T. und Lukas G.: Projektmanager

Ihre Aufgaben sind in erster Linie Kommunikation mit den Kunden und Vermittlung bei Aufträgen. Dazu gehören organisatorische Aufgaben ebenso wie das Konzeptionieren kreativer Kampagnen. Die Balance zwischen Kundenwünschen und den Interessen der jeweiligen Influencer zu finden, steht hierbei im Mittelpunkt.

Nadine K.: Artist Manager Lead

Sie ist für das direkte Management der Influencer zuständig. Dazu gehören Kommunikation (primär E-Mail und Telefon), Contentplanung, Terminkoordination, Begleitung der Artists auf Events. Sie teilt in ihrem Interview unter anderem ihre Einschätzung zu den Qualitäten, die ein Artist Manager mitbringen muss.

Sebastian Sterzik aka. Sterzik: Influencer

Sterzik gilt mit 215.000 Abonennten auf YouTube, ~ 28.000 Followern auf Twitter und über 45.000 Followern auf Instagram als ein bekannter Influen-cer in Deutschland (Stand Sept. 2021). Er hat das geschafft, wovon viele Jugendliche träumen und lässt uns in seinem Interview an seiner Sicht auf den Markt teilhaben, ferner gibt er uns Einblicke in seinen Alltag als Influencer

9.3 Definition

Influencer-Marketing ist noch eine eher junge Marketing-Disziplin. Dies sieht man bereits daran, dass selbst der Name ‚Influencer-Marketing‘ noch kein feststehender Begriff ist, ganz im Gegenteil – je nach Veröffentlichung finden sich diverse Namen. So nennt Erwin Lammenett neben „Influencer-Marketing“ auch „Social-Influencer-Marketing“, „Advocacy Marketing” bis hin zu “Word-of-Moth-Marketing”, letzteres aber vor allem eher als eine dem Influencer-Marketing sehr nahe Gattung (vgl. Lammenett, 2019, S. 53).

Aus diesem Grund muss am Anfang dieses Artikels zunächst die Terminologie klar festgehalten werden. Es kursieren mehrere Definitionen für Influencer-Marketing (oder entsprechende andere Begriffe, die das gleiche meinen):

Lammenett widmet der Definition mehrere Seiten seines Buches, es lässt sich jedoch sinngemäß so zusammenfassen:

Influencer-Marketing ist der Einsatz einer Person mit öffentlichem Einfluss auf sozialen Medien, die für ihre Fans vertrauenswürdig, authentisch und glaubwürdig ist, um öffentlich positive Aussagen über ein Unternehmen oder eine Marke zu tätigen (vgl. Lammenett, 2019, S. 50 ff.).

Diese Definition ist so nicht wörtlich zu finden und ist über mehrere Seiten mit Beispielen ausgeschmückt. An und für sich wirkt sie durchaus brauchbar, dennoch greift sie ein wenig zu kurz, vor allem im Bereich der Beeinflussung.

An anderer Stelle stellt Lammenett folgende Definition auf:

> Social-Influencer-Marketing umfasst Maßnahmen, die sich grundsätzlich eines Kanals bedienen, der den sozialen Medien zuzuordnen ist, und die eine Vergütung des Social Influencers für seine Unterstützung/Mitwirkung bedingen. Damit ist Social-Influencer-Marketing klar abgegrenzt von Empfehlungsmarketing, WoMM [sic!] oder Werbung mit Testimonials (Lammenett, 2019, S. 56).

Auch hier kommt der Bereich der Beeinflussung noch zu kurz und die Definition konzentriert sich mehr auf die Kanäle und die Abgrenzung zu anderen Marketingdisziplinen.

Eine sehr weit gefasste Definition findet man bei Sven-Oliver Funke: „Influencer-Marketing beschreibt alle Wege der Einbindung von bekannten Internetpersönlichkeiten, um die eigene Marke oder die eigenen Produkte zu bewerben“ (Funke, 2019, S. 23).

Diese Definition wird zwar noch durch Beispiele des Autors teilweise weiter präzisiert, allerdings bleiben auch hier noch Fragen offen – beispielsweise was mit „bewerben“ gemeint ist, ab wann jemand als eine „bekannte Internetpersönlichkeit“ gilt und unter was eine Marketingaktion mit „unbekannten Internetpersönlichkeiten“ dann einzuordnen wäre.

Eine dritte Möglichkeit der Definition bietet das Gabler Wirtschaftslexikon:

> Influencer-Marketing ist die Planung, Steuerung und Kontrolle des gezielten Einsatzes von Social-Media-Meinungsführern und Multiplikatoren, um durch deren Empfehlungen die Wertigkeit von Markenbotschaften zu steigern und das Kaufverhalten der Zielgruppe positiv zu beeinflussen. (Deges, 2018)

Diese Definition konzentriert sich wesentlich mehr auf den Management- beziehungsweise Marketing-Teil, weniger auf die Definition eines Influencers. Für den vorliegenden Artikel soll daher eine Synthese der vorangegangenen Definitionen für Influencer-Marketing gelten:

► *Influencer-Marketing ist die Planung, Steuerung und Kontrolle des gezielten Einsatzes von Social-Media Meinungsführern und Multiplikatoren, die sich vor allem durch eine parasoziale Beziehung zu ihren Followern gepaart mit einer hohen Glaubwürdigkeit und Authentizität auszeichnen, um durch deren Handlungen und Empfehlungen die Wertigkeit von Markenbotschaften zu steigern und das Kaufverhalten der Zielgruppe positiv zu beeinflussen.*

Um diese Definition umfassend zu verstehen, muss noch der Begriff ‚parasoziale Beziehung‘ weiter erläutert werden: wenn ein Zuschauer den Akteur wie einen Freund wahrnimmt und das Gefühl bekommt, ihn gut zu kennen, der Akteur auf der anderen Seite aber eigentlich nichts über die meisten Individuen, die ihm folgen, weiß, spricht man von einer parasozialen Beziehung (vlg. Funke, 2019, S. 151).

INSTINCT3-Praxis-Check: Definition Influencer

Die Experten haben in ihren Interviews jeweils den Begriff des Influencers aus ihrer Sicht definiert und kommen dabei zu ganz unterschiedlichen Schlüssen, die aber durchaus interessante Einblicke geben.

So definiert Sterzik einen Influencer folgendermaßen:

> *Ich denke ein Influencer ist jemand, der durch die unterschiedlichsten Dinge ein Vorbild von Menschen wird und somit auch deren Alltag beeinflusst.*

Er spricht einen Punkt an, der in den anderen Definitionen lediglich im Bereich „parasozialer Beziehungen" und „Einfluss" mitschwingt: ein Vorbild zu sein. Laut ihm ist also der Hintergrund des Einflusses von Influencern, dass sie ein Vorbild für ihre Follower sind.

Die Projekt Manager nehmen den Begriff „Vorbild" ebenfalls in ihre Definition mit auf:

> *Influencer*innen sind zu gleichen Teilen Marke, Freund*in sowie Vorbild. Diese Aspekte werden von Merkmalen wie Humor, Moralvorstellungen, Interessen und Content-Formaten geprägt.*

In dieser Definition kommt die parasoziale Beziehung als „Freund*in sowie Vorbild" stark zur Geltung. Dennoch ist für sie die Prägung von Influencern als Marke über gewisse Merkmale ebenso von großer Bedeutung.

Sehr interessant ist auch die Definition der Artist Managerin:

> *Eine Person, deren Meinung so wichtig ist, dass sie Menschen dazu bringen kann, sich mit einem Thema zu beschäftigen, eine Meinung zu bilden, ein Produkt zu kaufen, selbst aktiv zu einem Thema zu werden .*

Nadine fokussiert sich auf die Meinung und den damit verbundenen Einfluss der Influencer.

Damit unterstreichen und stützen alle Experten die Definition von Influencer Marketing.

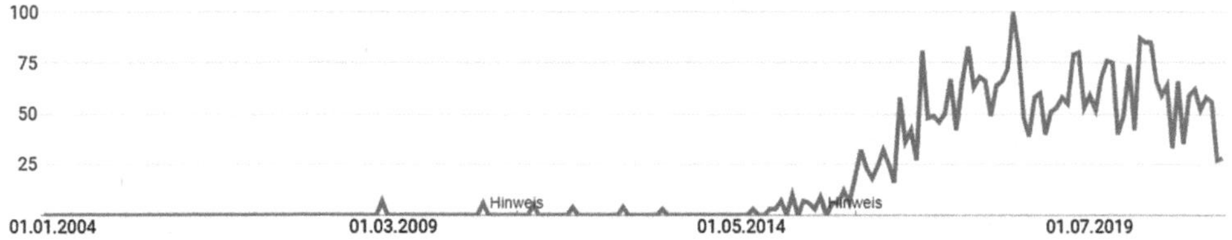

Abb. 9.1 Google-Trends zu „Influencer Marketing" 2004-heute (Google Trends, 2021)

9.4 Warum Influencer-Marketing? Vorteile, Nachteile und Risiken

Influencer-Marketing ist im Vergleich zu anderen Marketing-Disziplinen im Kontext der sozialen Medien noch relativ jung. Betrachtet man beispielsweise, wie oft das Wort ‚Influencer-Marketing' in Deutschland bei Google gesucht wurde, so sieht man, dass es erst ab 2016 einen signifikanten Anstieg gibt, was darauf schließen lässt, dass das Thema vorher in einem wesentlich geringeren Maß relevant war. (s. Abb. 9.1)

Im Grunde ist das Konzept von Fürsprechern für eine Marke aber keine Erfindung des Internetzeitalters, die Neuheit daran ist, dass durch die Erfindung des Internets und internetfähiger Mobilgeräte quasi jeder Mensch die Möglichkeit hat, seine Meinung sehr einfach vor einer potenziell sehr breiten Masse kundzutun. Dadurch wurde vor allem die Stellung der traditionellen Medien als sogenannte Gatekeeper gestürzt (vgl. Funke, 2019, S. 235 f.; Lammenett, 2019, S. 50).[1]

Ein weiterer Punkt, der Werben generell schwierig macht, ist, dass wenige Menschen bewusst beeinflusst werden möchten, vor allem in ihren Kaufentscheidungen. Das Influencer-Marketing bietet hier eindeutige Stärken und Möglichkeiten: es geht um das Werben, ohne, dass es wie Werbung aussieht (mit allen positiven und negativen Implikationen; Thema: Schleichwerbung) (vgl. Funke, 2019, S. 44). Vor allem aus diesen Punkten (das noch junge Alter der Disziplin und dem digitalen Zeitalter) ergeben sich die meisten Vor- beziehungsweise Nachteile und auch Risiken des Influencer-Marketings.

9.4.1 Vorteile

9.4.1.1 Die Querverbindung zu anderen Online-Marketing Disziplinen

Ein entscheidender Vorteil des Influencer-Marketings ist, dass die Disziplin nicht nur für sich allein steht und entsprechenden Erfolg haben kann – nein – sie kann, wenn richtig

[1] Gatekeeper meint, dass Unternehmen, Journalisten und andere Akteure der Massenmedien großen, teilweise selektierenden Einfluss darauf hatten, welche Informationen der Öffentlichkeit zugänglich gemacht wurden. Dementsprechend groß war der Einfluss traditioneller Massenmedien (vgl. Funke, 2019, S. 236).

eingesetzt, auch ein Katalysator für weitere Disziplinen des digitalen Marketings sein (vgl. Lammenett, 2019, S. 60) oder gar andere Bereiche eines Unternehmens entlasten:

- **Social-Media Marketing**

Social-Media Marketing lebt von Interaktion. Influencer Engagements können mitunter genau dazu führen: User, die sowohl mit dem Influencer als auch mit dem Unternehmen selbst interagieren. In jedem Fall kann das Unternehmen mit dem Influencer interagieren und so sein eigenes Social-Media Marketing Konzept erfüllen oder gar erweitern (vgl. Lammenett, 2019, S. 62).

- **Affiliate-Marketing**

Affiliate-Marketing meint eine Zusammenarbeit zwischen dem werbetreibenden Unternehmen und einem Partner, der über nachverfolgbare (eng.: trackable) Links die User auf entsprechende Vertriebskanäle bringt und an allen über ihn generierten Abschlüssen beteiligt wird. Auch hierfür eignen sich Influencer sehr gut (vgl. Lammenett, 2019, S. 63 f.).

- **Content-Marketing**

Das Content Marketing hat in der Regel eher einen unterhaltenden Charakter, bei dem das Produkt nicht zur Gänze im Mittelpunkt steht oder es bietet andere Mehrwerte. Beispiele wären Tutorials, Grafiken, Studien oder ähnliches, die zum Beispiel eine Webseite oder einen Social-Media Kanal eines Unternehmens entsprechend aufwerten. Influencer eignen sich bestens, genau solchen Content zu produzieren (vgl. Lammenett, 2019, S. 61 f.).

- **SEO**

SEO steht für Search Engine Optimization, also die Optimierung von Webseiten und Kanälen, um bei Suchmaschinen möglichst hoch im Ranking zu stehen und somit mehr User auf die Seite oder den entsprechenden Kanal zu bekommen. Zum einen entstehen durch den Influencer Querverbindungen, die das Rating steigen lassen, zum anderen indiziert Google (und andere Suchmaschinen) auch Social-Media Kanäle und gibt entsprechend Vorschläge aus – wie beispielsweise ein vielgeklicktes Tutorial auf einem Influencerkanal (vgl. Lammenett, 2019, S. 65).

- **Online-PR**

Berichte über Influencer, ihre neuesten Aktionen und damit verbunden auch ihre Partner gehören heute zum Alltag im Journalismus. Journalisten nutzen Soziale Medien zur

Recherche und bauen entsprechende Berichte und Stories dazu auf. Influencer-Marketing kann also direkt zu einer entsprechenden Vertretung in der Presse führen (vgl. Lammenett, 2019, S. 66).

9.4.1.2 Glaubwürdigkeit, Vertrauen und Zielgruppentrennschärfe

In einer Studie, die bereits 2015 durchgeführt wurde, fand Nielsen heraus, dass in Europa 78 % der Konsumenten Empfehlungen von Menschen, die sie kennen, vertrauen und gleichzeitig 43 % sogenannten Brand Sponsorships vertrauen (vgl. Nielsen, 2015, S. 11).

Durch die enge Beziehung der Follower zu ‚ihrem‘ Influencer (parasoziale Beziehung), werden diese durchaus als Menschen wahrgenommen, die der jeweilige Follower gut zu kennen glaubt (vgl. Lammenett, 2019, S. 72). Er vertraut daher auch ihrem Urteil und ihren Empfehlungen. Dieser Aspekt ist einer der größten Vorteile, den sich das Influencer-Marketing zu Nutzen macht.

Auch die Influencer selbst sehen dies, laut einer Studie der Firma Tapinfluence in Zusammenarbeit mit Nielsen aus dem Jahr 2016, als das wichtigste Kriterium an, warum ihre Follower mit ihnen in Kontakt bleiben (vgl. Solis, 2016, S. 7).

Hinzu kommt, dass viele Influencer eine sehr gut definierte Zielgruppe haben. Dies ermöglicht gezielte Umsetzungen von Strategien in Hinblick auf die Kommunikationspolitik und verringert den Streuverlust (vgl. Lammenett, 2019, S. 79). Man spricht hier auch oft von einer „spitzen Zielgruppe“ (vgl. Funke, 2019, S. 32).

9.4.1.3 Sichtbarkeit

Anders als viele andere Werbeformen zeichnet sich Influencer-Marketing vor allem dadurch aus, dass es bessere, in diesem Sinne effektivere Wege findet, die Zielgruppe zu erreichen. Zum einen kann Influencer-Werbung nicht durch Ad-Blocker verhindert werden, zum anderen bricht es auch mit der Tradition der sogenannten Unterbrecherwerbung. Richtig angewandt fühlt sich die Werbung oftmals nicht wie Werbung an (vgl. Lammenett, 2019, S. 68 ff.).

9.4.1.4 Einsatzmöglichkeit in allen Phasen des Kaufentscheidungsprozesses

Es gibt diverse Modelle, die den Kaufentscheidungsprozess darstellen (z. B. AIDA), die jeder im Bereich Marketing ausgebildete Mensch zumindest schon einmal gehört hat. Was nahezu alle gemein haben, ist die Tatsache, dass der Kaufentscheidungsprozess aus mehreren Phasen besteht, die der Konsument durchläuft. Egal welches Modell man heranzieht, Influencer-Marketing lässt sich gezielt in jeder Phase einsetzen. Sei es durch die Erhöhung der Bekanntheit einer Marke oder eines Produktes, durch das Herausstellen des praktischen Nutzens, Hilfe bei der Beschaffung von Informationen zu einem Produkt oder einer Dienstleistung, oder einfach durch die bereits angesprochene Empfehlung. Die

Liste der Beispiele ließe sich noch um einige Items erweitern. Fakt ist, dass Influencer-Marketing auch in diesem Aspekt sehr gezielt und effizient eingesetzt werden kann (vgl. Lammenett, 2019, S. 72 ff.).

9.4.1.5 Kreativität, neue Ideen und Storytelling

Influencer-Marketing bietet viel Raum, um mit einer Marke neue Wege zu gehen und damit auch entweder neue Zielgruppen zu erreichen, die mit klassischen Medien quasi nicht mehr erreicht werden können (vgl. Lammenett, 2019, S. 78) oder die bestehenden Kunden zu halten und zu festigen. Richtig angewandt bietet es Marken auch die Möglichkeit, sich zu einem gewissen Teil neu zu erfinden und durch Influencer-Marketing vor allem im Bereich kreativer Werbung und Storytelling Erfolge zu feiern (vgl. Lammenett, 2019, S. 79 f.).[2] Hierzu gehört auch, dem Influencer in Kooperationen entsprechende Freiheiten einzuräumen in Bezug auf Kreativität und die Erstellung der Inhalte (vgl. Lammenett, 2019, S. 175). Durch das Storytelling der Influencer werden die Produkte erlebbar und in einen greifbareren Kontext eingeordnet (vgl. Funke, 2019, S. 33). Als Fürsprecher für die Marke stärken die Influencer die positive Wahrnehmung in der Zielgruppe oder rücken die Marke überhaupt erst in das „Relevant Set"[3] des potentiellen Kunden (vgl. Funke, 2019, S. 34).

INSTINCT3-Praxis-Check: Vorteile von Influencer Marketing

Auf die Frage, welche Vorteile das Influencer-Marketing bietet, antworten die Projektmanager Folgendes:

> *Gutes Influencer Marketing zeichnet sich durch Folgendes aus: Das zu bewerbende Produkt oder der werbende Kunde werden nicht als ein Fremdkörper im Content wahrgenommen. Stattdessen funktionieren diese als Enabler, die Influencer*innen dazu befähigen, ihren Communities mitreißenden und Eindruck hinterlassenden Content zu präsentieren.*

Der entscheidende Vorteil wird also auch in der Praxis deutlich: man kann werben, ohne, dass es sich für den Konsumenten zu sehr nach Werbung anfühlt.

Wie sieht also perfektes Influencer-Marketing aus, um genau diesen Effekt zu erzielen? Gibt es dafür ein Rezept?

---

[2] Storytelling: „Marketingmethode, bei der (authentische) metaphorische Geschichten über ein Produkt oder ein Unternehmen (und dessen Mitarbeiter) eine persönlichere Beziehung zum potenziellen Kunden herstellen sollen" („Storytelling" auf Duden online), eine weitere (ähnliche) Definition ist zu finden in (Funke, 2019, S. 33)

[3] „Als Relevant Set bezeichnet man diejenigen Marken und Produkte, die eine Relevanz im Bewusstsein des Verbrauchers haben und die er bei Anstehen einer Kaufentscheidung in die engere Wahl zieht" (Funke, 2019, S. 34)

*Influencer Marketing ist authentisch, nicht perfekt – wer Perfektion sucht, sollte TV- oder Plakatwerbung buchen. Influencer Marketing bietet kein komplett kontrollierbares Umfeld, in dem Konzepte umgesetzt werden. Genau das macht den Reiz und die Authentizität dieser Marketing-Form aus. Die Authentizität ergibt sich sowohl durch einen guten Fit zwischen Influencer*in und Marke als auch durch einen Kunden, der dem Talent Freiräume zur Selbstverwirklichung im Rahmen des gebuchten Contents gibt.*

Gerade den ersten Satz dieser Antwort sollte sich vermutlich jeder angehende Influencer-Manager merken. Es geht nicht um Perfektion, es geht um Authentizität, Freiräume zur Selbstverwirklichung und Kreativität.

Die Vorteile des Influencer-Marketings werden bereits bei der Planung der Kampagnen und in der Kommunikation mit den Kunden gelebt. Lediglich die Querverbindung zu anderen Marketing-Disziplinen wird von den Experten nicht explizit erwähnt – vielleicht, weil sie ohnehin gelebte Praxis ist.

9.4.2 Nachteile und Risiken

Aus der reinen Beschaffenheit der Sache entstehen leider nicht nur Vorteile. Die junge Disziplin kämpft an verschiedener Stelle auch mit Fallstricken und Hürden – doch quasi alle dieser Nachteile lassen sich durch gute Vorbereitung und Planung nahezu eliminieren.

9.4.2.1 Augenscheinliche Einfachheit

Es erscheint einfach, sich für eine Werbemaßnahme einen Influencer zu engagieren und ‚mal machen zu lassen'. Laut Lammenett „kommt es in der Praxis aber leider häufig vor, dass Unternehmen ohne klar formulierte Digital-Marketing-Strategie Dinge ausprobieren" (Lammenett, 2019, S. 226). Viele Firmen unterschätzen offensichtlich den planerischen und operativen Aufwand, den auch Influencer-Marketing mit sich bringt, nehmen das Thema nicht ernst und befassen sich daher nicht umfassend genug mit der Planung (vgl. Funke, 2019, S. 34). Dies betrifft nicht nur das Management der tatsächlichen Kampagne, sondern auch das Einbetten in die Gesamt-Marketingstrategie, oder wenigstens in das Online-Marketingkonzept – sollte es eines geben (vgl. Lammenett, 2019, S. 226). Auch das Gegenteil kann passieren und ist ein Risiko: dem Influencer wird ganz genau vorgegeben, was er machen soll, was dann in Inhalten resultiert, die fernab von der Sprache und der Kommunikationsweise des Influencers liegen und somit von der Zielgruppe kategorisch nicht angenommen werden (vgl. Funke, 2019, S. 35).

9.4.2.2 Fake-Influencer

In der Welt der Influencer hat sich bei manchen eine gewisse Goldgräberstimmung etabliert und wie in allen Bereichen, in denen Menschen aktiv sind, gibt es leider auch hier diejenigen, die sich unfairer Mittel bedienen, um sich einen Vorteil zu verschaffen. Man spricht hierbei von sogenannten Fake-Influencern. Was meint das? Ganz einfach: diese Influencer haben verschiedene Tricks und Methoden angewandt oder verwenden sie regelmäßig, um ihre Zahlen zu frisieren. Beispielsweise durch Bots, die die Follower- oder Like-Zahlen erhöhen, aber auch Absprachen zu gegenseitigen Kommentaren zur Beeinflussung des Algorithmus stehen auf der Tagesordnung. Es gibt noch weitere Möglichkeiten, auf die hier aber nicht näher eingegangen werden soll (vgl. Lammenett, 2019, S. 227). Man fragt sich, warum diese User nicht der Plattform verwiesen werden: ganz einfach, die meisten dieser Methoden sind von den Plattformbetreibern nicht ausdrücklich verboten. Kampagnen bei solchen Influencern sind um jeden Preis zu vermeiden, da diese keinen nachhaltigen Erfolg bringen werden und komplett ins Leere laufen – auch wenn die Zahlen wie Reichweite vielleicht etwas anderes sagen. Vorbeugen kann man hier durch eine eingehendere Analyse, vor allem auf qualitativer Ebene, wie zum Beispiel bei Kommentaren. Ferner sollte man sich alle Reichweiten und Interaktionszahlen der letzten Monate geben lassen (falls diese nicht ohnehin zur Verfügung stehen), diese sollten anschließend auf Konstanz und ihren Grad an organischem Wachstum geprüft werden. Ebenso sollte man die Follower-Zahl mit der durchschnittlichen Höhe der Interaktionen vergleichen (vgl. Lammenett, 2019, S. 159 f.).[4] Es gibt diverse Software-Möglichkeiten, die dabei helfen können, Fake-Kanäle zu entlarven, Lammenett nennt.

https://www.fakecheck.co
https://hypeauditor.com
https://search.upfluence.com
als Beispiele (Lammenett, 2019, S. 162).

Grundsätzlich sind folgende Bestände nach Funke als Alarmsignale zu sehen:

- Viele Follower, aber wenig Interaktion
- Viele Likes, aber wenig Kommentare
- Nichtssagende Kommentare
- Sprunghaftes und zweifelhaftes Wachstum des Accounts

(vgl. Funke, 2019, S. 113 ff.)

Ein weiterer Aspekt, der hierunter fällt, ist, dass man durchaus Schwierigkeiten haben kann, Influencer mit wahren USPs zu finden. Viele Influencer versuchen ein gewisses Rezept zu kopieren und auch ein Stück des Kuchens abzubekommen. Dadurch verschwimmen Alleinstellungsmerkmale und es kann schwierig sein, herauszufinden, ob

[4] Hinweise auf unlautere Methoden könnten zum Beispiel nicht erklärbare, sprungartige Anstiege der Follower-Zahlen, eine sehr niedrige Engagement Rate oder Kommentare ohne wirklichen Inhalt sein.

jemand „fake" und aufgesetzt ist, oder ob diese USPs tatsächlich genuiner Teil ihres Influencer-Daseins und sie damit authentisch sind (vgl. Lammenett, 2019, S. 227).

9.4.2.3 Ehrliche Kritik des Influencers

Doch auch ‚nicht-Fake-Influencer' können einen negativen Effekt verursachen. Wie bereits gesagt, ist einer der entscheidensten Punkte die Glaubwürdigkeit des Influencers. Dementsprechend ehrlich kommunizieren Influencer auch ihre Meinung zu Produkten (und sollten das auch tun!). Doch sind sie von einem Produkt nicht 100 % überzeugt, kann es so auch vorkommen, dass die Nachteile oder Schwächen des Produkts erwähnt und gezeigt werden. Dies kann sich auch auf Kaufentscheidungen negativ auswirken (vgl. Funke, 2019, S. 35). Natürlich sollte der Influencer solche Kritik aber immer im Verhältnis zur Preisklasse des Produkts oder der Dienstleistung setzen.

9.4.2.4 Preise, Schleichwerbung und Algorithmen

Drei weitere mögliche Probleme sollen in diesem Absatz zusammengefasst werden. Das Preisgefüge im Influencer-Marketing ist alles andere als gesetzt, geschweige denn durchsichtig. Teilweise erheben die Influencer sogar unterschiedliche Abrechnungsarten, die einen Vergleich noch erschweren. Nichtsdestotrotz ist auch hier mit guter Vorbereitung das Schlimmste zu verhindern. Auch ein Teil der rechtlichen Implikationen sollen hier als Nachteil genannt werden: Werbung vs. Schleichwerbung. Es ist darauf zu achten, dass man sich in jedem Fall in seinen Aktionen an geltendes Recht hält – auch wenn hier im wahrsten Sinne des Wortes das letzte Urteil noch nicht gesprochen ist (vgl. Lammenett, 2019, S. 227 f.).

Zu guter Letzt etwas, das mehr mit den sozialen Medien zu tun hat, also nicht unmittelbar mit den Influencern. Dennoch bewegen sich letztere ausschließlich auf ersteren und sind deshalb ihren Gesetzen unterworfen, somit auch den Algorithmen der Plattformen. Ein Post ist nicht gleich Post und wie viele Menschen den Post sehen werden, hängt von vielen Faktoren ab, die hier nicht alle erschöpfend erläutert werden können. Es sei jedoch darauf hingewiesen, dass diese Algorithmen durchaus beeinflusst werden können, zum Beispiel (ganz legal) durch Geld – indem man Promotionen auf den Plattformen schaltet (vgl. Lammenett, 2019, S. 229).

INSTINCT3-Praxis-Check: Risiken von Influencer Marketing

Aus Sicht eines Projektmanagers sind die Risiken in der Praxis klar, fokussieren sich aber in erster Linie auf die Arbeit auf Seiten der Planung in der Agentur. Gerade die Sorge über zu strenge Vorgaben, das Einschränken der Kreativität und Identifikation spielen hier eine wichtige Rolle:

> *Der Kunde muss sich seinerseits sehr genau darüber bewusst sein, dass Influencer*innen von ihrer Authentizität und dem ganz individuellen Umgang mit allerlei Themen im*

*Kontext ihrer Community leben. Wird zu großer Einfluss von Kundenseite genommen, fällt dies Fans negativ auf, weil sich deren Identifikationsperson plötzlich anders als sonst im Stream oder Video verhält. Kunden legen ihre Marken also bewusst in die Hände einer Online-Persona mit eigenen kreativen Visionen, eigenen Routinen innerhalb ihrer Community und einer unverwechselbaren Stimme, mit der sie zu ihren Fans spricht. Dies kann selbstverständlich durch ein Briefing mit Infos zur betreffenden Marke und Kampagne beeinflusst werden, allerdings interpretiert jede*r dieses für sich in seinem oder ihrem ganz eigenem (Content-)Stil.*

Die Anknüpfung an die Praxis soll aber auch noch einen anderen Blickwinkel auf Risiken des Influencer-Marketings eröffnen: den aus Sicht des Influencers. So gibt Sterzik Antworten auf die Frage, was Herausforderungen und Risiken für den Influencer selbst sind:

Es ist oft schwer, Privates von der Arbeit zu trennen. Häufig findet man sich in der Freizeit in Arbeitssituationen wieder. Sei es nur noch schnell einen Instagram Post zu veröffentlichen, oder einen Tweet zur Abnahme an den Kunden weiterzuleiten.
Es gibt außerdem sehr sehr viele Vorurteile gegenüber Influencern, mit denen man häufig konfrontiert wird. Das wohl Schwierigste ist es, das Interesse der Follower/Fans nicht zu verlieren. Man achtet sehr auf Zahlen und hofft, dass alles was man tut, zahlentechnisch performt. Dies beeinflusst leider bei vielen Influencern teilweise privat die Laune.

In der Zusammenarbeit mit Influencern sollte man also durchaus darauf achten, welche Erfolgsindikatoren man vorgibt und auch darauf, dass der Influencer einen guten Manager hat, der dafür sorgt, dass der Artist in guter Form ist, um den Content zu gestalten und zu erstellen – doch dazu mehr im Kapitel zu den Aufgaben von Influencer Managern.

9.5 Der Influencer-Marketing Markt: Stakeholder und Interessen

Grundsätzlich sind zwei Stakeholder des Marktes klar: Werbetreibende und die Influencer selbst. Doch gibt es dazwischen noch einige andere und auch diese beiden lassen sich anhand ihrer Motivation durchaus noch einmal unterscheiden:

- **Werbetreibende beziehungsweise Marken**

Auf die möglichen Ziele von Werbetreibenden wird in einem späteren Kapitel noch eingegangen. Grundsätzlich sind sie aber als Geldgeber im Markt von Bedeutung.

- **Influencer**

Influencer können komplett unterschiedliche Motivationen haben. Manche von ihnen sehen es als berufliche Chance und wollen oder müssen gar Rechnungen durch ihre Arbeit als Influencer bezahlen (egal wie groß sie sind). Andere haben ideellere Motive und machen es, um ‚etwas zu bewegen' oder einfach, weil sie große Freude daran haben. Letzteres sollte einem Influencer idealerweise natürlich nie abhandenkommen – aber auch das kann passieren, sodass sie nur noch ihren eigenen kommerziellen Wert vor Augen haben und diesen steigern wollen (vgl. Lammenett, 2019, S. 164).

- **Influencer-Manager & Artist Manager**

Die Influencer-Manager helfen den Influencern dabei, sich selbst zu vermarkten, sowie das, was von ihnen erwartet wird, zu erfüllen. Je nach Manager kann es auch sein, dass dieser direkt im operativen Geschäft hilft. Vor allem kümmert er sich aber um Partnerschaftsanfragen, sowie um alle Aufgaben, die im nächsten Kapitel dieses Artikels behandelt werden.

- **Agenturen**

Hier kann man grundsätzlich zwischen Influencer-Marketing-Agenturen, Künstlermanagement-Agenturen und allgemeinen Werbeagenturen unterscheiden.

Erstere sind spezialisiert auf Influencer und betreuen häufig Influencer aller Art und Größen oder einer bestimmten Nische. Sie haben oftmals Exklusivverträge mit Influencern. Sie vermitteln, suchen und vermarkten aber auch nicht exklusive Influencer. Die gesamte geschäftliche Kommunikation läuft in diesem Fall über die Agentur. Ferner bieten sie in der Regel Mithilfe bei der Konzipierung von Kampagnen an (vgl. Lammenett, 2019, S. 165 ff.). Sie bieten also oft Pakete an, die über die reine Verwaltung der Influencer hinaus gehen und auch für den Werbetreibenden ein Mehrwert sein können.

Zweitere sind Agenturen, die mit Berühmtheiten, Stars und Künstlern unterschiedlicher Branchen hantieren. Inzwischen gehören zum Kreis der Berühmtheiten auch manche.

Influencer, sodass diese Agenturen begonnen haben, auch diese mit in ihr Portfolio aufzunehmen. Sie haben aber in der Regel nur zu den Größten der Branche Geschäftsbeziehungen und orientieren sich rein an der Reichweite – Micro-Influencer oder Nischen-Influencer sucht man hier meist vergebens (vgl. Lammenett, 2019, S. 165).

Zu guter Letzt gibt es noch die klassischen Werbeagenturen. Auch sie haben das Potential der Disziplin erkannt und Influencer mit in ihr Portfolio integriert, allerdings gelingt dies nicht allen Agenturen gleich gut und oftmals werden Influencer eher im klassischen Werbesinn in Kampagnen eingebunden und damit viel Potential des Influencer-Marketings verschenkt (vgl. Lammenett, 2019, S. 167).

INSTINCT3-Praxis-Check: Stakeholder im Influencer Markt
Die Frage nach Stakeholdern wurde von Constanze & Lukas mit folgender Auflistung beantwortet, die deckungsgleich mit der im Kapitel vorangegangenen ist:

*Influencer*innen, Agenturen, Managements, MCNs (Multi-Channel-Networks) sowie an Influencer Marketing interessierte Kunden.*

Zum Einfluss der Agenturen auf den Markt geben sie noch Folgendes zu bedenken: *Agenturen stehen zum einen hinter Content Pieces und setzen mit immer neuen Produktionen, Projekten oder Live-Shows Standards, die marktdefinierend werden. Zum anderen legen Agenturen ebenso die Preise für Influencer*innen und damit wichtige Marktwerte wie den durchschnittlichen CPM fest, der als Orientierungspunkt dient.*

9.6 Umsatzkanäle: wie verdient ein Influencer Geld?

Kurz und knapp lassen sich hierbei drei Varianten ausmachen, diese können natürlich noch weiter untergliedert werden beziehungsweise haben im Detail ihre Unterschiede. Auf diese Details soll aber im Umfang dieses Artikels nicht weiter eingegangen werden.

1. **Umsatz über die Plattform**

Hier unterscheidet man grundsätzlich zwei Typen: Umsätze, die durch eine Beteiligung an Einnahmen von Werbung, die der Plattformbetreiber vor, während oder nach den Inhalten des Influencers ausspielt, generiert werden.

Und Einnahmen, die über Bezahlsysteme, die dem Crowd-Funding ähneln, funktionieren. So können Endkunden zum Beispiel Abonnements abschließen, um gewisse Vorteile zu erhalten, an denen der Influencer beteiligt wird. Auch direkte Donations[5], um den Influencer zu unterstützen, sind möglich. Diese Formen der Bezahlung findet man in der Regel auf Video- oder Streaming-Plattformen. Begonnen damit hat YouTube bereits 2012, mit den ersten 100 sogenannten Original-Channels. Dieses System wurde daraufhin weiter zu YouTube-Studios ausgebaut (vgl. Funke, 2019, S. 48).

[5] Direkt übersetzt wären das „Spenden". Allerdings ist hier Vorsicht geboten und auf das deutsche Steuerrecht zu achten – es sollte ein fachkundiger Steuerberater oder Anwalt zu Rate gezogen werden.

2. **Umsätze über Werbekampagnen**

Damit sind Kampagnen gemeint, die man für einen Werbetreibenden durchführt und womit sich ein eigenes Kapitel dieses Artikels befasst. Zu Preisformaten und Branchenstandards findet man in Abschn. 5.2.4 mehr.

3. **Weiteres**

Den Löwenanteil an weiteren Einnahmequellen machen hierbei wohl Verkäufe von Fan-Artikeln und Merchandise-Produkten aus. Aber auch andere Formen wie Lizenz-Einnahmen der sogenannte Creator Codes[6] fallen hierunter. Das Affiliate-Marketing ließe sich sowohl unter Kampagnen als auch unter Weiteres einordnen.

INSTINCT3-Praxis-Check: wie verdient ein Influencer eigentlich Geld?
Zu diesem Thema haben wir den Influencer Sterzik direkt befragt. Dieser machte klar deutlich, dass das Geld verdienen erst ab einer gewissen Größe beginnt, von da ab aber durchaus ein lukratives Geschäft sein kann:

Influencer verdienen ab einer gewissen Größe gutes Geld. Das ist kein Geheimnis. Wieviel man verdient, kommt auf die Größe der Kanäle, der Produktplatzierungen und auf die Werbeeinnahmen der Plattformen an. Es gibt kein Festgehalt (es sei denn man ist angestellter Influencer so wie ich).

Gleichermaßen sagt er aber ganz klar, dass niemand Influencer werden sollte, der es nur wegen des Geldes oder des Ruhmes macht. Man muss machen, was man gut kann und woran man Freude hat, denn Influencer zu sein ist ein 24 h, 7 Tage die Woche Job. Es wurden ihm zu dem Thema folgende zwei Fragen gestellt:

Viele junge (und alte) Menschen in Deutschland geben inzwischen „Influencer" als ihren Traumberuf an – was muss man tun, um den Traum Wahrheit werden zu lassen?

Ich denke, dass viele junge Leute vor allem Influencer werden wollen, da die Vorbilder der jüngeren Generationen meist Influencer sind! Man bekommt tagtäglich Erfolgsgeschichten von Leuten auf dem Präsentierteller gezeigt und denkt sich schnell mal: „Das kann ich ja auch, die verdienen voll viel Kohle, ich will auch!".

---

[6] Der Creator Code ähnelt dem Affiliate-Modell (s. Kap. 5.2.4), Spielepublisher stellen manchen Influencern Codes zur Verfügung, den ihre Fans und Follower eingeben können. Bei jeder Transaktion innerhalb des Spieleaccounts wird der Creator dann entsprechend beteiligt.

Was möchtest du diesen Menschen raten?

Nur Influencer zu werden, weil man Influencer werden will, ist falsch. Man sollte mit der Welt teilen, welche Interessen man hat, was man gut kann oder woran man einfach Spaß hat! Wenn man keinen Spaß bei der Sache hat, wird man unglücklich.

Influencer zu sein ist ein 24/7 Beruf, mit dem du dich privat auch beschäftigen musst. Auch wenn man es nicht glaubt, steckt eine Menge Arbeit dahinter. Also macht was ihr liebt und habt Spaß dabei und versucht damit Erfolg zu haben!

Ein Teil der Einnahmen eines Influencers kommt aus Kooperationen. Um besser einordnen zu können, welchen Stellenwert dieser Umsatzkanal einnimmt, wurde Sterzik im Rahmen des Interviews um eine Einschätzung gebeten:

Was bedeuten Kooperationen für dich und wie wählst du deine Kooperationspartner (Marken) aus?

Kooperationen bedeuten für mich, dass ich finanziell stabil weiterhin meinen Job machen kann. Zudem bieten ab und zu gewisse Firmen und Partner einen Zuschuss für noch coolere Projekte an, wodurch ich verdammt gute Produktionen durchführen kann.

Ich schaue mir das Produkt des Kunden an und entscheide, ob ich mich mit dem Produkt identifizieren kann. Entscheidend ist dabei auch, ob aus der Kooperation ein gutes Video für mein Kanal entstehen wird, welches zu meinem Content passt, oder nicht.

9.7 Aufgaben eines Influencer-Marketing-Managers

Auf eine Definition oder dergleichen von Management soll an dieser Stelle verzichtet werden. Weitläufig anerkannt sind aber grundsätzliche Bestandteile von Management, wie Planung, Kontrolle, Führung und weitere, diese sind auch im Influencer-Management Bestandteil der Aufgabe. Vorweg sei gesagt, dass die Aufgaben eines Influencer-Marketing-Managers unterschiedlich sein können – je nach Position, in der er sich befindet. Ist er beispielsweise ein Mitarbeiter in einer werbetreibenden Firma, so wird er sich tendenziell mehr mit der strategischen Komponente des Managements auseinandersetzen. Ist er aber Mitarbeiter einer Influencer Agentur, so bekommt er von einem Werbetreibenden alle Informationen und die strategische Vorüberlegung ist (vermutlich) zu großen Teilen abgeschlossen und er fokussiert sich mehr auf die Umsetzung – in beiden Fällen ist aber nicht sicher gesagt, dass sich die Aufgaben darauf beschränken. Auch innerhalb solcher Agenturen können die Aufgaben variieren, wie man beispielsweise an den Experteninterviews sehen kann, so gibt es Projektmanager, die sich eher mit der

Strategie und dem Planerischen befassen, sowie die Artist Manager, die mehr auf die Umsetzung gemeinsam mit den Influencern spezialisiert sind (siehe Kästen in den folgenden Kapiteln). Da die vorliegende Arbeit einen allgemeinen Einstieg in das Influencer Management darstellt, sollen daher alle Seiten entsprechend beleuchtet werden. Ferner ergibt es auch Sinn, dass ein Influencer-Marketing-Manager beide Seiten kennen sollte, um so zum Beispiel nicht mit der Strategie schon Probleme aufzubauen, die operativ nicht lösbar sind oder andererseits als operativ ausführender Manager die strategische Grundlage nicht verstehen zu können.

9.7.1 Ziele

Potentielle Ziele des Online-Marketings sind:

- **Markenaufbau/Branding/Brand Awareness/Brand Loyalty**
  Influencer zeichnen sich meist durch ihr Storytelling Geschick aus, gerade im Bereich Markenaufbau lässt sich dies gezielt nutzen. Auch als Markenbotschafter oder ‚einfache' Testimonials können Influencer hier agieren. In jedem Fall können sie einen großen Einfluss auf die Markenbekanntheit haben (vgl. Lammenett, 2019, S. 97). Aber nicht nur auf potentielle Neukunden können Influencer Wirkung haben – nein auch Bestandskunden können besser gehalten werden. Dies kann auf verschiedene Art und Weise geschehen, von Tutorials bis hin zu Aktionen exklusiv für Bestandskunden (vgl. Lammenett, 2019, S. 98 f.).
- **Mitarbeitergewinnung/Unternehmermarke**
  Es geht hierbei in erster Linie darum, das Unternehmen als attraktiven Arbeitgeber zu präsentieren. Das kann sowohl mit Influencern ‚von außen' geschehen oder aber man macht Mitarbeiter zu sogenannten Corporate Influencern. Ein Best Practice Beispiel dafür ist die Marke Otto (vgl. Hilker, 2021).[7]
- **Imagebildung/Reputation**
  Hierbei gilt es in erster Linie zu beachten, dass das Image einer Marke durchaus unterschiedlich innerhalb der Bevölkerung sein kann. Unterschiedliche Zielgruppen haben unterschiedliche Sichtweisen auf die Marke. Dies gilt es vor allem in Vorarbeit zur Auswahl der Zielgruppe zu bedenken. Gerade in Verbindung mit Influencer-Marketing geht es an dieser Stelle vor allem um Glaubwürdigkeit, den Aufbau von Vertrauen und das Verbessern der subjektiven Wahrnehmung innerhalb der entsprechenden Zielgruppen (vgl. Funke, 2019, S. 71).
- **Verkaufsförderung/Leads**
  Von allen Zielen ist dieses das zum einem am leichtesten messbare, zum anderen auch das eindeutigste vom Inhalt her. Es geht schlicht und ergreifend um einen höheren

[7] In dem entsprechenden Artikel lassen sich weitere Details zu Corporate Influencern finden, die in dieser Arbeit keine Beachtung finden sollen.

Absatz. Oftmals wird dies verbunden mit Modellen, wie man sie aus dem Performance-Marketing kennt, wie zum Beispiel die Verwendung von Tracking Links oder Affiliate Marketing (vgl. Lammenett, 2019, S. 96 f.).

- **Markenerweiterung/Diversifikation/Produkteinführung**
  Gerade bei Produkteinführungen ist ein gewisser Vertrauensvorschuss beim Käufer nötig, da es vermutlich wenig Quellen für Tests o.ä. gibt. Diesen Vertrauensvorschuss könnte ein Influencer liefern (vgl. Funke, 2019, S. 70).
- **Up-Selling**
  Up-Selling meint, einem potentiellen Käufer eine bessere, aber auch teurere Version eines Produkts zu verkaufen beziehungsweise ein teureres Produkt anstelle der Budget-Variante. Der Influencer soll hierbei dem ohnehin interessierten Kunden die Vorzüge des teureren Produkts nahelegen und ihn damit in seiner Kaufentscheidung beeinflussen (vgl. Funke, 2019, S. 76).

Vorangegangene Stichpunkte nach (Funke, 2019, S. 69 f.; Lammenett, 2019, S. 86)

Diese Ziele sollten anhand gängiger Modelle wie dem SMART Modell aufgebaut sein.[8]

Das Messbarmachen der Ziele lässt sich im Influencer-Marketing durch verschiedene KPIs[9] ansetzen. Die gängigsten sind dabei:

- **Conversion-Rate**
  Die Conversion-Rate beschreibt direkt die erreichten Conversions (z. B. Leads, abgeschlossene Käufe etc.) im Verhältnis zur Anzahl der erreichten Personen (vgl. Lammenett, 2019, S. 209). Orientiert man sich an ihr, kann man ganz klar festlegen, wieviel Geld pro Conversion ausgegeben wurde und daran kann man potentiell messen, ob sich die Kampagne gelohnt hat. Was in den Wert allerdings nicht mit einfließt, ist der Wert eines Neukunden und damit potentiellen Bestandskunden, der weitere Produkte kaufen wird. So können auch Kampagnen mit einer augenscheinlich schlechten Conversion-Rate durchaus als Erfolg gelten.
- **Reichweite**
  Die Reichweite ist entscheidend, wird sie aber zu keinem anderen Wert ins Verhältnis gesetzt, sagt sie im Grunde relativ wenig aus (vgl. Lammenett, 2019, S. 210). Hinzu kommt, dass man zwischen Brutto- und Nettoreichweite unterscheiden muss. Während die Bruttoreichweite plattformübergreifend ist und dabei mögliche Überschneidungen

[8] Bei Modellen zu Zielen ist das sogenannte SMART-Modell eines der bekanntesten und meint, dass Ziele immer „spezifisch, messbar, attraktiv (oder akzeptiert), realistisch und terminiert" sein sollten. Mehr dazu gibt es an diversen Stellen in der Literatur, beispielsweise bei (Weka, 2020).

[9] Key-Performance-Indicator, also Hauptindikatoren für die Leistung der Kampagne

ignoriert, gibt die Netto-Reichweite an, wie viele einzelne Personen tatsächlich erreicht wurden[10] (vgl. Funke, 2019, S. 193).

- **Interaktionsrate**
  Die Interaktions- oder Engagement-Rate setzt die Reichweite ins Verhältnis mit den Interaktionen des Posts. Sie eignet sich durchaus, um den Erfolg einer Kampagne zu bewerten und Rückschlüsse auf verschiedene Punkte zu ziehen – zum Beispiel auf den Zielgruppenfit der Aktion. Hierbei sei erwähnt, dass bei steigender Follower-Anzahl die Engagement-Rate erwiesenermaßen sinkt – das sollte also mit einberechnet werden (vgl. Funke, 2019, S. 110).
- **Like-Dislike-Ratio**
  Eine Kennzahl, die typischerweise der Plattform YouTube zuzuordnen ist, die meisten anderen Plattformen bieten keine Möglichkeit des ‚Dislikes'. Doch gerade dieses Verhältnis kann immens viel über die Rezeption der Kampagne in der Zielgruppe aussagen (vgl. Lammenett, 2019, S. 210).
- **Binäre Auswertung von Kommentaren**
  Hiermit ist nicht eine umfassende Analyse der Kommentare und ihres Inhaltes gemeint, sondern lediglich eine Erhebung, ob die Kommentare positiv oder negativ sind (vgl. Lammenett, 2019, S. 210). Auch hierfür gibt es entsprechende Software!

Influencer-Marketing lässt sich beliebig einsetzen, um diese Ziele zu erreichen beziehungsweise die Erreichung zu fördern. Entsprechend sollte man sich bei der Zielkonzeption Fragen stellen, um herauszukristallisieren, was gebraucht wird (zum Beispiel unter anderem: geht es um eine Dienstleistung oder ein Produkt? Geht es um direkten Absatz oder reine Markenbildung?) Selbstverständlich können mit einzelnen Maßnahmen auch mehrere Ziele erreicht werden, hier stellt sich dann die Frage, ob man Haupt- und Unterziele definiert, um weiter planvoll agieren zu können (vgl. Lammenett, 2019, S. 86 f.).

Bei der Festlegung der Ziele muss außerdem auch an die Firmen-Wertschöpfungskette gedacht werden. Am Ende soll das Unternehmen davon profitieren und seinen Umsatz steigern können. Es gilt also, entsprechende weiterführende Schritte zu bedenken und die Ziele dahingehend auszurichten. Dies wird auch für das spätere Controlling und die Erfolgskontrolle von essenzieller Bedeutung. In der Regel ist Reichweite hierbei die unterste Ebene, gefolgt von Faktoren wie Kundengewinnung/Kundenbindung und Marktanteil, was anschließend in steigendem Umsatz (und idealerweise im letzten Schritt in höherem Gewinn) mündet. Man muss sich bei der Festlegung der Ziele also im Klaren darüber sein, auf welcher Ebene man diese Ziele formuliert, dies kann auch Einfluss auf den zeitlichen Rahmen haben, ab wann die Ziele erfüllt sein müssen oder sollten (vgl. Lammenett, 2019, S. 201 f.). Man muss sich bewusst sein, dass Influencer-Marketing

[10] Oftmals auch „Unique User" genannt.

keine rein KPI-getriebene Marketingform ist (vgl. Funke, 2019, S. 45). Gerade durch seinen möglichen Einfluss auf verschiedene Punkte im Kaufentscheidungsprozess und in der Wertschöpfungskette wäre dies zu kurz gedacht.

INSTINCT3-Praxis-Check: Funktion, Ziele und KPIs im Influencer-Marketing
Die erste Frage zu diesem Themenkomplex zielt natürlich auf die Ziele ab, die durch Influencer Marketing in der Praxis erreicht werden können und die Projektmanager gaben folgende Antworten:

Welche Marketing-Ziele lassen sich mit Influencer-Marketing (am besten) erreichen?

Brand Awareness, emotionale Bindung an die Marke, persönliche Identifikation mit der Marke, Profilierung der Marke.

Der Erfolg einer Kampagne kann dabei laut der Projektmanager von INSTINCT3 an diversen klassischen und modifizierten KPIs festgemacht werden:

YouTube: *Video-Views, CPM, Likes, Dislikes, Impressions, Total Watch Time, Average Watch Time, Kommentare, Sentiment Ratio, Shares; Twitch: Average Concurrent Viewer bei organischen Livestreams, Average Concurrent Viewer bei gesponsertem Livestream, View Peak bei gesponsertem Livestream; Instagram: Impressionen, Anzahl der Speicherungen von Feed-Posts, Link-Klicks in Stories, Likes, Kommentare, Reach; Twitter: Impressionen, Reach, Likes, Tweet-Antworten, Retweets; Allgemein: Klicks auf Tracking-Links.*

*Im Idealfall müssen Kampagnen so gestrickt sein, dass der Kunde sich damit auf eigenen Social Media-Kanälen durch Shares, Retweets oder Buyouts identifiziert oder den entsprechenden Content anderweitig deutlich sichtbar platziert. Gleichzeitig muss die Kampagne auch die Community von Influencer*innen stark einbinden und abholen, sodass diese eine Bindung zur entsprechenden Brand aufbauen. Wenn Kunden oder Agenturen mit der Kampagne oder Content Pieces daraus Preise oder Awards gewinnen, ist das natürlich ebenfalls keine klassische KPI – aber nichtsdestotrotz ein wichtiger Faktor.*

9.7.2 Zielgruppe

Hat man die Ziele definiert, folgt umgehend die Definition der Zielgruppe. Dieser Schritt ist essenziell, da er großen Einfluss auf die Eingrenzung und Auswahl der Influencer, die man für die entsprechende Kampagne verwenden will, hat. Anhand der Ziele und den dazugehörigen strategischen Überlegungen lässt sich die Zielgruppe dann eingrenzen, zum Beispiel nach demografischen Angaben oder bestimmten Interessen. Möchte man beispielsweise eine junge Zielgruppe erreichen, die Interessen im Bereich Lifestyle & Reisen hat? Oder möchte man eine Zielgruppe für Pflegeprodukte ab 40 erreichen (vgl. Lammenett, 2019, S. 88 f.)? Es kann hierbei auch helfen, sich in die Situation des Endkunden zu versetzen, um ein besseres Verständnis der Zielgruppe zu bekommen (vgl. Lammenett, 2019, S. 90).

9.7.3 Art der Zusammenarbeit

Grundsätzlich unterscheidet man zwischen verschiedenen Arten der Zusammenarbeit in Hinblick auf Dauer und Bindung des Influencers:

- **Influencer Advertising**

Vereinfacht gesagt: „das Unternehmen kauft die Reichweite des Influencers für die Verbreitung seiner Werbebotschaft" (Lammenett, 2019, S. 95). Diese Engagements sind tendenziell eher kurzfristig angelegt und die Kreativität sowie der eigentliche Charakter des Influencers, stehen im Hintergrund – es geht hauptsächlich um die Reichweite. Die Gefahr dabei ist, sowohl für die Marke als auch für den Influencer, nicht die gewünschte Glaubwürdigkeit und Authentizität zu erreichen (vgl.Lammenett, 2019, S. 95).

- **Kooperationen**

Natürlich ist die Reichweite eines Influencers immer ein bedeutender Grund für eine Zusammenarbeit, bei Kooperationen im Vergleich zu Influencer Advertising wird der Influencer jedoch wesentlich mehr in den konkreten Entstehungsprozess der Kampagne eingebunden. Seine Kreativität und seine Art der Contentproduktion spielen eine höhergeordnete Rolle. Die Glaubwürdigkeit und Authentizität sollen erhalten bleiben. Meist gehen diese Aktionen auch über einen etwas längeren Zeitraum – müssen sie aber nicht (vgl. Lammenett, 2019, S. 96).

- **Influencer-Relations**

Hierbei handelt es sich um „sehr enge Kooperationen mit Influencern" (Lammenett, 2019, S. 96). Es geht darum, eine langfristige, nachhaltige und intensive Zusammenarbeit zu etablieren. Der Influencer wird hierbei zu einer Art Markenbotschafter, dabei soll er aber natürlich seinen Charakter, seine Glaubwürdigkeit und Authentizität nicht verlieren. Oftmals werden hierfür auch führende Influencer in bestimmten Nischen engagiert, die zwar absolut gesehen keine riesige Reichweite haben, aber relativ in der entscheidenden Zielgruppe eine große Abdeckung vorweisen können (vgl. Lammenett, 2019, S. 96).

9.7.4 Analyse

Hat man sich grundsätzlich für Ziele, eine Zielgruppe und die Art der Zusammenarbeit entschieden, so sollte man definitiv eine Bestandsanalyse durchführen – welche Engagements wurden bereits von dem entsprechenden Unternehmen durchgeführt, um diese Ziele beziehungsweise diese Zielgruppe zu erreichen?

Des Weiteren sollte man zumindest eine kurze Mitbewerber-Analyse durchführen – was macht die Konkurrenz, um diese Ziele und die Zielgruppe zu erreichen? Hier geht es nicht darum, ‚abzuschreiben', sondern eventuell ist die Konkurrenz bereits auf Hürden gestoßen, die sich einfach vermeiden lassen – man kann grundsätzlich immer etwas aus so einer Analyse mitnehmen, sowohl aus positiven wie negativen Ergebnissen (vgl. Lammenett, 2019, S. 90).

9.7.5 Budget

Last but not least muss man sich natürlich Gedanken über das Budget machen. Es ist dabei egal, ob es um eine langfristige oder eine einmalige Aktion geht – wenn es das Jahresbudget sprengt, hilft alle Planung nichts. Es gilt dabei zu bedenken, dass für Influencer-Marketing verschiedene Kosten anfallen können.

- Influencer-Sätze (auch welcher Kanal genutzt werden soll)
- Produkte (die dem Influencer zur Verfügung gestellt werden)
- Evtl. Agenturkosten oder Kosten für die Arbeitszeit für die Suche nach Influencern
- Evtl. Reisekosten / Übernachtung / Verpflegung
- Budget für Promotion auf sozialen Medien (z. B. Facebook Ads)
- Koste für benötigte Hard- und Software (z. B. zur Auswertung)

(vgl. Funke, 2019, S. 178; Lammenett, 2019, S. 91 ff. & Lammenett, 2019, S. 118 f.)

Auch die Form der Kostenberechnung kann sich unterscheiden. Die gängigsten Vergütungsarten sind hierbei:

- **Vergütung nach TKP**
  ‚TKP' ist der Tausender-Kontakt-Preis, also der Preis, den man zahlen muss, um 1.000 Menschen zu erreichen. Es geht hier also strikt um Reichweite. Doch bei der Berechnung ist je nach Plattform Vorsicht geboten! So lassen sich Follower nicht zwangsweise direkt in sogenannte ‚Impressions' umwandeln. Hier ist es am besten, sich die genauen Reichweitenzahlen des Influencers als Berechnungsgrundlage geben zu lassen und daraufhin im Vorhinein den Gesamt-Preis zu verhandeln und festzulegen. Legt man nur den TKP fest, kann es sein, dass der Influencer selbst Kampagnen schaltet, um die

Reichweite zu erhöhen – unter Umständen auch in Zielgruppen, die gar nicht erreicht werden sollen (vgl. Lammenett, 2019, S. 119 f.).

- **Affiliate-Marketing**
  Bei dieser Variante erhält der Influencer nur Geld, wenn er etwas über seinen Link oder Code verkauft. Das ist mit Sicherheit vom Risiko bezüglich der Werbekosten der sicherste Weg. Aber auch hier entstehen zusätzliche Kosten, die man nicht vergessen darf: das Aufsetzen und Betreiben sowie Betreuen eines solchen Netzwerks verbraucht Ressourcen (vgl. Lammenett, 2019, S. 125)!
- **Tages-/Stundensatz** (vgl. Lammenett, 2019, S. 128 f.)
- **Pauschalvergütung** (vgl. Lammenett, 2019, S. 129)

INSTINCT3-Praxis-Check: Budgetplanung

In der Praxis sieht die Budgetplanung ähnlich aus. Es geht vor allem darum, welche Leistungen in welchem Umfang gebucht werden, wie dieses Budget verteilt ist, lässt sich pauschal nicht sagen. Aber in der Regel sollte ein Agenturanteil von 10 %-30 % eingeplant werden. Grundsätzlich werden alle Deals aber individuell ausgehandelt. Dennoch soll an dieser Stelle anhand des Projektleiterinterviews ein Einblick in die gängige Praxis geliefert werden:

Was muss man bei der Budgetplanung bedenken?

*Die größte Rolle spielt dabei, für welche Leistungen Influencer*innen im Rahmen der entsprechenden Kampagne gebucht werden. Bei einer Liveshow müssen beispielsweise andere Services als bei einem YouTube-Placement, einem gesponserten Twitch-Stream oder einer Kurzfilmproduktion bedacht und eingeplant werden. Diese Content-Arten unterscheiden sich überdies in ihrer Realisierung von Fall zu Fall, weshalb Budgetkalkulationen sich meist am jeweiligen Projekt und dessen Eigenheiten orientieren müssen.*

Was macht den größten Teil aus?

*Der größte Teil umfasst häufig Influencer*innen-Gagen für die Bespielung der ausgewählten Kanäle und Plattformen. Diese Gagen können sich je nach Kampagne wiederum unterschiedlich zusammensetzen. Je nach Kampagnenart können Produktionskosten ein weiterer signifikanter Posten sein. Darüber hinaus sollten die Aufwände der projektverantwortlichen Personen sowie für Kreativleistungen innerhalb der konzeptionierenden und ausführenden Agentur immer entsprechend einkalkuliert werden. Etwaige sonstige Kosten wie Reiseaufwände oder Beträge für die Künstlersozialkasse müssen ebenfalls berücksichtigt werden.*

Wie sollte die Verteilung (prozentual) am besten aussehen?

*Über die unterschiedlichen Projekt- und Kampagnenarten existiert keine pauschal zu nennende Idealverteilung für Budgets. Wichtig zu beachten ist, dass Produktionskosten sowie Agenturleistungen in einem angemessenen Verhältnis zu Influencer*innen-Leistungen und den damit verbundenen, zu erwartenden Reichweiten stehen. Bei größeren Kampagnen haben wir zudem die Erfahrung gemacht, dass Aktivierungsbudgets im besten Fall zusätzlich (in Höhe eines Drittels des Gesamtbudgets) angesetzt werden sollten.*

Wieviel Gewinn sollte (prozentual) einkalkuliert werden?

*Die Kalkulation von Gewinnen variiert von Agentur zu Agentur stark. Die eigenen Agenturleistungen sollten mit Gewinnmargen von 10-30% Prozent versehen werden. Discounts auf Agenturleistungen und Influencer*innen-Leistungen können im Einzelfall individuell verhandelbar sein.*

INSTINCT3-Profil: der strategische Influencer-Marketing Manager

Bevor in den kommenden Kapiteln mehr auf die operativen Aufgaben des Influencer Managements eingegangen wird, folgt ein Anforderungs- und Berufsprofil eines Projektmanagers im Influencer Marketing anhand des Experteninterviews.

Welche Fähigkeiten sollte ein Marketing-Manager im Influencer-Marketing mitbringen?

*Influencer Marketing ist ein klassischer Fall von „Easy to learn, hard to master". Bedeutet, dass die Grundkompetenzen dafür (E-Mails schreiben, Telefonate führen, Influencer*innen scouten, Verträge & Preise verhandeln, …) relativ schnell zu erlernen sind. Was den Job anspruchsvoll macht, ist die Gleichzeitigkeit von Kampagnen, das tägliche Lösen von Problemen & Herausforderungen, das sich Einstellen auf verschiedenste Partner & Kunden sowie die Fähigkeit des Gelassenbleibens in turbulenten Situationen.*

Was sind die Aufgaben eines Marketing-Managers im Influencer-Marketing?

Kommunikation, Diplomatie, Beratung, Genauigkeit (zum Beispiel bei der Arbeit mit Verträgen).

Wie sieht dein Alltag aus?

*Zu einem großen Teil besteht das alltägliche Geschäft aus Kommunikation und Diplomatie. Mein Anspruch ist es, sowohl mit Kunden als auch mit Managements sowie Influencer*innen stets so transparent wie möglich umzugehen. Dazu gehört ebenfalls,* *immer eine möglichst ausgeglichene Balance zwischen Kundenwünschen und denen der Influencer*innen zu finden.*

Welche Aufgaben gibst du dabei (an wen) ab?

*Organisatorische Aufgaben wie das Verschicken von kampagnenrelevanten Gegenständen vertraue ich aktuell einem unserer Werkstudenten an. Das Konzeptionieren von kreativen Kampagnen-Konzepten setzen oft meine Kolleg*innen aus dem Creative-Team um. An entsprechenden Brainstormings oder weiteren Meetings nehme ich häufig nichtsdestotrotz teil und gebe Input – vor allem wenn ich mich mit der zu bewerbenden Marke gut auskenne. Es kommt ebenso vor, dass ich zur Regulierung meines Workloads ganze Kampagnen an meine Kolleg*innen aus meinem unmittelbaren Team abgebe.*

Was ist im Umgang mit den Kunden am wichtigsten?

*Kommunikation, Diplomatie und Transparenz – meine Funktion ist dabei die Schnittstelle zwischen Kunde und Influencer*innen, beziehungsweise deren Managements, einzunehmen. Dabei gilt es, der einen Partei die Ziele und Wünsche der jeweils anderen nahezubringen. Darüber hinaus ist es meine Aufgabe, den Kunden zu beraten, wobei ich dessen Vorhaben sowie Ziele mit den Rahmenbedingungen und dem modus operandi des Influencer Marketings in Einklang bringe.*

Welche Tools/Software verwendest du?

Asana, Nindo, Microsoft Teams, Outlook, Excel, Word, Google Sheets & Docs, Google Meet, vidIQ.

9.8 Verknüpfung zwischen Strategie und operativem Geschehen: das Briefing

Was ist das Briefing? Kurz gesagt: eine Zusammenfassung aller strategischen Überlegungen kurz und knapp aufbereitet für den Influencer oder seine Agentur. Es gibt keine feste Vorgabe, was ein Briefing enthalten muss, und was tatsächlich darinsteht, hängt auch von verschiedenen Faktoren ab, wie beispielsweise, ob man mit einer Agentur oder einem Influencer direkt zusammenarbeitet und inwiefern man den Influencer in die Planung mit einbezieht (zum Beispiel welche Kanäle sich am ehesten eignen). Grundsätzlich lassen sich nach Lammenett folgende mögliche Inhaltspunkte zusammenfassen:

- Ziel der Kampagne / Kooperation
- Allgemeine Informationen zum Unternehmen oder dem Produkt
- Zielgruppen(n)
- Plattform(en)

- Anreize/Incentives
- Hashtags, Slogans & Links/Verlinkungen
- Wie und wann soll das Produkt oder der Markenname präsentiert werden (Timing)
- Zu verwendende Materialien
- Abnahmetermin (falls eine Abnahme von Inhalten stattfinden soll)
- KPIs (anhand welcher Faktoren wird der Erfolg gemessen)
- Art der Kooperation
- Key Messages
- Evtl. Hinweis auf Kennzeichnungspflicht (Werbung)

(vgl. Funke, 2019, S. 146 f.; Lammenett, 2019, S. 197 f.)

Das Briefing ist von essenzieller Bedeutung und sollte daher auch so klar wie möglich formuliert sein.

Im Anhang befindet Blanko-Planungsdokument, das als Vorlage verwendet werden kann.

Teil des Briefings sollte auch sein, wieviel Freiheit dem Influencer gewährt wird, beziehungsweise wieviel bei der Erstellung der Inhalte erwünscht ist. Dies betrifft sowohl den Mut bei der Kampagnen-Idee als auch bei der Umsetzung (vgl. Lammenett, 2019, S. 175). Falls dies nicht klar definiert wird, sollte es unmissverständlich aus den anderen Punkten des Briefings hervorgehen.

INSTINCT3-Praxis-Check: Briefing und Problemen vorbeugen

Das Briefing ist ein essentieller Bestandteil des Influencer-Marketings, gerade wenn es darum geht, Erwartungen zu steuern, präzise zu arbeiten und die Kundenwünsche zum einen besser zu verstehen aber auch bestmöglich umzusetzen – ohne dabei die Kreativität und Authentizität zu stark einzuschränken. Dies wird klar ersichtlich aus den Fragen an die Projektmanager in Bezug auf Probleme bei Influencer Kampagnen:

Was kann aus Marketing-Sicht bei einer Influencer-Kampagne schief gehen?

Verkomplizierte Kommunikationsstrukturen, unübersichtliche Abnahmeschleifen oder kurzfristige Kundenwünsche können dafür sorgen, dass Kampagnen nicht glatt laufen. Das kann, muss jedoch nicht unbedingt, damit gleichgesetzt werden, dass Kampagnen schief gehen – manchmal laufen sie wegen der zuvor genannten Gründe bloß holperig.

Was macht man, um dem vorzubeugen?

*Briefings an Influencer*innen gleichzeitig so präzise wie möglich und so ausführlich wie nötig konzipieren, damit die Wünsche und die Brand Message des Kunden klar herausgestellt werden – ohne dem Talent dabei ein komplettes Skript vorzuschreiben.*

*Parallel dazu gilt es, die Erwartungen des Kunden an Influencer Marketing zu regulieren. Dieses lebt von Authentizität, ergo davon, dass Creator*innen Briefings in ihren eigenen Worten und in ihrem eigenen Stil umsetzen.*

Was macht man, wenn trotz Vorsorge etwas schief geht?

Mit allen beteiligten Parteien transparent und so schnell wie möglich kommunizieren, um Lösungen zu finden.

9.9 Operative Aufgaben

Sind die strategischen Überlegungen abgeschlossen, geht es an die Ausführung und Implementierung. Das eben besprochene Briefing ist hierbei dann entweder der erste Schritt oder der Startpunkt. Bevor es an die tatsächliche Durchführung geht, muss man einige Vorüberlegungen anstellen, die aber nichts mit der grundsätzlichen Strategie zu tun haben, aber durchaus die Kampagne beeinflussen und daher unter Umständen auch Teil des Briefings sein können.

9.9.1 Influencer-Auswahl

Die Auswahl geschieht idealerweise mit einem möglichst hohen Match[11] zwischen den strategischen Vorüberlegungen, um den größtmöglichen Erfolg sicherzustellen. Hierbei sollte man verschiedene Kriterien des Influencers in Betracht ziehen.

- **Influencer-Typ**
  Es gibt keine anerkannte, übergreifende Einteilung für Influencer nach Typen, weswegen hier eine Zusammenfassung der Typen nach Lammenett und Funke als Grundlage dienen soll. Laut ihnen unterscheidet man in Blogger, Aktueller, Lifestyler, Entertainer, Aktivist, Experte, Künstler und Stars im klassischen Sinne (vgl. Funke, 2019, S. 100; Lammenett, 2019, S. 136). Natürlich können sich, gerade in Nischen, auch immer neue Influencer-Formen bilden, doch in der Regel lassen sie sich einer dieser Oberkategorien zuordnen. Ein Beispiel sind E-Sport Influencer, diese könnten zwar eine eigene Kategorie bilden, doch sind auch sie in der Regel zum Beispiel Experten/Stars oder Lifestyler. Unter diesen Bereich fallen auch weitere Charakteristika und Punkte wie

[11] Eine Übereinstimmung bestimmter Vorgaben mit den tatsächlich vorliegenden Fakten oder Charakteristika

beispielsweise die Sprache (auch Ausdrucksform) des Influencers sowie seine Persönlichkeit über die Social-Media Kanäle und seine Bubble[12] hinaus (vgl. Funke, 2019, S. 94 + 96 ff.).

- **Influencer Reichweite/Größe**
  Hierbei findet man in der Literatur sowie in der Praxis halbwegs gängige Begriffe: Micro-Influencer, Macro-Influencer, Mega-Influencer. Lammenett folgt dieser Nomenklatur allerdings nicht und betitelt die Stufen mit „Micro-, Mid-Level-, TopTier- und Celebrityinfluencer" (Lammenett, 2019, S. 138). Im Grunde meinen sie aber das gleiche und die Einteilung orientiert sich rein an der Follower-Anzahl (also nicht an der tatsächlichen Reichweite der Posts). Einzig bei der tatsächlichen Einteilung scheiden sich die Geister, so definieren die einen Micro-Influencer bis 25.000 Follower, andere hingegen bis 50.000 Follower, das zieht sich dann auch weiter durch, wobei quasi alles zwischen 25.000/50.000 Follower bis zu 100.000 oder gar bis zu 1.000.000 in den Topf der Macro-Influencers geworfen wird und danach wird von Mega-Influencern gesprochen (vgl. Funke, 2019, S. 103; Lammenett, 2019, S. 139). Die Einteilung spielt im Grunde keine Rolle, man sollte sich bereits bei der Strategie überlegt haben, wie viele Menschen man erreichen möchte, das ist dann auch im Briefing enthalten und das Einzige, was für den Influencer-Marketing-Manager an dieser Stelle wichtig ist – egal wie er es nennt.
- **Interesse und Themengebiete**
  Die inhaltliche Ausrichtung des Influencers ist natürlich essenziell für den sogenannten Fit[13]. Hierbei darf ferner die Authentizität des Influencers keinen Schaden nehmen – viele Influencer sind jedoch in mehreren Themenkomplexen aktiv (vgl. Lammenett, 2019, S. 136), allerdings nicht in allen mit gleich hohem Einfluss!
- **Demografie der Follower**
  Ein weiterer entscheidender Punkt, der nah mit dem vorangegangenen zusammenhängt, ist die Demografie der Follower eines Influencers und wiederum immens entscheidend für den Fit. Mit Demografie sind in erster Linie das Alter und die geschlechtliche Orientierung gemeint (vgl. Lammenett, 2019, S. 137).
- **Social Media Kanal**
  Nicht jeder Influencer bedient alle Social-Media Plattformen, oder die Kanäle auf bestimmten Plattformen sind schwächer als die Kanäle auf anderen Plattformen – dies gilt es zu bedenken, wenn man den bestmöglichen Erfolg in der Zielgruppe erzielen will (vgl. Lammenett, 2019, S. 137).

[12] Unter Bubble wird in dieser Arbeit die direkte Peer-Gruppe des Influencers verstanden, deren Meinungen und Feedback ihm täglich in seinen Social Media Feeds und auf seinen Kanälen begegnen.

[13] Als „Fit" bezeichnet man die Passgenauigkeit eines Kanals oder Influencers zu der gewünschten Zielgruppe.

Um den idealen Influencer anzubieten oder auszuwählen, sollte man sich daher das Briefing genau ansehen und sich entsprechende Fragen dazu stellen, wie beispielsweise ‚Wer ist die Zielgruppe?‘, ‚Auf welchem Kanal ist die Zielgruppe unterwegs?‘, ‚Auf welchem Kanal ist der Influencer am erfolgreichsten?‘ oder ‚Welche Reichweite soll erzielt werden?‘, ‚Wie viele Follower hat der entsprechende Influencer auf den entsprechenden Kanälen?‘.

Doch auch qualitativ muss man entsprechend anhand des Briefings vorgehen. Auch hierbei helfen Fragen wie ‚Wie sieht sich das Unternehmen selbst?‘ beziehungsweise ‚Wie möchte es sich dargestellt sehen?‘, ‚Wie präsentieren sich der Influencer und seine Partner normalerweise?‘, ‚Passt beides zueinander?‘. Eine andere Frage, die man sich stellen könnte, wäre: ‚Hat der Influencer kürzlich Konkurrenzprodukte beworben oder allgemein viel Werbung Veröffentlicht, was der Authentizität schaden könnte?‘ und weitere andere (vgl. Lammenett, 2019, S. 142 f.).

INSTINCT3-Praxis-Check: Influencer-Typen

Aus Sicht eines erfolgreichen Influencers spielt eine solche Einteilung nur bedingt eine Rolle – zumindest ist Sterzik dieser Meinung:

> *Ich denke, es gibt keine verschiedenen Arten von Influencern. Das Prinzip bleibt gleich. Die Frage ist nur, wodurch man an die Position gelangt ist (aber das macht an dem grundlegenden Prinzip eines Influencers keinen Unterschied).*

Artist Managerin Nadine sieht das anders, sie unterscheidet zumindest nach Größe und danach, auf welche Art und Weise die Influencer in Erscheinung treten:

> *Es gibt Mikro, Makro, AAA – also Reichweitendifferenzierungen. Genaue Zahlen differenzieren sich je nach Quelle.*
>
> *Außerdem gibt es grundlegend Content Creator und Influencer. Die einen erstellen nur Content, die anderen haben wirklich Einfluss auf ihre Follower und können etwas bewegen.*

Auf eine genauere oder weitere Einteilung legen beide offensichtlich keinen Wert – doch sollte man sich dadurch nicht täuschen lassen, denn eine entsprechende Einteilung behält dennoch ihre Daseinsberechtigung, aber eben nicht in der Arbeitsrealität eines Influencers oder einer Artist-Managerin, für sie spielt so eine Einteilung nämlich schlicht und ergreifend keine Rolle.

Denn diese ist vor allem für den Kunden und die Kampagnenstrategie von Bedeutung. Gerade in der Steuerung der Kundenerwartung können diese eine Rolle spielen.

Im vorangegangenen Kasten wurde schon deutlich, dass diese Auswahl wichtig sein kann, da mitunter auch eine Steuerung der Kundenerwartung stattfinden muss, um Probleme zu vermeiden. Dazu gehört auch eine übersichtliche Kategorisierung der Influencer und der Kampagnen.

9.9.2 Formatauswahl

Influencer-Aktion ist nicht gleich Influencer-Aktion und die Möglichkeiten sind mannigfaltig, daher muss man sich im Vorhinein (und vermutlich in Absprache mit dem Kunden oder der Marketingabteilung) überlegen, welche Einsatzform man wählt (vgl. Lammenett, 2019, S. 101). Diese hat auch Einfluss auf mögliche vertragliche oder rechtliche Implikationen (Thema: Schleichwerbung).

- **Produktplatzierung (Eng. Product Placement) in Videos**
  Grundsätzlich meint dieser Begriff, dass das Produkt im Video platziert wird, ohne dass es aktiv beworben wird (á la ‚das ist das beste Produkt, kauft es'). Hierbei kann man noch bezüglich der Prominenz der Platzierung unterscheiden. Ist es eher beiläufig und unterschwellig mit im Bild, spricht man von einem „On-Set-Placement" (vgl. Funke, 2019, S. 84; Lammenett, 2019, S. 102). Hat das Produkt einen Bezug zur Handlung und/oder rückt es über das Video hinweg immer mehr in den Mittelpunkt, spricht man von einem „Creative Placement" (Lammenett, 2019, S. 102). Dreht sich in dem Video alles rein um die Marke, spricht man von „Branded Entertainment" oder „Image Placement" (Lammenett, 2019, S. 102). Wird die Platzierung von Markenlogos bewusst vermieden, spricht man von einem sogenannten „Generic Placement". Dies ist logischerweise nur möglich bei Produkten, bei denen das Produkt eindeutig auf die Marke schließen lässt (vgl. Funke, 2019, S. 86). Es gibt noch weitere Möglichkeiten wie „Location Placement", „Titelpatronat", „Corporate Placement", „Innovation Placement" und „Celebrity Placement", die hier lediglich erwähnt sein sollen (vgl. Funke, 2019, S. 86 f.).
- **Produktplatzierung / -inszenierung in Posts**
  Ein Post beziehungsweise ein Bild, das veröffentlicht wird, entsteht rein für das Produkt oder ist rund um das Produkt gestaltet.
- **Unboxing-Videos**
  Hierbei packt der Influencer das Produkt vor laufender Kamera aus und gibt dabei seine Gedanken und Emotionen dazu an das Publikum weiter (vgl. Lammenett, 2019,

S. 105). Es kann auch sein, dass ein erster, schneller Test damit verbunden ist, zum Beispiel, indem ein Produkt eingesteckt und eingeschaltet wird.

- **Haul**
  Beim Haul präsentiert der Influencer die Ausbeute eines Einkaufs, um Teil dieser Methode zu sein, ist es nicht unüblich, Influencern Gutscheine zu bestimmten Produkten anzubieten (vgl. Lammenett, 2019, S. 106).
- **Produkttest**
  Der Name ist selbsterklärend. Der Influencer testet ein Produkt oder eine Dienstleistung und gibt dann seine Meinung währenddessen oder danach dazu ab. Auch hier ist Vorsicht vor Schleichwerbung geboten! Es ist auch nicht unüblich, dass Influencer sich solche Tests bezahlen lassen (vgl. Lammenett, 2019, S. 106).
- **Vlogs und Follow-me-arounds**
  Während früher Vlogs üblicher waren, in denen nach einem Ereignis oder in Pausen ein Influencer darüber berichtet hat, sind heute sogenannte Follow-me-around-Formate üblicher, bei denen der Influencer seine Fans direkt ‚mitnimmt' und an dem Event, der Reise oder ähnlichen teilhaben lässt. Er lässt sie also direkt am persönlichen Erleben teilhaben (vgl. Funke, 2019, S. 150). Formate wie Daily Vlogs zählen ebenfalls zu dieser Kategorie. Dieses Traditionsformat erfreut sich nach wie vor großer Beliebtheit – der Influencer lädt jeden Tag ein Video mit den Ereignissen und Geschichten des Vortages hoch. Diese Videogattung ist ein großartiges Beispiel für die Entstehung und den Hintergrund parasozialer Beziehungen (vgl. Funke, 2019, S. 151 ff.). Eine direktere Version dieser Vlogs sind die Routinen, die sich vor allem in der näheren Vergangenheit großer Beliebtheit erfreuen und bei denen ein Influencer bestimmte wiederkehrende Tätigkeiten immer wieder dokumentiert – zum Beispiel die Morgen-Routine (vgl. Funke, 2019, S. 152 ff.).
- **Tutorials, How-tos & DIYs**
  Gerade in jüngeren Generationen sind Bedienungsanleitungen aus der Mode gekommen – man schraubt, lötet, schminkt, malt, spielt mithilfe von Tutorials auf gängigen Videoportalen wie YouTube. Verknüpft man das mit einem Influencer, beispielsweise einem Experten in der jeweiligen Nische, kann dies mehrere positive Folgen für einen Werbetreibenden haben: Möglichkeiten zur Zweitverwertung auf der Unternehmenshomepage, SEO, Nahbarkeit für den Kunden, Ersparnis im Admin- und Supportbereich, Reichweite und mehr (vgl. Funke, 2019, S. 157; Lammenett, 2019, S. 107 f.). Auch andere Anleitungen, die auf Rezepten beruhen, wie Backen oder Kochen, bei denen entsprechende Produkte verwendet werden, können unter diese Kategorie fallen (vgl. Funke, 2019, S. 39).
- **Lookbooks & Aufgebraucht**
  Das sind zwei neuartigere und eher branchenspezifische Formate. Das Lookbook ist eine digitale Modenschau, während ‚Aufgebraucht' leere Flaschen oder Behälter von Konsumgütern zum Inhalt hat, die der Influencer zeigt und dabei über seine Erfahrung bei der Benutzung spricht (vgl. Funke, 2019, S. 153 f.).

- **Gewinnspiele und Giveaways** (vgl. Lammenett, 2019, S. 110)
- **Rabattcodes und Aktionscodes** (vgl. Lammenett, 2019, S. 111)
- **Events**
  Influencer sind inzwischen gern gesehene Gäste auf Veranstaltungen, sei es als Redner oder VIP-Gäste, bis hin zu ganzen Urlaubs-Reise-Events (vgl. Lammenett, 2019, S. 112 f.). Eine weitere Möglichkeit ist es, Influencer enger in die Produktion einzubinden, zum Beispiel als Moderator oder Kommentator und somit die Vorteile sowie seine Reichweite zumindest zu Teilen gewinnen zu können (vgl. Funke, 2019, S. 91 ff.).
- **Comedy und Parodien**
  Ein Format, das oftmals gepaart mit Product Placements kommt, sind Parodien und Comedy. Hierbei geht es rein um den Unterhaltungswert, indem zum Beispiel kleine Sketche aus Alltagssituationen gemacht werden oder etwas parodiert wird (vgl. Funke, 2019, S. 162).
- **Wettbewerbe**
  Gemeint sind Wettkämpfe jeglicher Art zwischen verschiedenen Influencern (vgl. Lammenett, 2019, S. 113). Dies lässt sich auch erweitern: so treten zum Beispiel ganze Influencer-Netzwerke mitsamt ihrer Community gegeneinander an.
- **Let's Play**
  Dies ist ein inzwischen nicht mehr neuartiges Format, das dem E-Sport bereits nahekommt. Hierbei spielt der Influencer ein Spiel, teilt dabei seine Gedanken sowohl zum Spielgeschehen als auch zu anderen Themen mit. Es stehen die Unterhaltung und die Persönlichkeit des Influencers im Vordergrund – nicht per se das gespielte Spiel (vgl. Funke, 2019, S. 159).
- **Guides & Coachings (E-Sport)**
  Grundsätzlich könnte man diese Kategorie auch den Tutorials unterordnen, jedoch ist sie zum einen in der Literatur nicht explizit dort erwähnt, zum anderen stellt sie für diese Arbeit eine bedeutende Kategorie dar. Gemeint sind vor allem Videos, aber auch Vlogs, die Spielern helfen, in ihrem E-Sport Titel besser zu werden, indem zum Beispiel bestimmte Taktiken, Mechaniken oder Bewegungsabläufe (zum Beispiel Fixpunkt-Smokes in einem Shooter)[14] gezeigt werden oder gar ganze Analysen von Trainings- und Turnierspielen professioneller Teams durchgeführt werden.

INSTINCT3-Profil: der Influencer

Als Abschluss zur Influencer- und Formatauswahl soll erneut ein Blick in die Praxis geworfen werden und ein Anforderungsprofil an einen Influencer anhand der Antworten der Experten erstellt werden:

[14] Als Fixpunkt-Granaten (zum Beispiel Rauchgranaten) bezeichnet man den Ablauf zum Werfen bestimmter Granaten, die sich an festen Punkten auf der jeweiligen Karte (Fixpunkten) orientieren.

Welche Fähigkeiten und Kompetenzen sollte ein Influencer aus deiner Sicht mitbringen?
Antwort der Projektmanager:

*Von außen betrachtet kann die Tätigkeit als Influencer*in wie leichte Arbeit für viel Geld und Berühmtheit aussehen. Was dahinter steckt, sind jedoch viel (Selbst)Disziplin, viel Arbeitswille und viele strategische Überlegungen.*

Antwort der Artist-Managerin:

Durchhaltevermögen, den Willen hart zu arbeiten, Kreativität irgendwann auf Knopfdruck abzurufen, Flexibilität, Zuverlässigkeit. Nice to have: Gute Social Skills, Verständnis von Daten und wie man damit arbeitet, Verständnis der Gaming Branche.

Antwort des Influencers:

Ich denke, dass ein Influencer sich seiner Position und seinem Einfluss auf Menschen bewusst sein muss. Man muss ein dickes Fell haben und Kritik abkönnen. Man muss vor allem Social Media Plattformen meistern und auf jeder Plattform aktiv sein, denn die Öffentlichkeit vergisst schnell. Influencer zu sein bringt also einen 24/7 Job mit sich.

Welche davon sind erlernbar? Wenn ja, wo und wie?
Antwort der Artist-Managerin:

Erlernbar sind eher: Schnitt, Fotos bearbeiten, Social Media Strategien, Content Strategien, Brand Strategien. Die Aspekte oben sind Mindsets oder Charakteristika, die man nicht erlenen kann.

Erlernbare Skills bekommt man durch Erfahrung, learning by doing oder in Kooperation mit Experten, lernbar ist Bsp Management, Netzwerk.

Antwort des Influencers:

Seiner Position und seinem Einfluss kann man sich auch erst später bewusst werden, durch den Austausch mit erfahrenen Leuten der Branche o.ä. Social Media ist ebenfalls ein großer Teil des Influencer Daseins und die Fähigkeit auf vielen Plattformen gleichzeitig zu agieren ist auch erst nach einiger Zeit möglich. Man muss es tatsächlich üben und sich dran gewöhnen.

Abgesehen davon hat Sterzik Folgendes zur Arbeit als Influencer geantwortet:
Welche Aufgaben hat ein Influencer?

Tagtäglich Content zu produzieren, um alle Social Media Plattformen regelmäßig zu bespielen.

Wie sieht dein Alltag aus?

YouTube Videos aufnehmen und schneiden. Vor allem der Schnitt macht einen großen Teil meines Tages aus. Unter anderem noch Meetings mit meiner Managerin oder gar Drehtermine von Kurzfilmproduktionen oder eigenen kleineren Projekten.

Was sind „No-Gos" im Verhalten eines Influencers?

Man sollte ein Vorbild sein. Man sucht sich die Vorbildfunktion leider nicht aus, aber man wird zu einem, wenn man eine Gefolgschaft auf Social Media Plattformen hat. Es ist meiner Meinung nach wichtig darauf zu achten, was man sagt, zu welchen Themen man etwas sagt und wie man es formuliert. Es wäre für mich ein No-Go diese Funktion zu ignorieren und sich bewusst dagegen zu entscheiden. Außerdem sollte man nicht inaktiv werden, denn wie schon gesagt: je weniger Aktivität, desto schneller vergisst die Community.

Welche Formate produzierst du (am liebsten)?
Gaming Content, witzige Einspieler und Kurzfilme.

9.9.3 Vorbereitung, Produktion, Abnahme

Sind der Influencer und das Format gewählt, geht es an das Eingemachte: die Produktion des entsprechenden Inhaltes. Hierfür müssen einige Dinge vorbereitet werden, was von Influencer zu Influencer mehr oder weniger Arbeit bedeuten kann – auch abhängig von der Art des Formates. Grundsätzlich muss dafür gesorgt werden, dass.

alle benötigte **Technik:**

- Aufnahmegerät für Bild (und Ton, bei Videos) mit entsprechenden Schlitten oder Stabilisatoren, wenn benötigt
- Speichermedium
- Beleuchtung
- Evtl. ein Abspielmedium mit direkter Bearbeitungsfunktion, wenn etwas direkt vor Ort fertig werden soll
- Im Falle eines Streams ist eine Internetverbindung nötig,

Alle **Requisiten und Gegenstände:**

- Kulisse (auch digital!)
- Accessoires oder ganze Verkleidungen
- Die zu bewerbenden Produkte

Alle **Personen:**

- Influencer
- Technische Assistenz
- Evtl. sogar Regie beziehungsweise eine ganze Produktionscrew (vgl. Funke, 2019, S. 185)
- Konzepter
- Gäste

zur richtigen Zeit am richtigen Ort sind. Das bedeutet, rechtzeitig vor einem eventuellen Abnahmetermin und natürlich auf jeden Fall vor dem Veröffentlichungstermin. Allerdings sollte es auch nicht zu früh produziert werden, eine falsche Jahreszeit, ein anderer Haarschnitt oder Ähnliches können gerade treuen Fans das Gefühl geben ‚altes Material' zu sehen (vgl. Funke, 2019, S. 146). Ist die Produktion erfolgt, geht es entweder weiter mit der entsprechenden Nachbearbeitung (Cutting + Editing)[15] und anschließend zur Abnahme oder direkt als Post live auf die entsprechenden Kanäle.

INSTINCT3-Praxis-Check: Vorbereitung & Produktion

Bei der Vorbereitung ist insbesondere auf die Kundenwünsche und die Authentizität des Influencers zu achten. Die Umsetzung fällt dann in den Arbeitsbereich der Artist Manager und des Influencers selbst. Anders als gedacht bekommen sie nach eigenen Angaben in der Praxis kaum Vorgaben zur Erstellung des Contents, lediglich bei Produktplatzierungen muss natürlich zu einem gewissen Teil darauf geachtet werden, was der Kunde vorgibt – ihrer Kreativität wird also freien Lauf gelassen und es kann damit als Musterbeispiel im Umgang mit Influencer Marketing durch ihre Kunden angesehen werden.

Sterzik:

> *Ich bekomme keine Vorgaben. Ich denke mir alles frei aus. Es sei denn, es ist eine Produktplatzierung, in dem Fall muss die Idee mit dem Kunden abgeklärt sein und ggf. muss ich gewisse Talking Points im Video unterbringen.*

Ähnlich äußert sich auch Artist Managerin Nadine zu diesem Themenkomplex:
Wie läuft die Umsetzung einer Kampagne bzw. die Produktion von Content für dich als Influencer-Manager ab?

[15] Cutting meint das Zuschneiden des Videos, sowie das Wegschneiden unerwünschter Szenen; Editing meint die Nachbearbeitung des Videos mit entsprechenden Programmen zum Beispiel zum Einfügen von Effekten.

Anfragen werden mit den Artists besprochen, bei einer Zusage werden Timings und Inhalt mit dem Kunden und den Artists abgestimmt. Danach erfolgt die Contentproduktion des Artists. Die Abnahme des Contents vom Kunden liegt wieder bei mir. Der Artists postet alles eigenständig. Die Kontrolle dessen liegt bei mir. Das Reporting für den Kunden ist ebenfalls im Nachgang meine Aufgabe. Bei der Produktion von Content helfe ich nur bei der Wochenplanung und gebe ab und an Spieleideen weiter. Der Rest liegt bei dem Influencer.

Welche Vorgaben bekommst du in der Regel für die Contentproduktion und woher bekommst du sie?

In der Contentproduktion habe ich keine Regeln. Bei Kampagnen gibt der Kunde die Regeln vor, dahingehend was in dem Video ist, wie lange das Video oder das Werbesegment sein soll, welche Einblendungen es geben soll, Talking Points für den Inhalt.

9.9.4 Veröffentlichung, Monitoring und Anpassung

Nun muss der entsprechende Post zur vereinbarten Zeit veröffentlicht werden. Damit hört die Arbeit des Influencer-Marketing-Managers allerdings nicht auf! Im Gegenteil, von nun ab geht es an das sogenannte Monitoring[16], Lammenett nennt es Controlling (Lammenett, 2019, S. 201). Das Monitoring sollte immer in direktem Zusammenhang mit den Kampagnenzielen erfolgen und sich entsprechend sowohl quantitativ als auch qualitativ an ihnen orientieren. Ein Beispiel: läuft die Kampagne reichweitentechnisch wie geplant an oder welche Kommentare finden sich unter dem Post, sind sie positiv oder negativ? Gerade für eine quantitative Überprüfung gibt es diverse Software-Tools, die verwendet werden können (vgl. Lammenett, 2019, S. 234). Hierbei sollte man entsprechend auch weiterdenken und nicht nur die Zahlen sehen – diese lassen sich mithilfe verschiedener Software und Analysetools schnell und einfach erfassen. Aber auch die Rezeption ist entscheidend: Kommentare, Presse, Reaktionen anderer Influencer usw. (vgl. Lammenett, 2019, S. 201).

Grundsätzlich sei gesagt, dass es immer sinnvoll ist, im Vorfeld Krisenmanagement-Strategien und -Pläne zu erarbeiten, auf die man zurückgreifen kann, wenn entsprechende Fälle eintreten. Hierzu gehört unter anderem, wie der Informationsfluss genau laufen soll und zu welchem Zeitpunkt welche internen Stellen hinzugezogen werden sollen oder müssen. Ferner welche Medien zu verwenden sind, um entsprechende Stellungnahmen zu veröffentlichen und last but not least wie mit der Presse oder anderen Influencern umzugehen ist. Diese Liste ließe sich noch um einige Punkte ergänzen, die wichtigsten

[16] Gemeint sind ein durchgehendes Überwachen, Überprüfen und Kontrollieren der Kampagne

sollten damit aber abgedeckt sein (vgl. Lammenett, 2019, S. 233 f.). Es findet folgender Grundsatz Geltung: umso besser und detaillierter die Vorbereitung, desto geringer der Stress, wenn etwas schief geht. Hier sollte man versuchen, das richtige Verhältnis zwischen Arbeitsaufwand und Risiko zu finden. Doch auch wenn das nicht geschehen ist, muss man nicht gleich den Kopf in den Sand stecken.

Was tun, wenn die Zahlen einfach nicht stimmen?
Zum einen sollte alles immer transparent mit dem Kunden und dem Influencer abgesprochen werden. Heimliche Aktionen oder unabgesprochene Reaktionen haben immer das Potential, die Geschäftsbeziehung zu zerstören – auch wenn es am Ende funktioniert! Um die Zahlen in die Höhe zu bekommen, kann es sinnvoll sein, zusätzlich noch eine Kampagne zu schalten oder der Influencer veröffentlicht einen Kommentar oder gar einen zweiten Post. Auch die Aktivierung anderer Influencer im Partnernetzwerk kann sinnvoll sein. Was auf keinen Fall getan werden sollte, ist der Kauf von Likes oder Reichweite, mit dem einzigen Ziel, bestimmte KPIs zu erfüllen. Das schadet nicht nur dem Partner, dem Influencer, dem Influencer-Manager und der Agentur, sondern der gesamten Marketing-Disziplin und all ihren Teilnehmern.

Auch qualitativ kann es Probleme geben – doch was sollte man dann tun?
Es geht nicht immer alles gut, das gehört dazu! Das wichtigste: ‚don´t panic!'. Überhastete Handlungen verschlimmern oftmals die Situation noch weiter. Grundsatz Nr. 2: ‚nicht emotional reagieren!', auch wenn man Beleidigungen oder andere üble Kommentare findet, gilt: reagiert man emotional, oder gar unabgesprochen der Influencer selbst, entwickelt sich hieraus unter Umständen ein wesentlich größeres Folgeproblem. Wie sollte man also vorgehen?

1. **Prüfung der Situation**

Vor einer Reaktion sollte man sich absolut sicher sein, dass man wirklich alle Informationen zu dem entsprechenden Umstand hat, man sollte mit dem werbetreibenden Partner sowie mit dem Influencer sprechen und man sollte sich inhaltlich (wenn der Kommentar entsprechenden kritischen Inhalt hat) informieren, wieviel Wahrheit darin steckt oder ob es eventuell ein Missverständnis ist (vgl. Lammenett, 2019, S. 235).

2. **Reaktionsstrategie überlegen**

Man sollte sich gut überlegen, ob man überhaupt reagiert und wenn ja, ob defensiv oder offensiv. Legt man Studien und Fakten dar? Gibt man einen Fehler zu und erläutert direkt, was zur Ausbesserung getan wird? Das sind Fragen, die man sich stellen muss (vgl. Lammenett, 2019, S. 235). Außerdem sollte man sich überlegen, wie die Community und auch die Presse wohl auf eine entsprechende Strategie reagieren. Hier treffen viele unterschiedliche

Interessen und Stakeholder aufeinander, für die ein Shitstorm plötzlich interessant werden könnte – es gab in der Vergangenheit sogar Fälle, in denen ein Shitstorm mit Absicht herbeigeführt wurde.

3. **Auf dem richtigen Medium kommunizieren** (vgl. Lammenett, 2019, S. 235 f.)

Ist man sich einig, wie man reagiert, gilt es nun noch, das richtige Medium zu wählen. Das kann von einem Klarstellungsvideo, über einen Kommentar, einem Blogeintrag auf der Website bis hin zu einer zweiten Kampagne gehen.

Es kann auch von Nutzen sein, Fürsprecher in der Community zu aktivieren. Andererseits kann es oft auch der richtige Weg sein, gar nicht zu reagieren, um den sogenannten Streisand-Effekt[17] zu vermeiden.

Die letzte Grundregel: ‚Don´t feed the trolls!'[18]

INSTINCT3-Praxis-Check: Monitoring und Anpassung

Dieser Aufgabenbereich fällt gänzlich dem Influencer Manager zu, der sich um die Ausführung kümmert – bei INSTINCT3 Artist Manager genannt. Hierbei wird in der Praxis zu jedem Zeitpunkt der Kampagne kontrolliert, dass der zeitliche Ablauf zu 100 % korrekt ist:

Wie läuft das Monitoring und die Kontrolle während der Kampagne ab?

Während einer Kampagne wird kontrolliert, dass der Content zum richtigen Zeitpunkt live geht.

Dies geschieht vor allem mit bestimmten Tools, wie die Projektmanager verraten:

Wie läuft das Monitoring und die Kontrolle während der Kampagne ab?

Asana, Google Docs sowie Excel helfen dabei, den Überblick über Content-Performance, Aufgaben und Timings zu behalten.

---

[17] Indem man versucht, etwas aus der Welt zu schaffen, damit es möglichst niemand sieht und mitbekommt, wird erst recht Aufmerksamkeit auf das Thema gelenkt (Hundeshagen, 2021) und somit aus einer Mücke ein Elefant im Scheinwerferlicht gemacht.

[18] Unter „Trolling" versteht man das absichtlich destruktive Verhalten von Menschen, die sich zu ihrer Belustigung die Anonymität des Internets zu Nutze machen und kein wirkliches Interesse an Kritik und Verbesserung haben – ihnen geht es nur darum, den Verfasser des Posts aus der Reserve zu locken und bloßzustellen.

9.9.5 Abschluss & Reporting

Ist die Kampagne vorbei, muss diese noch ordentlich abgewickelt werden. Dies geschieht in der Regel mithilfe eines Reportings für den Kunden (oder für die Geschäftsführung oder einen selbst). Hierbei sollten zumindest die im Briefing verlangten KPIs angegeben werden – auch wenn diese vielleicht nicht erfüllt wurden! Sollte dies der Fall sein, kann man eine Erklärung anbieten, gepaart mit einem Angebot zum Preisnachlass oder einer Sonderleistung (zum Beispiel eine Story ‚gratis' oder ähnliches), wenn man den Kunden halten beziehungsweise seinen eigenen Ruf schützen möchte.

Das Reporting sollte ferner einige Beispiele in Form von Screenshots enthalten, sowohl von den Posts selbst als auch von Kommentaren und eventuellen geteilten Inhalten.

Des Weiteren sollte man mögliche Folgen festhalten, wie beispielsweise Presseartikel, Reaktionen anderer Influencer und dergleichen.

Grundsätzlich gilt: in das Reporting gehören alle Daten und Fakten, die im Briefing oder in einem Vertrag festgehalten wurden und darüber hinaus sollte man alle positiven (und gegebenenfalls auch negativen) Effekte, die das Engagement außerhalb der vereinbarten KPIs hatte, festhalten.

Anschließend kann auch noch ein Feedback für den Influencer folgen, um zukünftige Aktionen effektiver, effizienter und routinierter zu gestalten. Dieses Feedback und alle Learnings sollten ebenfalls festgehalten werden und als Firmenwissen zum Beispiel in Handouts oder Guides aufbereitet werden.

Doch auch der Content beziehungsweise die Kampagne an sich kann weiter verwertet werden. So kann man zum Beispiel Case-Filme erstellen, die die Aktivität kurz und knapp noch einmal zusammenfassen und zelebrieren, die Kampagne kann zu Wettbewerben eingereicht werden und damit weitere Aufmerksamkeit im Nachhinein bekommen, gleiches gilt für die Presse, an die die Kampagne weitergegeben werden kann (vgl. Funke, 2019, S. 203 ff.).

INSTINCT3-Praxis-Check: Abschluss & Reporting

Beim Abschluss der Kampagne und dem Reporting greifen wieder alle Zahnräder ineinander, denn das Reporting muss natürlich nicht nur erstellt, sondern auch aufbereitet und an den Kunden weitergegeben werden. Wozu ein Reporting nötig ist und wie es in der Praxis gestaltet ist, kann dabei unterschiedlich und in Abhängigkeit vom Kunden ausfallen:

Wann ist ein Reporting nötig und was gehört rein?

Antwort der Projektmanager:

Bei einer Kampagne, die sich über einen kürzeren Zeitraum erstreckt, steht das Reporting an, wenn alle darin zu leistenden Deliverables erbracht wurden. Bei Kampagnen über einen längeren Zeitraum (mehr als 6 Monate) kann es sinnvoll sein, ein Reporting anzufertigen, das den Zwischenstand nach der Hälfte des Kampagnen-Zeitraums reflektiert. Beinhalten sollte ein Reporting immer einen guten Mix aus typischen KPIs sowie aussagekräftigen KPIs, die für den Kunden besonders relevant sind. Meistens, allerdings nicht in allen Fällen, decken sich diese KPIs.

Antwort der Artist Managerin:

Danach [Anm.: nach Abschluss der Kampagne] werden via Reporting die erreichten Reichweiten kommuniziert. Das können nur Screenshots der Insights /Reichweiten sein oder Präsentationen oder Exceltabellen, je nachdem was der Kunde möchte.

INSTINCT3-Profil: der operative Influencer-Marketing Manager (Artist Manager)

Abschließend zu dem Kapitel über operative Aufgaben folgt erneut ein Profil: das des operativen Influencer-Marketing Managers:

Welche Fähigkeiten sollte ein Influencer-Manager mitbringen?

Antwort der Projektmanager:

*Influencer*in und Manager*in sollten als eingespieltes Zweiergespann funktionieren, in dem Informationen über Präferenzen, Interessen und Verfügbarkeiten stets ausgetauscht werden. In anderen Worten, der oder die Manager*in sollte seinen oder ihre Künstler*in in- und auswendig kennen.*

Antwort des Influencers:

Ein Manager sollte den Alltag des Influencers so leicht wie möglich gestalten, sodass dieser sich auf die kreative Arbeit konzentrieren kann (bzw. die Arbeit, wofür die Person als Influencer bekannt ist). Beispielsweise sollte er Terminvereinbarungen und Schriftverkehr mit Kunden abnehmen.

Antwort der Artist Managerin:

Empathie, Organisationstalent, selbstbewusstes Auftreten, Menschen führen können, Menschen motivieren können, verhandeln können, mit Daten arbeiten können und wollen.

Abgesehen davon wurde Artist Managerin Nadine, ähnlich wie ihre Kollegen zu ihren Aufgaben und ihrem Alltag in der Praxis des Influencer-Marketing befragt:

Wie sieht dein Alltag aus?

Der Alltag besteht primär aus Kommunikation via Mail oder Calls mit Artists sowie mit Kunden. Das heißt es geht darum, Kampagnen zu planen, zu verhandeln, umzusetzen und dann zu reporten. Außerdem geht es auch darum, mit dem Artist seinen Content auf allen Plattformen sowie seine Woche zu planen. Ziel ist eine gute Balance vom Content sowie eine gesunde Work Life Balance. Ansonsten geht es darum, den Artist und seine Termine zu koordinieren. Specials sind aktuell Events. Die waren vor Corona ebenfalls Alltag. Dort geht es um die Begleitung des Artists, also dass er/sie pünktlich ist, weiß was vor Ort passiert und die vereinbarten Content Pieces abliefert.

Was ist im Umgang mit dem Influencer am wichtigsten?

Wichtig ist, dass einem bewusst sein muss, dass man mit Menschen und keinen Content-Maschinen arbeitet. Das heißt, man muss emphatisch genug sein, zu erkennen, wenn es ihm/ihr nicht gut geht oder etwas zu viel ist oder etwas nicht gefällt. In der Kommunikation ist es immer wichtig auf Augenhöhe miteinander zu arbeiten und so Partner in Crime zu sein, die sich immer gegenseitig supporten. Wichtig ist es ebenso Grenzen zu setzen. Eine 24/7 Betreuung und Erreichbarkeit ist nicht nötig. Beide Seiten brauchen ihre Kommunikationspausen, Notfälle sind natürlich eine Ausnahme. Außerdem sollte es kein Life Management werden. Der Artist sollte Privates selber organisieren, um eigenständig zu bleiben.

Bei welchen Aufgaben des Influencers hilfst du ihm konkret?

Contentplanung, Terminplanung, Kampagnenplanung/-umsetzung, Social Media und Content Strategien erstellen.

Verwendest du irgendwelche Tools/Software, um deine Aufgaben zu erfüllen?
Asana, Youtube Analytics.
Auch wenn die Literatur viele einzelne Aufgabenfelder definiert, wird aus der Berufspraxis eines klar: es geht um die Arbeit mit den Influencern. Sie stehen im Mittelpunkt des Schaffens und benötigen Unterstützung, um ihren Job ideal durchführen zu können. Genau diese Unterstützung bietet der operative Influencer-Marketing Manager oder Artist Manager.

9.10 Besonderheiten des Influencer Marketings im E-Sport

In den meisten vorangegangenen Punkten unterscheidet sich das Influencer-Marketing im E-Sport kaum von dem Influencer Marketing in anderen Bereichen. Genau betrachtet gibt es eigentlich nur einen wesentlichen Unterschied, dieser hat dafür immense Auswirkung auf das Schaffen bis hin zur Existenz von Influencern im E-Sport Bereich:

Die Matchposition der Spielepublisher.

Gemeint ist, dass die Publisher die absolute Macht über ihre Produkte haben, dies betrifft auch, wer welche Lizenzen bekommt und wer etwas mit ihrem Produkt machen darf. Alle Rechte laufen immer beim Publisher zusammen.

Dies birgt für jeden E-Sport Influencer der Szene vor allem Risiken, aber natürlich auch einige Chancen (vgl. Anhang 4, 2021).

Die Risiken liegen auf der Hand: der Publisher könnte jederzeit dem Influencer verbieten, Content rund um sein Spiel zu produzieren, damit müsste der Influencer von einem auf den anderen Tag seinen kompletten Content umstellen und verliert vielleicht auch einen Teil seiner Community, die eben an dem jeweiligen Spiel sehr interessiert ist (vgl. Anhang 4, 2021). Es kann aber auch sein, dass der Publisher einen Spieletitel komplett einstellt oder den E-Sport fallen lässt. Während ersteres schon des Öfteren vorgekommen ist, gibt es vor allem zu letzterem ein Beispiel, bei dem quasi über Nacht ein gesamtes Ökosystem und alle damit verbundenen Arbeitsplätze durch den Publisher abgeschafft wurden. Dies hatte teils immense Auswirkung auf die Existenz von Profi-Spielern, ihre Teams aber natürlich auch auf die Influencer dieses Titels. Die Rede ist von Blizzard und Heroes of the Storm (vgl. Faris Delalic; Kicker.de, 2019).

Doch jede Medaille hat zwei Seiten, natürlich kann dieser rechtliche Zustand dem Influencer auch erst zu wahrer Größe verhelfen. Viele Publisher rekrutieren E-Sport Influencer für ihre Events als Experten, Kommentatoren oder Moderatoren. So erschließt sich den E-Sport Influencern ein weiterer Umsatzkanal: der Publisher als Auftraggeber. Ein Beispiel für so einen Werdegang lässt sich zum Beispiel im Titel Dota 2 beobachten. Troels ‚Synderen' Nielsen (Synderen Twitter, 2011) und Kevin ‚Purge' Godec (Purge Twitter, 2011) waren früher selbst Profi-Spieler, die schon während, aber auch im Anschluss an ihre Karriere zu Influencern rund um Dota 2 wurden und bis heute gern gesehene Gäste auf Events von Valve aber auch von Third Party[19] Turnierorganisatoren sind, so auch bei dem diesjährigen ‚The International' – dem größten Event im Dota 2 Kosmos (vgl. Alazawi, 2021).

Doch natürlich bleibt der bittere Beigeschmack der Abhängigkeit vom Publisher, auch wenn man mit ihm zusammenarbeitet. Denn die Vergangenheit hat ebenso gezeigt, dass dies keine Garantie für eine lange Karriere im jeweiligen Titel ist. Für viel Aufsehen sorgte dabei, dass ein Influencer, der als Moderator für ein Valve Event in Dota 2 geplant war, noch während der Übertragung entlassen wurde und seitdem kein Dota 2 Event mehr mitgestalten durfte – from hero to zero in nur einem Eventtag (vgl. Winkler, 2016).

Möchte ein E-Sport Influencer auf der sicheren Seite sein, so sollte er also zu seinen alltäglichen Aufgaben hinzufügen, den Kontakt zum Publisher zu pflegen – aber nicht nur aus Liebe zum Spiel, sondern aus Angst mit einem Mal seine Existenz als Influencer bedroht zu sehen, sollte das Verhältnis zum Publisher kippen.

Ganz abgesehen vom Publisher können dem Influencer auch andere Probleme entstehen. Die Community, die er sich aufgebaut hat, ist vermutlich eng an den jeweiligen Spieletitel gebunden, beziehungsweise sehr daran interessiert. Sollte ein konkurrierender

[19] Third Party Turnierorganisatoren meint Turnierveranstalter, die nicht der Publisher selbst sind.

Publisher es schaffen, ein gutes Konkurrenzprodukt auf den Markt zu bringen, droht dem Influencer eine Spaltung seiner Community. Denn wenn sich jemand nicht mehr für den Titel interessiert, gerät unter Umständen auch der Influencer in Vergessenheit. Umgedreht kann der Influencer eventuell ebenfalls den Titel wechseln, riskiert aber damit seine Stammfollowerschaft zu brüskieren (vgl. Anhang 4, 2021). Obwohl der E-Sport natürlich unglaubliche Möglichkeiten für Influencer bietet Content zu erstellen und schnell eine Community zu bilden, so ist die Eingrenzung auf E-Sport und einen gewissen Titel immer noch eine Eingrenzung, also eine Beschränkung, mit der sich der Influencer festlegt und sich damit einhergehende Probleme aufbürdet.

INSTINCT3-Praxis-Check: Besonderheiten im E-Sport Markt

Beantwortet durch Hendrik Ruhe, CEO INSTINCT3.

Stell dich kurz vor! Wie lange arbeitest du schon im Influencer Marketing, was ist dein Hintergrund und wie sehen deine aktuellen Aufgaben aus?

Nach ein paar Stopps in verschiedenen Startups bin ich 2012 bei Freaks 4U Gaming gelandet. Das E-Sport Startup zählte damit noch 16 Mitarbeiter. Im Rahmen dessen konnte ich die E-Sport Branche von Anfang an begleiten und durfte hier auch das Thema Influencer Marketing für mich entdecken. Als einziges Unternehmen haben wir damals talentierte Menschen gescoutet und zu E-Sport Moderatoren und Kommentatoren ausgebildet, welche dann zunehmend auch zu Influencern der Branche wurden.

*Nachdem ich den Bereich des Influencer Marketings bei Freaks 4U Gaming einige Jahre geleitet hatte und das Unternehmen bis dahin auf 170 Mitarbeiter*innen gewachsen ist, habe ich im August 2018 mit INSTINCT3 mein eigenes Unternehmen gegründet. Ursprünglich mit reinem Fokus auf Artist Management und Influencer Kampagnen sind wir heute mit knapp 45 Mitarbeiter*innen eher eine Kreativagentur welche sich besonders auf die Felder Entertainment, Gaming und E-Sports versteht. Gleichzeitig betreuen und entwickeln wir aber auch nach wie vor noch unsere eigenen Influencer. Von daher bin ich dem Thema bis heute treu geblieben.*

Welche Besonderheiten gibt es deiner Meinung nach im E-Sport bzgl. des Influencer-Marketing?

E-Sport ist letztendlich die „Core-Nische" der Gaming-Industrie. Als E-Sport Influencer ist man auch immer Gaming-Influencer (aber nicht umgekehrt). Von daher ist es oft schwer, eine klare Differenzierung zu ziehen.

Grundsätzlich kann man aber einige Komponenten hervorheben:

Influencer im E-Sport-Bereich sind häufig monothematisch unterwegs. Das heißt: Sie richten ihre Inhalte auf einen E-Sport-Titel bzw. ein Ökosystem aus. Das hat verschiedene Gründe. Der erste ist aus der Sicht eines Zuschauers pragmatisch: Ich folge nun einmal gerne Personen auf Social Media, die Inhalte machen, die mich interessieren.

Wenn ich gerne meine ganze Freizeit in League of Legends stecke, dann folge ich auch gerne jemandem, der League of Legends Inhalte macht. Wenn jemand League of Legends, Dota 2 und Fortnite Inhalte bringt, dann interessiert mich also 2/3 der Inhalte nicht und ich werde den Kanal eher nicht folgen. Ganz abgesehen davon, dass, als zweiter Grund, es wenig authentisch wirkt, dass ein Influencer mehrere Titel bespielt, die eigentlich alle für sich schon einen hohen Zeitinvest für eine vollständige Durchdringung benötigt.
Dies erzeugt dann aber mehrere Wechselwirkungen zwischen Publisher und Influencer. Der Influencer erhält durch die Relevanz des E-Sport-Titels in Wechselwirkung selbst Relevanz sowie ein funktionierendes Ökosystem aus bestehenden Budgets in welcher er hauptberuflich agieren kann.
Parallel dazu erhält der Publisher kontinuierliche B2C Reichweite auf den Kanälen des Influencers. Dies macht das Ökosystem resilienter gegenüber Wettbewerbern sowie Interessensschwankungen der Spieler und verlängert den Lebenszyklus eines Titels potenziell mehr oder weniger ins Unendliche.
In letzter Instanz erzeugt es aber auch ein hohes Abhängigkeitsverhältnis vom Influencer zum Publisher. Da der Influencer seinen Lebensunterhalt auf Basis des einen Titels basiert, ist der Influencer nicht nur vom Erfolg des Titels abhängig, sondern auch von der Offenheit des Publishers ihm gegenüber. In der Vergangenheit gab es immer wieder Situationen, in denen Publishern einem Influencer die Erlaubnis entzogen haben, Inhalte zu ihrem Titel zu produzieren oder sogar verlangten, ihr E-Sport-Ökosystem rund um einen Titel einzustampfen und damit alle Ertragswege für den Influencer zu entfernen. Dieses Abhängigkeitsverhältnis ist typisch für den E-Sport-Influencer und variiert deutlich von anderen Influencer-Branchen, in welchen das Interesse deutlich stärker an der Person und weniger am Content hängt.

Welche Risiken und Chancen entstehen durch diese Besonderheiten?

Riot Games hat es geschafft rund um League of Legends ein außergewöhnliches Ökosystem zu erzeugen, welches Spieler über Jahre hinweg involviert und investiert hält und Influencern einen Markt bietet, in dem man zumindest mittelfristig und eventuell sogar langfristig eine Karriere verfolgen kann. Diese Kontinuität und Sicherheit ist in der Form einzigartig und lässt Strukturen nachhaltig wachsen.
Die Risiken liegen aber auch auf der Hand: Abgesehen von dem bereits erwähnten, einseitigen Risiko für den Influencer, gibt es aber auch für den Publisher das Risiko, dass die Kommerzialisierung der Influencer dazu führt, dass sich Wettbewerber diese für ihre neuen Titel einkaufen können. Das legt dann wiederum Macht in die Influencer-Landschaft als Ganzes.

Wie könnte man die Risiken deiner Meinung nach minimieren?

Das kommerzielle Spannungsfeld zwischen Publisher und Influencer wird immer Probleme und Unsicherheiten für alle Beteiligten erzeugen.
Dies kann aber insofern minimiert werden, dass die Kommunikation zwischen Publisher und Influencer so eng wie möglich gestaltet werden sollte. Das frühzeitige Informieren zu kommenden Patches, Entwicklungen, Events und anderen relevanten Momenten erzeugt Planungssicherheit für den Influencer sowie gegenseitiges Vertrauen und Loyalität.

Welche Influencer-Typen gibt es im E-Sport?

Innerhalb der E-Sport Nische würde ich in folgende E-Sport Influencer unterteilen:
(Ehemalige) Profispieler: Aktuelle oder ehemalige Profispieler, die aufgrund ihrer vergangenen Achievements Relevanz in der Szene aufgebaut haben und deren Meinung daher einen hohen Stellenwert genießen.
Kommentatoren / Moderatoren: Durch ihre permanente Präsenz innerhalb der Shows als Stimme und Gesicht sind die Kommentatoren und Moderatoren sehr prominente Gesichter eines E-Sport-Ökosystems.
Content Creator für Guides: Wenn ein Influencer weder Profi war noch kommentiert und moderiert, aber dennoch so sehr „core" ist, dass man ihn innerhalb des E-Sport-Ökosystems einkategorisiert, dann passiert dies am ehesten durch Analysen und Guides.

9.11 Ausblick

Es geht also um eine junge Marketing-Gattung, die in den letzten Jahren ein unglaubliches Wachstum hingelegt hat, die in aller Munde ist, die als Katalysator und gar Multiplikator für andere Marketing-Bereiche gilt, die sich mitten im Prozess der Professionalisierung befindet und deren Hauptakteure und -betreiber Menschen sind, die größtenteils als verhältnismäßig jung gelten. Betrachtet man es so, klingt es, als wenn dem Influencer-Marketing eine blühende Zukunft bevorsteht. Doch trotz allem Optimismus ist die Wahrscheinlichkeit hoch, dass sich noch Veränderungen einstellen werden.

Neue Plattformen
Wenn die vergangenen Jahre eines gezeigt haben, dann wie schnell neue Plattformen der letzte Schrei bei bestimmten Zielgruppen sein können und wie sie ebenso schnell wieder vergessen werden können. Facebook, Twitter, Instagram, YouTube, Twitch, Mixer wenn man noch weiter zurück geht StudiVZ und MySpace: nahezu alle verbreiteten sich rasant quasi aus dem nichts, manche erfreuen sich bis heute großer Beliebtheit, andere sind verschwunden. Und das neueste Sternchen am Plattformhimmel: TikTok. Wer Influencer-Marketing betreiben möchte, kommt nicht daran vorbei sich mit den Plattformen auseinanderzusetzen und wenn der Trend der letzten Jahre so weitergeht, dann werden weitere Plattformen entstehen und die bestehenden werden versuchen, sich zu verändern, um aktuell zu bleiben. Beides wird Einfluss auf die Zukunft des Influencer-Marketings haben.

Rechtliches
Die Rechtsprechung im digitalen Bereich wird in den kommenden Jahren weitere Urteile finden und fällen, die direkten Einfluss auf ganze Bereiche der Branche haben können. Umso mehr gilt dies, wenn man den E-Sport mit in Betracht zieht. Ist E-Sport Sport? Eine eventuell positiven Antwort auf diese Frage hätte große Implikationen auf das E-Sport

Ökosystem, vor allem aus rechtlicher und steuerlicher Sicht (z. B. Vereine). Werbung im digitalen Kontext ist ferner etwas, was mehr und mehr diskutiert wird. Erst kürzlich hat Facebook/Instagram seine Richtlinien angepasst, sodass per Budget nicht mehr gezielt nach Interessen in der Zielgruppe mit dem Alter 13–18 geworben werden kann, dies ist zwar nicht direkt rechtlich erwirkt worden, wie spürbar der soziale und rechtliche Druck auf die Plattformen ist, zeigt diese Änderung dennoch – zumindest gab Facebook an, dies auf Empfehlung von Jugendanwälten getan zu haben (Bayer, 2021). Auch hier wird sich der Markt kurz-, mittel- und langfristig anpassen müssen.

Neue technische Möglichkeiten

Sei es die Verbesserung der Funktionen von mobilen Endgeräten, hochwertige Technik zu immer erschwinglicheren Preisen oder der Ausbau der Breitbandanbindung. Mehr und mehr Menschen werden es einfacher haben, ihre Meinung kundzutun und dabei auf hochwertige technische Spielereien nicht mehr verzichten zu müssen. Auch Technologien wie Virtual Reality und Augmented Reality könnten den Influencer-Markt noch einmal aufmischen – um nur ein Beispiel zu nennen: was, wenn man seinen Lieblingsinfluencer nicht mehr nur auf dem Bildschirm sieht, sondern bei seiner Urlaubsreise live per Virtual Reality dabei sein kann?

Gesellschaftliche Anerkennung

Influencer sind bereits in aller Munde, für viele ist es aber dennoch ein Geschäftsfeld für junge Leute, in der es kaum Ausbildungsmöglichkeiten und daher eine geringe Professionalisierung gibt. Bleibt der Trend bestehen, so wird sich dies ändern. Bereits heute ist Influencer Management Teil diverser Marketing-Studiengänge, an der Hochschule für angewandtes Management gibt es sogar ein „INFLUENCER MARKETING" Bachelor-Studium (Hochschule für angewandtes Management, 2021). Die Professionalisierung wird also weiter voranschreiten und damit die Akzeptanz für das Berufsfeld. Dies kann noch einmal neuen Schwung in die Branche bringen.Welche Veränderungen auch kommen werden – mit diesem Artikel sollte eine Basis geschaffen werden, die unabhängig von Plattformen, spezifischen Influencern und den derzeitigen Trends Grundlagen schafft und vermittelt, mit der auch in Zukunft der Einstieg in das Influencer-Marketing problemlos gelingt. Die letzten Worte dieses Artikels sollen aber den Experten von INSTINCT3 gehören, denn sie haben einen großen Teil dazu beigetragen, diesem Artikel die Tiefe zu geben, die nötig ist – ohne ein Blick auf die Praxis und gängige Arbeitsweisen würde ein essentieller Bestandteil fehlen. Und auch sie haben sich natürlich zur Zukunft der Branche geäußert – wir dürfen gespannt sein, was die Zukunft am Ende tatsächlich für uns bereithält.

INSTINCT3-Praxis-Check: Ausblick

In welchen Punkten wird sich der Markt deiner Meinung nach verändern und wie?

Projektmanager:

*Tik Tok ist eine Plattform, die vor allem aus Kunden-, aber ebenso aus Marketing-Perspektive, oftmals noch nicht richtig mitgedacht wird. Dabei bündelt sie schon seit Langem die Aufmerksamkeit vieler Nutzer*innen. Zusätzlich kristallisieren sich darauf immer mehr neue Influencer*innen als Creator*innen der nächsten Generation heraus, die dann wiederum auf etablierten Plattformen wie YouTube oder Twitch aktiv werden. Tik Tok wird im Influencer Marketing in Zukunft viel ändern und bestimmen.*

Wie wichtig sind verschiedene Plattformen und die Adaption zu neuen Plattformen?

Influencer:

Es ist wichtig viele Leute auf unterschiedlichen Plattformen zu haben, da man sich mit seinen Followern eine alltägliche Bindung aufbauen sollte. Man bildet durch die Aktivität auf mehreren Seiten eine Community, die einen auch im Alltag verfolgen will.

Projektmanager:

Jede Plattform bietet ganz eigene Ansatzpunkte, um im Rahmen von Kampagnen-Konzepten unterschiedliche Aspekte in den Mittelpunkt zu stellen. Aufstrebende oder ganz neue Plattformen im Blick zu behalten, ist wichtig, um up-to-date zu bleiben – aber ebenso, um Kunden neu gedachte Vermarktungsoptionen für ihre Produkte aufzuzeigen.

Ausblick in die Zukunft – was wird deiner Meinung nach auf dem Influencer Markt passieren, wie wird er sich verändern und worauf sollte man sein Augenmerk legen?

Hendrik Ruhe, CEO:

Eine einfache Prognose gibt es sicherlich im Bereich der Plattformen und Technik: TikTok ist aktuell das heiße Eisen und zieht immer mehr Creator, Content und Views auf seine Plattform. Auch im Bereich „Live" möchte TikTok langfristig Relevanz gewinnen und das so lange, bis sich neue Plattformen hervortun, die einem neuen Trend folgen. Viel spannender ist eher die Entwicklung des E-Sport innerhalb unserer Gesellschaft. Mit steigender Digitalisierung, besonders in Zeiten wie Corona, steigt der Zugang zu Videospielen und damit auch die Affinität zu E-Sport als Thema allgemein. Mit dieser zunehmenden Entwicklung wird der E-Sport sowohl in Sachen Relevanz, Reichweite und Budgets weiterwachsen. Das beinhaltet damit auch den Markt, in welchem sich E-Sport Influencer bewegen. Die Anzahl an möglichen Content-Konsumenten steigt, und damit auch die Reichweite, Relevanz und Vermarktbarkeit der Influencer. Dies wird sich wiederum auf die Professionalisierung der Industrie auswirken und den Markt und seine Teilnehmer transformieren.

Literatur

Alazawi, A. (2021). TI10: Full talent reveal for the English, Chinese, and Russian broadcasts. https://www.oneesports.gg/dota2/ti10-full-talent-reveal-broadcast/. Zugegriffen: 17. Sept. 2021.

Bayer, C. (2021). Facebook ändert Regeln für Werbung auf Seiten von unter 18-Jährigen. https://meedia.de/2021/07/30/facebook-aendert-regeln-fuer-werbung-auf-seiten-von-unter-18-jaehrigen/. Zugegriffen: 16. Sept. 2021.

Deges, P. D. (2018). Gabler Wirtschaftslexikon. https://wirtschaftslexikon.gabler.de/definition/influencer-marketing-100361/version-340186. Abgerufen am 21. Juli 2021.

Faris Delalic; Kicker.de. (2019). Ruinierter eSport: LoL-Konkurrent brachte Blizzard zu wenig Umsatz. https://www.kicker.de/ruinierter-esport-lol-konkurrent-brachte-blizzard-zu-wenig-umsatz-808112/artikel. Zugegriffen: 2. Sept. 2021.

Funke, S.-O. (2019). *Influencer-marketing.* Rheinwerk Verlag.

Google Trends. (2021). Google Trends ‚nfluencer Marketing'. https://trends.google.de/trends/explore?date=all&geo=DE&q=Influencer%20Marketing. Zugegriffen: 15. Sept. 2021.

Hilker, D. C. (2021). Hilker Consulting - Blog. https://www.hilker-consulting.de/influencer-marketing/lmarkenbotschafter-wie-corporate-influencer-marketing-fuer-unternehmen-erfolgreich-gelingt. Zugegriffen: 24. Juli 2021.

Hochschule für angewandtes Management. (2021). INFLUENCER MARKETING. https://www.fham.de/studiengaenge/bachelor/influencer-marketing-bachelor/. Zugegriffen: 18. Sept. 2021.

Hundeshagen, A. (2021). Streisand-Effekt. https://www.reputativ.com/wiki/streisand-effekt/. Zugegriffen: 16. Juli 2021.

INSTINCT3. (2021). INSTINCT3 Agency. https://instinct3.de/agency/. Zugegriffen: 18. Sept. 2021.

Lammenett, E. (2019). *Influencer-Marketing. Strategie, Konzept, Umsetzung, Chancen, Potenziale, Risiken.* Lammenett.

Messe Köln. (2021). Kommunikationsmanager (m/w/d) mit Schwerpunkt Digital Marketing u.a. für unsere Veranstaltung gamescom. https://www.stepstone.de/stellenangebote--Kommunikationsmanager-m-w-d-mit-Schwerpunkt-Digital-Marketing-u-a-fuer-unsere-Veranstaltung-gamescom-Koeln-Koelnmesse-GmbH--7351138-inline.html?lang=de&rewrite=1&suid=84f0afa0-e7fc-4965-986e-67766d93cafb&rltr=26_1. Zugegriffen: 18. Sept. 2021.

The Nielsen Company (US). (2015). *Global Trust in Advertising.*

Pryce, J. D. (2019). Vogue: „THE INFLUENCER REPORT". https://www.vogue.de/lifestyle/artikel/traumjob-influencer. Zugegriffen: 13. Sept. 2021.

Purge Twitter. (2011). Purge Twitter Page. https://twitter.com/PurgeGamers. Zugegriffen: 15. Aug. 2021.

Solis, B. (2016). *The influencer marketing manifesto: Why the future of influencer marketing starts with people and relationships not popularity.*

Stern.de. (2021). POCHER VS. INFLUENCER. https://www.stern.de/kultur/tv/pocher-vs--influencer--oliver-pocher-besiegt-die-social-media-stars-30467858.html. Zugegriffen: 16. Sept. 2021.

Cornelsen Verlag GmbH. *„Storytelling" auf Duden online.* (kein Datum). https://www.duden.de/rechtschreibung/Storytelling. Zugegriffen: 20. Juli. 2021.

Synderen Twitter. (2011). Synderen Twitter Page. https://twitter.com/syndereNDota. Zugegriffen: 16. Aug. 2021.

Weka. (2020). Ziele formulieren: Mit der SMART-Formel klare Ziele formulieren. https://www.weka.ch/themen/fuehrung-kompetenzen/mitarbeiterfuehrung/qualifikation-und-ziele/article/ziele-formulieren-mit-der-smart-formel-klare-ziele-formulieren/. Zugegriffen: 17. Juli 2021.

Winkler, K. (2016). Valve beschimpft James Harding. https://www.sport1.de/esports/dota2/2016/02/shanghai-major-moderator-2gd-gefeuert. Zugegriffen: 13. März 2021.

Weitere Studien zum Thema

Spotlight Influencer 4.0. mSCIENCE GmbH. Düsseldorf, 2019: https://www.schau-hin.info/fileadmin/content/Downloads/Sonstiges/_m_SCIENCE_Spotlight_Influencer_4.0.pdf

Online-Studie bei Personen ab 14 Jahren, die regelmäßig soziale Netzwerke nutzen; Stichprobengröße: 1497

Fokus auf Nutzung, Glaubwürdigkeit und Aktivierung

State of Influencer Marketing 2021. Influencer Marketing Hub. 2021: https://influencermarketinghub.com/influencer-marketing-benchmark-report-2021/

Online-Studie, B2B Studie, Personen in jedem Alter und allen Hintergründen

Stichprobengröße: 5000

Fokus auf B2B und die Arbeit im Influencer-Markt

The Influencer Marketing Manifesto: Why The Future of Influencer Marketing Starts With People And Relationships Not Popularity. Altimeter, TapInfluence & Brian Solis. 2016: https://cdn2.hubspot.net/hubfs/1882019/TapInfluence/Resources/1020%20-%20Influencer_Marketing_Manifesto.pdf

Online-Studie

Stichprobengröße: 1753

Fokus auf die Frage "Warum Influencer-Marketing?"

The state of Influencer Marketing 2019. Klear Research. 2019: https://klear.com/StateOfInfluencerMarketing19.pdf

Online-Studie, Analysestudie (keine Befragung)

Stichprobe: über 3 Mio. gesponserte Instagram Posts

Fokus auf den Stand und die Entwicklung des Influencer-Marketing Marktes (Stand 2019)

Influencer Industry Report 2019. Influry. 2019: https://influry.com/wp-content/uploads/2019/10/Influry-Influencer-Industry-Report-2019.pdf

Keine Angabe zur Stichprobe, Angabe zu Quellen in der Studie.

Fokus auf die Verteilung und Stakeholder im Influencer-Marketing Markt

In der gängigen Literatur (siehe Literaturverzeichnis) finden sich noch weitere Verweise auf Studien zum Themenkomplex. Die oben stehende Liste erhebt keinen Anspruch auf Vollständigkeit.

Software und Tools

Asana

Asana ist ein Management-Tool zur Gestaltung von Aufgaben und Prozessen in Arbeitsteams. Es dreht sich alles um die Erstellung von Aufgaben, Plänen und die Verbesserung der Strukturen zur Einhaltung von Fristen.

https://asana.com/de

Google Services

Google Docs, Sheets, Drive, Meet – Google bietet mannigfaltige Möglichkeiten zur Projektorganisation.

Klear

Klear bietet Möglichkeiten zur Suche und Analyse von Influencern. Es ist allerdings nur mit Bezahlung nutzbar.
https://klear.com/

Microsoft Office

Excel, Teams, Word, Power Point sind jedes für sich Programme, die den Arbeitsalltag erleichtern können und bei der Organisation der Arbeit helfen können.
https://www.microsoft.com/de-de/microsoft-365/microsoft-office

Nindo

Nindo ist eine Plattform, die Statistiken und Tabellen zu Social Media Kanälen bereitstellt.
https://nindo.de/

SocialBlade

SocialBlade liefert Statistiken zu Kanälen auf YouTube, Twitch, Twitter, Instagram oder Dailymotion.
https://socialblade.com/

SullyGnome

Sullygnome bietet Statistiken zu allen Twitch-Kanälen und Streams.
https://sullygnome.com/

Trello

Trello ist ein Tool zur Organisation von Aufgaben und Prozessen in Arbeitsteams. Der Fokus liegt dabei auf einer möglichst reibungslosen Zusammenarbeit mit Checklisten und Priorisierung.
https://trello.com/de

vidIQ

vidIQ hilft Creatorn dabei, Trends im Blick zu behalten, die eigenen Uploads zu optimieren und damit mehr Reichweite beziehungsweise erfolgreichere Kanäle hervorzubringen.
https://vidiq.com/

Benjamin Buchtala ist deutschlandweit der erste Absolvent des stattlich anerkannten Studiengangs Sportmanagement mit Branchenfokus E-Sport. In der deutschen E-Sport Szene ist er vor allem bekannt als Geschäftsführer der Being X GmbH und Gründer sowie Projektleiter von BEING ESPORTS, einem der inzwischen bekanntesten E-Sport Eventorganisatoren Deutschlands. Vielen ist er als Broadcaster für Valorant und Dota 2 unter seinem Nickname „Benni" ein Begriff. Darüber hinaus ist er mit seiner Firma Teilhaber an den EPIC DUDES, einem bekannten E-Sport Team aus Hamburg, welches auch Influencer beschäftigt. Seit über 8 Jahren arbeitet Benjamin Buchtala im Bereich des digitalen Marketing mit Schwerpunkten auf E-Sport und Influencer.

Fazit

Dieses Buch bietet einen tiefgreifenden Einblick in die aktuellen Trends und Entwicklungen im E-Sport- und GamingSektor, unterstützt durch zahlreiche praxisnahe Fallbeispiele. Ziel dieses Handbuchs ist es, die Komplexität des E-Sports verständlich und greifbar zu machen. Die dargestellten Beispiele unterstreichen die immense Bedeutung und das rasante Wachstum dieser Branche, die durch ihren stetigen Wandel eine hohe Flexibilität und Anpassungsfähigkeit erfordert.

Die Kommunikation im E-Sport unterscheidet sich signifikant von herkömmlichem Marketing und erfordert eine gezielte Nutzung spezifischer sozialer Netzwerke. Ein tiefes Verständnis des Marktes und der relevanten Akteure ist dabei essenziell für den Erfolg. Bei der Organisation von Events oder Turnieren müssen insbesondere technische Anforderungen besonders berücksichtigt werden. Das Gewinnen des Vertrauens der Zielgruppe ist eine der obersten Prioritäten im E-Sport-Segment.

Der Gaming- und E-Sports-Bereich befindet sich in einer äußerst spannenden Phase, und es bleibt spannend zu beobachten, wie sich dieser Sektor langfristig entwickeln wird. Insbesondere die zunehmende Integration von traditionellem Sport und E-Sport bietet spannende Perspektiven für die Zukunft. Dieses Buch ist somit eine wertvolle Ressource für alle, die ein tieferes Verständnis für die dynamischen Entwicklungen in diesem faszinierenden Bereich erlangen möchten.

© Der/die Herausgeber bzw. der/die Autor(en), exklusiv lizenziert an Springer Fachmedien Wiesbaden GmbH, ein Teil von Springer Nature 2024

A. Löchner und E. Lindner (Hrsg.), *E-Sports-Management*,
https://doi.org/10.1007/978-3-658-43835-7

SPRINGER NATURE

GPSR Compliance

The European Union's (EU) General Product Safety Regulation (GPSR) is a set of rules that requires consumer products to be safe and our obligations to ensure this.

If you have any concerns about our products, you can contact us on ProductSafety@springernature.com

In case Publisher is established outside the EU, the EU authorized representative is:

Springer Nature Customer Service Center GmbH
Europaplatz 3
69115 Heidelberg, Germany

FSC
www.fsc.org
MIX
Papier | Fördert gute Waldnutzung
FSC® C083411

Kolibri 360 GmbH
Ferdinand-Jühlke-Straße 7
99095 Erfurt, Deutschland
produktsicherheit@kolibri360.de